러시아 지방연구 Ⅱ

북서연방지구

경희대학교 러시아지역연구팀

KHUP 경희대학교 출판국

이 책은 지난 2년 동안 경희대학교 러시아지역연구팀이
수행해 온 연구의 성과물이다.

이 책은 2002년도 학술진흥재단의 지원에 의하여 연구되었음
(KRF-2002-072-BS2072)

목차

머리말

오늘날 국제사회는 빠르고 복잡하게 변화하고 있다. 이런 변화가 우리에게 한편으로는 불확실한 환경에 대응해야 하기에 도전이고, 다른 한편으로는 20세기의 부정적인 정체성을 극복하고 발전할 수 있는 기회가 될 수 있다. 역사적으로 한국의 운명은 지정학적인 특성으로 인해 종종 외부환경에 의해 결정되곤 했다. 그 과정에서 우리 자신이 부정되고 왜곡되면서 부정적인 정체성(minus identity)이 형성되었다. 이제 우리는 20세기 후반부터 형성되고 있는 새로운 국제환경에서 부정적인 정체성을 극복하고 새로운 발전을 모색할 수 있는 기회를 갖게 되었다.

최근 한국과 러시아간 교류가 다방면에 걸쳐 확대, 발전되고 있다. 이런 측면은 한반도 발전에 중요한 의미를 지니고 있다. 20세기의 한반도 운명에 결정적인 영향을 미쳤고, 향후 한반도에 중요한 영향을 미치는 나라가 러시아이다. 국권상실과정, 남북분단과정, 냉전체계에서 러시아적 요소는 우리에게 부정적이었지만 앞으로 러시아적 요소는 긍정적인 측면에서 한국의 발전에 중요한 역할을 할 것으로 기대된다. 한국과 러시아의 관계가 상호의존적으로 발전할 가능성이 매우 크기 때문이다.

냉전이후 우리의 국가발전전략 수립 과정에서 러시아의 정치적, 안보적, 경제적 측면이 중요한 역할을 하고 있다. 우리의 생존뿐만 아니라 발전적 측면에서도 러시아적 요소가 존재한다. 러시아는 한국의 국가안보 및 남북관계에도 적지 않은 영향을 미칠 수 있는 국가이며, 세계의 자원, 환경의 보고이며, 유라시아 물류의 통로이다. 나아가 유라시아 대륙과 태평양 세력을 연결시키는 교량적 위치의 활용이 우리 국가발전 전략의 주요개념으로 대두되고 있기 때문에 러시아와의 관계는 한국에 있어서 중요하다.

역사적으로 한국과 러시아의 관계는 150여년 전으로 거슬러 올라간다. 부정적이든 긍정적이든 양국관계가 확대됨으로써 그에 대한 연구도 적지 않게 진행되어 왔다. 각론적인 수준의 연구뿐만 아니라 점차 종합적인 연구도 시도되고 있다. 그렇지만 대부분의 연구가 중앙수준에서 진행됨으로써 러시아의 전체상을 이해하는데 한계가 있었다. 이런 경향은 중앙의 통제적 차원, 중앙집권적인 국가주도 차원에서 사회현상을 이해하려는 근대적 패러다임과 관련된다고 볼 수 있다.

러시아 지방 수준에서의 연구 필요성을 두 가지 측면에서 살펴 볼 수가 있다. 세계화, 지방화 추세라는 보편적인 측면과 러시아의 특수적인 측면에서 러시아의 지방에 대한 이해가 필요한 시점이다. 오늘날 보편적 측면에서 지구촌의 시대가 도래 하고 있다. 근대이후 국가라는 개념으로 통일되었던 영역이 한편으로는 지방화(localization), 다른 한편으로는 세계화(globalization)로 인해 서서히 약화되어 가고 있다. 탈근대, 탈냉전, 세계화 경향이 대두되면서 지방은 중앙을 거치지 않고 세계와 접촉하게 되었다. 즉 이런 세방화(glocalization)과정에서는 근대적 국민국가의 영역 못지않게 지방의 영역이 주요하게 대두되고 있다. 한편 특수적 측면은 러시아 국가성 형성과 관련하여 제기되고 있는 러시아 지방화 경향이다. 소련 붕괴 후 러시아연방이 해체위기를 맞으면서 국가권력의 수직적 배분과정이 러시아 정치의 주요요소가 되었다. 러시아 국가성의 형성 과정에서 지방의 영역 및 중앙과 지방의 관계는 본질적이게 되었다.

러시아 헌법에 따르면 러시아는 공화국 통치형태의 연방제 국가로서 연방은 다양한 권리를 갖는 러시아 연방 주체들로 구성되어 있다. 러시아에는 89개 연방 구성주체가 있으며, 주체는 21개 공화국(республика), 49개 주(область), 6개 변강주(край), 2개 연방시(город федерального значения), 1개 자치주(автономная область), 10개 자치구(автономный округ)로 규정된다. 러시아의 연방조약(Федеративный Договор)과 연방헌법에 따르면 러시아의 연방체계는 2가지 원칙, 민족원칙 (национально-территориальный)과 지역원칙(административно-территориаль- ный)에 근거하고 있다. 89개 주체로 구성되어 있는 행정체제는 다시 7개 연방지구로 묶여져 기능적 측면에서 중앙의 통제를 받고 있다. 연방지구에는 중앙에서 파견한 대표가 행정을 총괄하는 형태를 띠고 있다. 이는 구소련 붕괴 이후 제대로 작동을 하지 않고 있는 국가관리 체제를 회복하기 위한 시도이다.

러시아에서 연방을 구성하는 단위(支邦)인 'субъект(主體)'는 지방(地方)을 뜻하는 'регион(region)'과 동의어로 사용되고 있다. 일반적으로 지방이라는 개념에는 다양한 의미가 함축되어 있다. '지방'이라는 개념은 강한 위계를 전제하며 항상 '중앙'과 대비되어 사용되면서 중앙과 대비되는 '주변부 지역', '농촌', '발전되지 않은 지역'등의 의미를 내포하고 있다. 여기서 '지방'과 '지역'이라는 개념은 종종 혼용되어 사용된다. '지역 활성화'와 같은 관용적인 표현이 있는가 하면 문화적인 측면에서 '지방'이라는 용어가 사용되기도 한다. 러시아에서 정치적, 경제적, 사회적 부분에서 지방(地方)이라는 용어는 본래의 지방(地方)과 연방의 구성단위인 지방(支邦)과 혼용되어 사용된다. 이는 러시아에서의 지방화(регионализация)의 경향은 근본적으로 연방 주체와 관련되기 때문이다. 따라서 중앙-지방의 관계, 지방자치, 지방정부, 지방엘리트(региональная элита), 지방선거(региональные выборы)와 같은 경우 '지방'이라는 용어가 러시아연방을 구성하는 지방 즉 러시아의 연방주체(субъект Россий ской Федерации)를 의미한다. 하지만 러시아 헌법에 따르면 지방자치(местное самоуправление)는 연방주체 이하인 지방행정 단위, 즉 도시, 농촌거주지역과 기타 구역에 해당한다.

본 연구는 러시아 '공간'의 지방적 특성에 대한 총체적 분석을 목적으로 한다. 러시아 '공간' 및 '공간'간 관계에 대한 보다 정확한 분석은 사회과학, 자연과학간의 학제 간 연계 하에서 가능할 것이다. 그런데 학제 간(interdisciplinary) 연구에서 진행된 주제도(主題圖)의 분석은 별도의 방법론에 근거하기에 그 한계점이 있다. 따라서 본 연구는 이런 한계점을 극복하기 위하여 기존의 요소 환원주의(reductionism)적 연구방법에 의하여 도출된 자료를 복잡성(complexity) 패러다임으로 범위를 재구성하여 러시아 지방의 특성들을 파악하고자 한다.

경희대학교 러시아지역연구팀은 2002년부터 학술진흥재단의 지원 하에 연구의 공간적 범주로서 러시아 지방에 대한 연구를 수행하고 있다. 지난 2년간 본 연구팀은 러시아 지방특성에 대한 분야별 자료조사를 위해 러시아 현지를 방문하고 3차례 세미나를 거쳤다. 1 단계 연구는 분야별 연구방법에 근거하여 각 지방의 특성을 파악하는 것이다. 즉 보편으로 분해 및 분석(解析)하는 귀납적 일반화(inductive generalization)단계이다. 1차적으로 구조적인 子시스템(89개 연방주체)은 기능적인 分시스템으로 고찰된다. 에너지를 중심개념으로 하는 자연시스템, 권력을 중심개념으로 하는 사회시스템, 정보를 중심개념으로 하는 문화시스템이 분석의 국면, 즉 분 시스템이 된다.

자연시스템 관계항목은 토양, 기후, 지형, 자원; 사회시스템 관계항목은 역사, 생활환경, 경제, 교통, 산업, 정치과정, 정치형태, 선거경향; 문화시스템 관계항목은 언어, 종교, 세계관, 신화, 의례, 정체성, 표현상징군 등으로 열거할 수 있다. 이 단계에서 중요한 것은 요소환원주의 (reductionism)적 방법으로 경험적인 자료를 수집하여 분류하는 것이다. 이런 분류체계는 '왜(why)'에 대한 설명(explanation)보다는 'what(무엇)'에 대해 '기술(description)' 하게 된다. 이 자료들은 일반화된 관념들을 상호 제약 하에 둠으로써 실재 세계에 대한 하나의 합리적 해석체계를 구축하는 '기술적 일반화(descriptive generalization)', 즉 일반화된 모델을 구체적이고 특수한 영역에 적용하여 '결과'의 해석보다는 '과정'의 성격을 항상 새롭게 해석하게 되는 '유비적 일반화(analogical generalization)'를 위한 첫 단계 작업이다.

공동연구의 1단계 작업을 마무리하면서 러시아 지방연구 시리즈를 출간하고자 한다. 시리즈는 이미 구획된 러시아 지역의 연방지구를 기준으로 하여 총 7권으로 구성된다. 이 시리즈는 지방특성의 이해에 있어서 필수적인 기초 자료를 제공할 것이다. 이 공동연구를 시작한지 2년이라는 시간이 흘렀다. 짧은 시간에 다양한 전공자들이 공통 주제로 연구하는 과정에서 많은 어려움도 있었지만, 소박하나마 결실을 보게 되었다. 이 연구가 러시아의 이해와 연구, 특히 러시아 지방연구에 도움이 되기를 기대한다. 아울러 연구 시리즈 출판을 맡아 준 경희대학교 출판국에게 감사드린다.

러시아 지역연구팀
연구책임자 권 세 은

일러두기

1. 러시아어 고유명사의 한글표기

러시아어 고유명사를 한글로 표기할 때, 가능하면 원어민의 발음과 유사하게 표기하되 다음과 같은 원칙을 유지한다.

1) 모음표기:

- 모음약화는 허용하지 않는다.
  예: Ростов-на-Дону 로스또프 나 도누
- 모음 'е'는 자음 뒤에서는 'ㅔ', 음절의 맨 앞과 'ь', 'ъ', 다른 모음 및 'ш', 'щ'뒤에서는 'ㅖ'로 표기한다.
  예: Липецк - 리뻬쯔크, Екатеринбург - 예까쩨린부르크,
  Грибоедов - 그리보예도프, Ингушетия - 인구셰찌야
- 모음 'ы'는 'ㅣ' 로 표기한다.
  예: Тыва - 띠바

2) 자음표기

- 된소리를 허용하며 자음동화를 반영한다.
  예: Татарстан - 따따르스딴, Новгород - 노브고로트
  그러나 Ленинград(레닌그라드)처럼 우리 사회에 고착화되어 사용되는 표현은 그대로 둔다.
- 자음 'п', 'т', 'к'는 모음 앞에서는 'ㅃ', 'ㄸ', 'ㄲ'로, 공명음 앞에서는 'ㄲ', 'ㄸ', 'ㅃ'로 표기하고, 어말이나 장애음 앞에서는 '프', '트', '크'로 표기한다.
  예: Пенза - 뻰자, Казань - 까잔, Красноярск - ㄲ라스노야르스크, Брянск - 브랸스크
- 자음 'б', 'д', 'г'는 모음 앞에서는 'ㅂ', 'ㄷ', 'ㄱ'로, 다른 유성음 앞에서는 '그', '드', '브'로 표기하고, 어말이나 장애음 앞에서는 무성음화를 적용하여 '프', '트', '크'로 표기했다.

예: Бай кал - 바이깔, Дон - 돈, Гагарин - 가가린, Брянск - 브랸스크

- 자음 'с'는 모음 앞에서는 'ㅆ', 다른 자음 앞이나 어말에서는 'ㅅ'로 표기한다.

예: Саранск - 싸란스크, Ставрополь - 스따브로뽈

- 자음 'з'는 모음 앞에서는 'ㅈ', 다른 자음 앞에서는 'ㅈ', 어말이나 무성음화가 일어나는 곳에서는 'ㅅ' 로 표기한다.

예: Загороск - 자고로스크, Берёзовский - 베료조프스끼, Кавказ - 까프까스

2. 연방 주체 명칭 표기

1) 러시아 주체 명칭에 대한 다양한 표기가 있지만 다음과 같이 통일한다.
республика - 공화국; область - 주; край - 변강주;
город федерального значения - 연방시; автономная область - 자치주; автономный округ - 자치구.

2) 민족단위로 구성된 연방주체(공화국, 자치주, 자치구)의 명칭은 고유의 명칭을 그대로 유지한다.
예: Республика Татарстан - 따따르스딴 공화국,
Республика Саха(Якутия) - 싸하(야꾸찌야) 공화국

3) 민족단위가 아닌 연방주체의 명칭은 주도의 명칭을 사용한다.
예: Читинская область - 치따주, Пензенская область - 뻰자주,
Ленинградская область - 레닌그라드주

4) 연해 변강주(Приморский край)나 유태인 자치주(Еврей ская автономная область)처럼 이미 고착화되어 사용되는 경우는 그대로 유지한다.

북서연방지구 개관

북서연방지구는 까렐리야 공화국, 꼬미 공화국, 아르한겔스크주, 볼로그다주, 깔리닌그라트주, 레닌그라드주, 무르만스크주, 노브고로트주, 프스꼬프주, 네네쯔 자치구, 쌍트 뻬쩨르부르크 연방시 등 총 11개의 연방주체로 구성되어 있으며, 중심지는 쌍트 뻬쩨르부르크(Санкт- Петербург)연방시이고 대통령 전권대표는 일랴 끌리바노프(Илья Клебанов)이다. 북서부지구의 총 면적은 167만 7천 900㎢로 러시아 전체 면적의 9.8%를 차지한다. 인구는 천 4백 51만 5천명으로 러시아 인구의 9.9%를 차지한다(2000년 기준). 인구밀도는 ㎢당 8.7명이다. 북서연방지구에는 총 152개의 도시가 있고 이 중 주요도시는 다음과 같다:

쌍트뻬쩨르부르크(Санкт-Петербург), 깔리닌그라트(Калининград), 무르만스크 (Мурманск), 아르한겔스크(Архангельск), 체레뽀베쯔(Череповец), 볼로그다(Вологда), 뻬뜨로자보트스크(Петрозаводск), 쎄베로드빈스크(Северо-двинск), 대 노브고로트(Великий Новгород), 씩띠프까르 (Сыктывкар).

러시아의 북서부지구가 아르한겔스크와 뻬쩨르부르크를 통하여 유럽의 창구 역할을 시작한 이후 이 지역은 러시아 산업발전의 주축이 되었다. 이 지역은 중기계제작, 화학, 목재, 석유, 가스, 석탄, 비철금속과 철금속, 어업 그리고 다양한 소비재 산업이 발달되어 있다. 선박 건조부문에서 최고위를 차지한다. 북유럽 지역의 엄청난 자연자원의 보고인 이 지역에는 연료, 비철금속, 목재 등의 원료가 풍부하고 북아시아지역보다 더 잘 개발되어 있다. 최근 10년 동안 이전에 비해 높은 경제성장율이 둔화되었지만 인구에 있어서는 여전히 러시아 인구의 1/10을 차지하고, 산업부문에서도 전체 러시아 생산량 중 니켈과 코발트 생산 2/5, 철광과 금속 1/5, 목재 1/3, 종이 2/3(러시아생산 1위), 100% 순도의 인광, 어획량 1/5을 자랑한다. 과학기술이 집중되어 있는 뻬쩨르부르크가 산업의 중심지인 이곳에서는 러시아 과학기술 인력의 1/8을 차지하는 이들에 의해 첨단 기술생산이 이루어지고 있는데 그 비율은 나라 전체의 1/6을 차지한다. 그리고 뻬쩨르부르크, 깔리닌그라트, 무르만스크, 아르한겔스크 등의 항구를 통한 수출입물의 해상교역이 발달되어 있다.

북서연방지구의 인구는 타 지역에 비해 적다. 중앙연방지구와 같이 2000년 기준 인구 1,000명 당 9.4명의 감소율을 기록하고 있고 특히 프스꼬프, 노브고로트, 뻬쩨르부르크주에서는 낮은 출생율과 높은 사망률로 인하여 인구감소율이 크게 나타나고 있다. 무르만스크와 깔리닌그라트주의 도시화 과정은 높지만 그 외 지역의 도시화 정도는 중간 정도이다. 뻬쩨르부르크에는 470만이 거주하고 인구 30만이 넘는 도시는 깔리닌그라트, 아르한겔스크, 체레뽀베츠, 볼로그다 정도이다. 경제활동인구는 640만으로 러시아 전체의 10.5%를 차지한다. 산업, 교통, 무역, 학문에 종사하는 인구가 전국 평균치보다 높고 농업인구는 적다.

러시아 연방

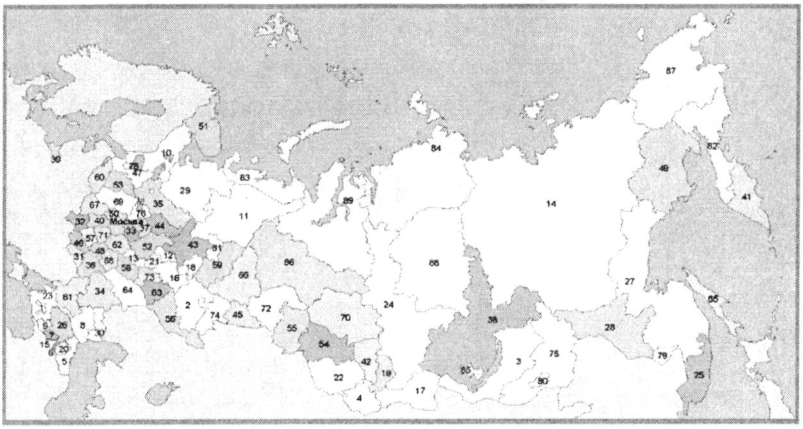

1. 아디게야 공화국 2. 바슈꼬르또스딴 공화국 3. 부랴찌야 공화국 4. 알따이 공화국 5. 다게스딴 공화국
6. 인구셰찌야 공화국 7. 까바르드-발까리야 공화국 8. 깔미끼야 공화국 9. 까라차이-체르께씨야 공화국
10. 까렐리야 공화국 11. 꼬미 공화국 12. 마리 엘 공화국 13. 모르도비야 공화국 14. 싸하 (야꾸찌야)공화국
15. 북 오쎄찌야 공화국 16. 따따르스딴 공화국 17. 띠바 공화국 18. 우드무르찌야 공화국 19. 하까씨야 공화국
20. 체첸 공화국 21. 추바시야 공화국 22. 알따이 변강주 23. 끄라스노다르 변강주 24. 끄라스노야르스크 변강주
25. 연해 변강주 26. 스따브로뽈 변강주 27. 하바로프스크 변강주 28. 아무르주 29. 아르한겔스크주
30. 아스뜨라한주 31. 벨고로트주 32. 브랸스크주 33. 블라지미르주 34. 볼고그라트주 35. 볼로그다주
36. 보로네슈주 37. 이바노보주 38. 이르꾸쯔크주 39. 깔리닌그라트주 40. 깔루가주 41. 깜차트까주
42. 께메로보주 43. 끼로프주 44. 꼬스뜨로마주 45. 꾸르간주 46. 꾸르스크주 47. 레닌그라드주
48. 리뻬쯔크주 49. 마가단주 50. 모스크바주 51. 무르만스크주 52. 니제고로트주 53. 노브고로트주
54. 노보씨비르스크주 55. 옴스크주 56. 오렌부르크주 57. 오룔주 58. 뻰자주 59. 뻬름주 60. 프스꼬프주
61. 로스또프주 62. 랴잔주 63. 싸마라주 64. 싸라또프주 65. 싸할린주 66. 스베르들로프스크주
67. 스몰렌스크주 68. 땀보프주 69. 뜨베리주 70. 똠스크주 71. 뚤라주 72. 쭈멘주 73. 울리야노프스크주
74. 첼랴빈스크주 75. 치따주 76. 야로슬라블주 77. 모스크바 연방시 78. 쌍트 뻬쩨르부르크 연방시
79. 유태인 자치주 80. 아가-부랴찌야 자치구 81. 꼬미-뻬르먀크 자치구 82. 꼬랴크 자치구 83. 네네쯔 자치구
84. 따이미르(돌가노-네네쯔) 자치구 85. 우스찌-오르다 부랴찌야 자치구 86. 한띠-만씨스크 자치구
87. 추꼬트까 자치구 88. 에벤크 자치구 89. 야말-네네쯔 자치구

북서연방지구

Санкт-Петербург
СЕВЕРО-ЗАПАДНЫЙ федеральный округ
МОСКВА
Нижний Новгород
УРАЛЬСКИЙ федеральный округ
Ростов-на-Дону
Екатеринбург
СИБИРСКИЙ федеральный округ
ДАЛЬНЕВОСТОЧНЫЙ федеральный округ
Новосибирск
Хабаровск
북서부지구

까렐리야 공화국

Республика Карелия

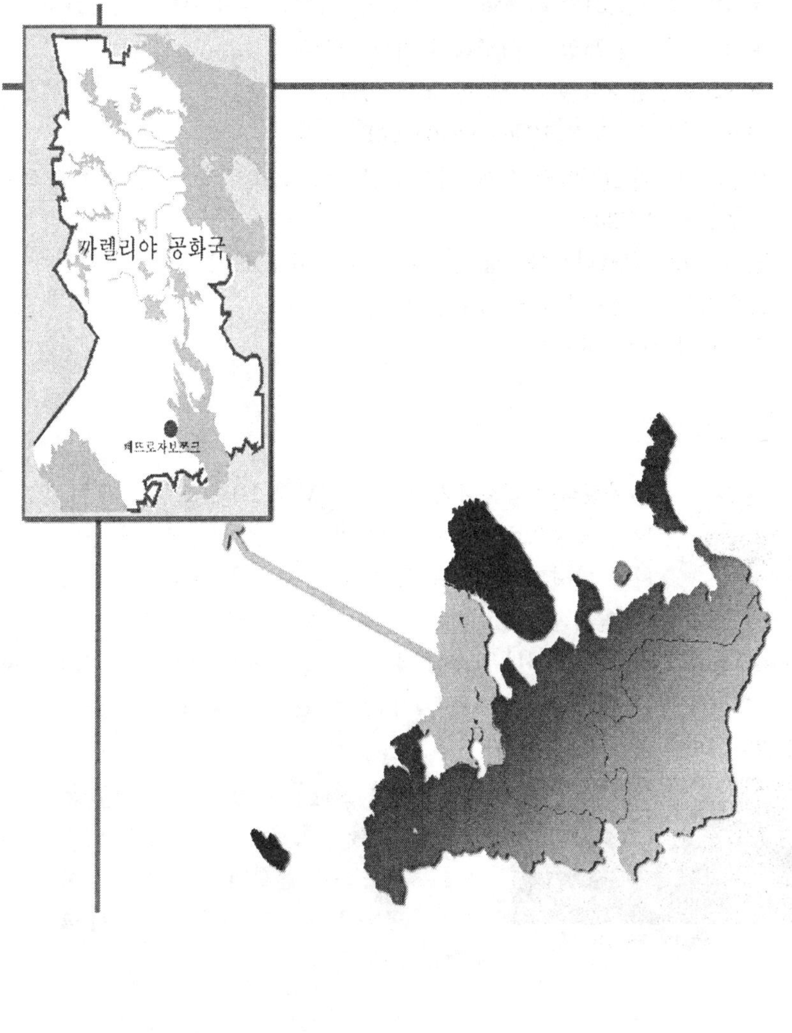

Ⅰ. 개황

1. 기초정보

공화국 성립일: 1992년

- 1940년 3월 31일 - 1956년 7월 16일 까렐리야-핀 사회주의공화국
- 1923년 7월 25일 ~ 까렐리야 자치공화국
- 920년 6월 8일 ~ 까렐리야 노동 꼼뮨

수도: 뻬뜨로자보쯔크(Петрозаводск)

인구: 760,000명(2001년 현재: 러시아연방 전체의 0.52%; 89개 주체 중 65위)

인구밀도: 4.4명/㎢

면적: 172,400㎢(러시아연방 전체 면적의 1.01%; 89개 주체 중 21위)

소속지구: 북서연방지구; 북부경제지구

한국과의 시차: -6시간

2. 상징

까렐리야 공화국 문장

까렐리야 공화국의 문장은 하단부 1/3이 호를 이루는 장방형 방패 모양으로 이루어 졌다. 방패는 공화국 국기와 동일한 3색 띠에 의해 위·아래로 3등분 되어 있으며, 내부에 서 있는 흑곰의 옆모습이 묘사되어 있다. 방패 주위를 장식하고 있는 금빛 테두리는 전나무(좌측)와 소나무(우측)를 상징한다. 방패 위에는 금빛 8각성(八角星)이 놓여 있다. 까렐리야 공화국 문장은 2000년 10월 5일 채택되었다.

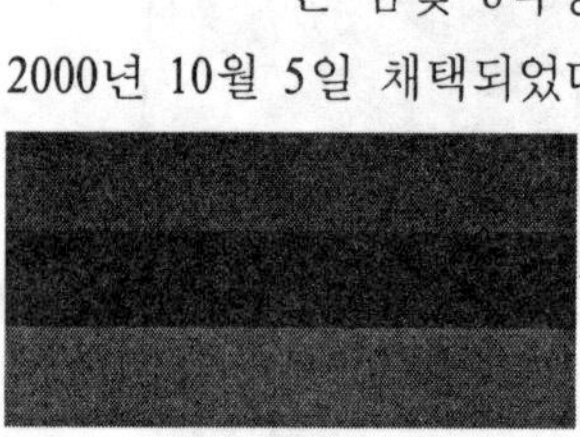

까렐리야 공화국기

까렐리야 공화국 국기는 가로 세로 3:2의 장방형 천이 붉은색, 푸른색, 녹색 띠에 의해 위·아래로 균등하게 분할되어 있는 모습이다. 까렐리야 공화국 국기는 2000년 10월 19일 채택되었다.

3. 주요도시

뻬뜨로자보쯔크(Петрозаводск): 인구 281,500명; 북위 61°47′, 동경 34°20′
꼰도뽀가(Кондопога): 인구 36,200명; 북위 62°12′, 동경 34°16′
쎄게자(Сегежа): 인구 34,200명; 북위 63°45′, 동경 34°20′
꼬스또무크샤(Костомукша): 인구 31,400명; 북위 64°41′, 동경 30°49′
쏘르따발라(Сортавала): 인구 20,300명; 북위 61°42′, 동경 30°40′
(인구: 2002년 현재)

4. 주요 산업

임업(목재가공, 통나무 가공, 셀룰로스), 기계제작(목재가공 및 제지업 설비, 에너지산업설비 제작), 제철산업, 건축자재 생산, 어업 등이 발달했다.

Ⅱ. 자연환경

1. 지리적 위치와 구성

까렐리야 공화국은 16개 행정구, 13개 시, 12개 도시형마을, 131개의 농촌마을로 구성되어 있으며, 러시아 북서부 지역에 위치하며, 북부경제지구에 속한다.

공화국 서쪽에서 동쪽까지의 거리는 424㎞이며, 서쪽은 핀란드, 남쪽은 레닌그라드주, 볼로그다주, 북쪽은 무르만스크주, 동쪽은 아르한겔스크주와 경계를 이룬다. 공화국 북동쪽은 백해로 둘러싸여 있다. 또한 핀란드와 경계를 이루는 공화국의 서부 국경은 러시아연방 국경과 일치하며, 총연장은 723㎞이다.

까렐리야 공화국 대부분의 영토는 빙하작용이 선명하게 나타나 있는 구릉진 평원으로 되어 있다. 기복이 많은 딱딱한 지반은 오늘날에도 고대산지의 흔적을 유지하고 있다. 까렐리야 공화국은 많은 호수와 타이가의 숲, 호수 주변의 경관 등 빼어난 자연으로 유명하다. 공화국 영토의 약 50%가 주로 소나무와 전나무 숲으로 덮여 있으며, 25%는 수면으로 덮여 있다. 약 6,000여개의 호수와 27,000여개의 하천이 흐른다. 가장 큰 호수는 라도가(Ладога: 유역면적 177,000㎢)호와 오네가(Онега: 유역면적 99,000㎢)호이며, 가장 큰 강은 보들라(Водла 400㎞), 비크(Выг), 꼬드바(Кодва), 껨(Кемь), 쑤나(Суна), 슈야(Шуя)강 등이 있다. 공화국을 흐르는 하천의 총연장은 83,000㎞이다. 까렐리야 공화국은 러시아 중부 산업지대 및 서유럽과 거리가 가깝고, 고도로 발달된 하천 운송시스템을 보유하고 있는 등 유리한 입지조건을 갖추고 있다.

수도 뻬뜨로자봇스크(Петрозаводск)와 모스크바 간의 거리는 925㎞이다.

2. 기후조건

대륙성 기후와 해양성 기후가 교차. 온난한 겨울과 선선한 여름이 지속된다.
2월 평균기온: -9℃ ~ -13℃
7월 평균기온: 14℃ ~ 16℃

연강수량: 500㎜

식물 생장 기간: 75(북부 지역) ~ 110일(남부 지역)

식생: 타이가와 혼합림 지대

토양: 염분회색토, 소택지 토양(소택지가 전 영토의 18%를 차지함)

삼림분포도: 50%

3. 주요 유용광물

주요 건축재료(화강암, 대리석, 석영암, 백운석), 페그마타이트, 철광석, 운모 등이 있다.

주요 산지:

대리석 및 화강암: 주요 채굴지는 쏘르따발(Сортавал)과 꼰도뽀가(Кондопога) 부근이다.

거정화강암: 삐뜨까랸뜨(Питкярант) 부근에서 채굴됨.

천연보석: 메드베지예고르스크(Медвежьегорск) 부근

Ⅲ. 정치시스템

1. 역사

까렐리야 공화국에서는 첫 번째 거주지가 기원전 7-6천년에 등장했다. 주민의 인종구성은 기원 천년 말부터 알려졌다. 이 시기에 이르러 지역의 영토에는 핀-우고르 종족이 살았다. 까렐 지협과 북부 라도가 지역에는 까렐족이, 라도가와 오네가 호수 사이에는 벱스족이, 더 북쪽으로 올라간 지역에는 사미족이 살았다. 기원 2천년 초에 까렐족의 일부는 보트니체스크 만과 백해 연안으로 진출했다. 동시에 북부와 동부의 오보네줴 그리고 백해 연안으로 슬라브계 주민이 침투해 들어갔으며, 농경, 염전 그리고 수산물 생산의 발전을 촉진시킨다. 9세기에 고대 러시아족의 국가, 끼예프 루시의 등장과 함께 까렐리야의 영토는 그 영향 하에 들어갔다. 12세기 끼예프 루시의 몰락이후 까렐리야는 노브고로트 봉건국가의 부분이 되었고, 더 나아가 13세기의 70년대까지는 자치를 유지했다. 까렐리야의 인종적, 이후 행정적 중심은 꼬렐라 시(현재 레닌그라드주의 쁘리오제르크 시)였다.

1227년 노브고로트 대공 야로슬라브 브세볼로도비치는 까렐을 정교회로 이끌었다. 정교회는 또한 벱스족을 받아들였다. 1478년 까렐리야는 대(大) 노브고로트의 다른 땅들과 함께 러시아 국가로 편입되었다.

뾰뜨르 I세 시대의 사건들은 까렐리야에 직접적으로 관련되며 많은 부분에서 이후의 역사를 규정지었다. 무엇보다도 뾰뜨르 I세의 까렐리야에 대한 관심은 1700-1725년 북부의 러시아-스웨덴 전쟁과 관련된다. 이 전쟁의 목적은 발트 연안으로의 러시아 진출이었다. 전쟁의 첫 번째 단계에서 까렐리야의 영토는 군사활동을 위한 근거지의 성격으로 이용되었다.

1702년 짜르의 명령에 따라 올로네쯔끄 향의 남쪽경계에서 라도가로 합류하는 샤스강 하구에 조선소가 건설되었다. 이해 가을 짜르는 주요 조선소는 샤스강에 있는 것이 아니라 라도가 호수로 이어지는 다른 강, 즉 스비리 강변에 세워질 것이라는 결정을 내렸다. 1703년 여기에는 올로네쯔끄 로제이노폴스끄 조선소가 세워졌다. 이 조선소는 발트 함대의 첫 번째 군함건조 계획을 지원했다.

철제 재료와 군함용 무기를 조선소에 지원하기 위해 까렐리야의 영토에는 뻬뜨롭스끄 올로네쯔끄 공장들이 세워졌고, 이 가운데서 중요한 것은 1703년 로소신끼 강 하구에 세워진 뻬뜨롭스끄 대포-주조 공장이었다. 또한 여기에는 뽀벤쯔끄와 알렉세옙스끄 대포-주조 공장과 콘체제르스끄의 구리제련 및 제철공장들이 포함되었다.

1714년에는 콘체제르 지역 라브도볼로트에서 철분이 함유된 광산수가 나오기 시작했다. 1718년에 뾰뜨르 I세는 광천수 원천 가까이 요양소를 세울 것을 지시했으며, 개인들, 환자들을 위한 건물과 사도 뾰뜨르의 이름을 딴 교회 등 세 개의 목재로 된 건물이 1720-21년 짜르의 계획대로 세워졌다.

1710년대에 발트함대 군함건조의 중심은 쌍트-뻬쩨르부르크에 있는 해군성으로 옮겨진다. 1720년대에 제철 산업의 중심은 우랄이 되며, 여기로 뻬뜨롭스끄 공장의 기본적인 설비와 기술자가 보내졌다. 작업량의 축소와 관련하여 1725년에 라도가 연안의 조선소는 문을 닫았고 1734년에는 뻬뜨롭스끄 공장이 생산을 중단했다.

뾰뜨르 I세가 까렐리야를 위해 한 활동의 의의를 예까쩨리나 II세의 정부가 기념하여 1777년 뻬뜨롭스끄 거류지에 도시의 지위와 뻬뜨로자봇스끄라는 명칭을 부여한다. 1784년 뻬뜨로자봇스끄는 현의 중심도시의 권리를 획득하고 올로네쯔끄 관구(이후에는 올로네쯔끄 현)의 중심이 되었다.

1872년 5월 30일 뾰뜨르 I세의 탄생 200주년을 기념하여 짜르-개혁자를 기념하기 위한 기념비의 초석이 도시의 원형 광장에 놓여 졌고 1873년 6월 29일 동상이 제막되었다. 원형광장은 곧바로 뻬뜨롭스끄 광장(지금은 레닌광장)으로 개명되었다. 현재 도시에는 뾰뜨르 I세와 관련된 여러 박물관과 기념물이 있다.

공화국에 큰 타격을 가한 것은 1930년대 대대적인 억압이었으며, 이로 인해 무고한 수천 명의 사람들이 고통 받았다. 여기에는 고도의 능력을 갖춘 경제전문가들, 문화활동가들, 당지도자와 경제활동가들이 포함되었다. 1939-40년대 소비에트-핀란드 전쟁이후 까렐 자치소비에트 사회주의공화국은 1940년 3월 31일에 까렐-핀 소비에트 사회주의공화국으로 개편되었다. 연방공화국의 지위는 1956년 까렐리야가 다시 러시아 사회주의공화국 소속의 자치공화국으로 될 때까지 유지되었다.

1941-45년 2차 세계대전 기간에 까렐리야 영토의 상당부분은 핀과 독일-파시스트 군대에 점령당했다. 10만 명 이상의 까렐리야 주민들은 소비에트 군대와 게릴라 부대에서 싸웠다. 1944년 6월 21일 까렐리야 전선의 군대는 공격으로 옮겨갔고 6월 28일 뻬뜨로자봇스끄를 해방시켰다. 7월 말 소비에트 군대는 소연방의 핀란드와의 국경으로 나아갔다.

전쟁은 까렐리야의 경제와 문화에 큰 손실을 가져왔다. 거의 200개의 기업, 학교, 클럽이 파괴되었다. 1950년경에는 이 지방의 국민경제가 회복되었으며 주요지표상 전쟁 이전시기까지 다다랐다. 까렐리야로부터의 목재 제공은 나라의 유럽지역의 파괴된 도시들과 마을의 복구에서 중요한 역할을 했다. 1970-80년대 까렐리야에게는 소련 전체에서처럼 사회-경제적 성장과 위기현상의 강화 속도의 지속적인 저하가 특징적이었다.

1990년대 8월 9일 소연방에서 증대된 체계적 위기의 조건에서 까렐리야의 최고소비에트는 까렐리야 자치소비에트 사회주의공화국 국가주권에 관한 선언을 채택했으며, 1991년 11월 13일 까렐리야 자치소비에트 사회주의공화국은 까렐리야 공화국으로 개명되었다. 소연방의 몰락이후 1992년 3월 31일 까렐리야 공화국은 시장경제 발전과 민주적 개혁의 도정에 들어선 러시아연방의 완전한 권리의 주체로서 연방조약에 서명했다.

1992년 11월에는 공화국의 까렐, 핀, 벱시 민족의 첫 번째 대회가 성립되었고 까렐리야의 핀-우고르 민족의 민족-문화 발전의 첨예한 문제를 제기했다. 1991년과 1994년에는 1978년부터 발효된 까렐리야 공화국의 헌법이 사회발전의 새로운 조건에 걸맞게 상당한 변화가 있었다.

2. 정치

1) 정치일반

까렐리야 공화국 정부는 최고 집행권력기관이며 공화국의 최고지도자는 4년 임기로 선출되는 총리이다. 총리직을 맡고 있는 것은 까따난도프(С. Л. Катанандов)이다. 까렐리야 공화국의 최고 입법권력기관은 의회로서, 양원, 즉 공화국회의와 대표자회의로 구성된다. 양원의 의원들은 4년 임기로 선출된다. 시, 라이온의 중심, 촌락들에서는 지방자치가 실행된다. 지방

자치기관에는 소비에트, 지방 행정부와 다른 지방자치기관들이 관련된다. 주요도시의 수장을 보면, 뻬뜨로자봇스끄 시장은 제민(А. Ю. Демин), 꼬스또무쉬까 시장은 마몬또프(В. Ф. Мамонтов), 소르따발라 시장은 바리야(В. А. Варья)이다.

2) 선거

까렐리야 공화국의 유권자수는 557,224명으로서, 연방차원의 선거에서는 한개의 선거구가 있다.

2000년 3월 26일 실시된 러시아연방 대통령 선거에서는 뿌친이 공화국 유권자의 과반수이상의 표를 획득했다.

후보명	득표율(%)
뿌친	52.94
쥬가노프	29.21
야블린스키	5.8
지리놉스키	2.6
빰필로바	1.01
고보루힌	0.43
스꾸라또프	0.42
뽀드베료스낀	0.13
모든 후보에 대한 반대	1.8

1999년 12월 19일 실시된 러시아연방 의회 국가두마의원 선거의 투표결과는 다음과 같다.

정당별 득표

정당	득표율(%)
단결	13.59
러시아공산당	10.22
우파연합	9.65
지리놉스끼 블록	31.21
조국-전러시아	8.55
야블로꼬	8.81

후보별 득표

입후보자	소속정당	득표율(%)	비고
뜌꼬프(Тюков Б.И.)	러시아공산당	12.17	까렐리야 공화국 사회보장부 부장
차젠긴 (Чаженгин А.В.)	야블로꼬	13.47	까렐리야 공화국 입법회의의 '공화국 의회' 대의원; '야블로꼬'의 까렐리야 공화국 지부장
먀끼(Мяки А.Э.)	우파연합	13.12	까렐리야 공화국 입법회의의 '공화국 의회' 대의원
막시모프 (Максимов М.А.)	자유민주당	6.18	까렐리야 공화국 입법회의의 '공화국 의회' 대의원
므리힌 (Мрыхин М.И.)	끄로(КРО)와 유리 볼듸레프의 운동	1.91	까렐리야 공화국 입법회의의 '공화국 의회' 대의원
즐로비나(Злобина Л.А.)	루스끼 사회당	7.95	러시아연방 연방회의 국가두마 의원
삐브넨꼬 (Пивнснко В.Н.)		30.46	까렐리야 공화국 입법회의의 '대표자 의회' 의장

이 선거에서 모든 후보에 대한 반대에는 12.77%에 달하는 유권자가 투표했다.

까렐리야 공화국의 행정수반인 총리 선거는 1998년 5월 17일 실시되었고 까따난도프가 선출되었다. 2002년 4월에 실시된 선거에서도 까따난도프가 선출되었다. 2002년 4월 28일 실시된 선거에는 유권자의 50.35%가 참여했다.

Ⅳ. 경제 시스템

1. 경제개황

까렐리야 공화국은 7개의 연방지구 중 북서연방지구에 속하고 12개의 러시아 경제지역 중 북부경제지역에 속한다. 까렐리야 공화국은 경제의 전체적 조경에 있어 편중이 심한 지역이다. 즉 공업은 발전수준이 매우 높은 반면 농업은 저조하다.

공업은 각 부문별로 발전정도의 편차가 극심하며 그 중 특화되어 있는 산업은 목재관련 부문이다. 여기에는 목재원자재의 벌목산업, 목재가공, 종이와 펄프산업 등이 포함된다. 이에 까렐리야 공화국은 불균형적인 산업발전으로 인해 자급자족 시스템과는 괴리가 있어 많은 부문의 재화들은 여타 지역이나 외국으로부터의 수입에 의존하고 있다.

2000년을 전후해 목재관련 산업 생산품의 가격이 떨어져 이 산업의 경기가 침체되어있는 상황이다. 이것은 일시적이라기보다는 구조적인 문제를 가지고 있는 것으로 수출대상지역, 특히 유럽에서 이 산업제품의 대체재를 개발하여 사용하고 있기 때문이다. 까렐리야 공화국은 목재산업을 특화하고 있으므로 이러한 상황을 심각한 문제로 받아들이고 있다. 정부차원과 민간차원의 다각적 대책들이 강구되어지고 있으며 이와 관련해 논의된 몇 가지 사항을 들면 다음과 같다.

1. 목재가공관련 기업들의 구조조정과 사유화를 조기에 마무리 짓고 정부지원을 줄여 자생적 경영에 의한 채산을 할 수 있도록 해야 한다.

2. 민간차원의 목재펀드를 조성해서, 이것으로 기업효율성을 높일 수 있도록 투자를 해야 한다. 외국기업과의 합작투자의 유치를 위해 다각적 노력을 경주한다.

3. 목재와 종이·펄프산업에서 신상품을 부단히 개발해서 판매경쟁력을 높이고 해외시장개척을 위해 민간과 정부의 마케팅사업을 강화한다.

까렐리야 공화국의 경제는 러시아에서 그 비중이 높은 편이 아니다. 특히 농업은 비율이 매우 낮아 많은 품목이 자체공급이 안 되는 실정이다. 러시아 경제에서 까렐리야 공화국의 비중을 파악하기위해 몇 개의 주요 거시경제지표를 비교하면 다음과 같다.

2000년도 러시아 주요 경제지표에서 까렐리야 공화국의 비중

주요 항목	러시아전체 대비 까렐리야 공화국 비율
지역총생산	0.5%[1]
공업생산량	0.6%
농업생산량	0.2%
소매유통	0.4%
자본투자	0.5%

http://www.infostat.ru/epub.htm (검색일: 2003.1.10)

까렐리야 공화국의 지역총생산은 그리 높지 않은 편이며 1999년 203억 8,200만 루블을 기록하였다. 이것은 1998년 113억 8,200만 루블에 비해 79.07% 증가한 값이다. 1인당 지역총생산은 1998년, 1999년 각각 147억 루블과 264억 9,100만 루블을 나타내어 증가율이 80.21%에 이르고 있다. 이것으로 비추어 매우 높은 성장을 하고 있음을 알 수 있다.

까렐리야 공화국의 지역총생산의 주요 구성과 그 비율을 보면 공업부문에 심하게 편중되어 있고 농업은 그 성과가 매우 작은 상태에 있다. 여타 부문을 표로 보면 다음과 같다.

지역총생산의 주요 구성과 비율

주요 산업부문	지역총생산의 주요 구조의 비율
공업부문	46.6%
농업부문	3.6%
건설부문	5.2%
운송부문	11.8%
유통부문	10.9%

http://www.infostat.ru/epub.htm (검색일: 2003.1.10)

까렐리야 공화국에는 목재와 관련된 대기업들이 많다. 왜냐하면 목재부문을 특화하기 위해 전통적으로 국영기업을 대규모로 육성해왔기 때문이다. 현재 이러한 기업들은 민간소유 주식회사의 형태로 사유화 전환단계에 있다. 까렐리야 공화국의 총 기업수는 2000년 15,633개이고 소 기업수는 2000

1) 1999년 통계임(여타주도 동일).

년 4,032개이다. 공업에서 활동 중인 기업의 수는 1,134개로 총 기업수 비중은 7.25%로 나타나고 있어 여타 지역의 공업기업보다 비율이 높게 나타나고 있다.

2. 산업

1) 공업

까렐리야 공화국에는 주요산업인 목재관련 산업 외에 주목할 만한 산업으로 철강업, 비철금속, 전기전력, 식품공업, 금속가공 등이 있다. 그런데 목재가공부문은 전통적으로 충분한 투자에 의해 특화된 산업이므로 다른 여타 산업과 규모나 전망 면에서 상호비교가 의미가 없을 정도로 규모가 크다. 까렐리야 공화국의 총 공업생산량은 2000년 253억 500만 루블이며 이 중 목재관련 부문은 총 생산량대비 60%, 생산액으로는 거의 75%에 이르고 있다. 이 부문 내에서도 상이한 분야로 분기되어 전문화되어 있으며 각각 성장률과 점유율이 다르게 나타나고 있다.

까렐리야 공화국의 총 공업생산량에서 2000년의 성장률은 1999년 대비 37.01% 상승하였고 공업생산지수에 있어서는 1998년, 1999년, 2000년 각각 97, 122, 108로 실질성장의 비교에 있어서도 높은 성장을 기록하고 있다. 까렐리야 공화국의 공업(러시아 전체공업생산의 0.6%차지)에서 활성화되고 있는 여러 부문과 총 공업생산에서 차지하는 비율을 살펴보면 다음과 같다.

주요 공업생산부문별 생산비율

생산부문	까렐리야 공화국 총공업생산 비율
전기전력	7.6%
철강업	13.4%
비철금속	4.0%
화학·석유화학	0.1%
기계제작·금속가공	7.8%
목재가공, 종이·펄프	55.8%
건재공업	2.7%
경공업	0.3%
식품공업	6.7%
기타	1.6%

http://www.infostat.ru/epub.htm (검색일: 2003.1.10)

까렐리야 공화국의 목재가공, 종이·펄프부문에서도 몇 가지 분기분야가 있으며 종이·펄프분야, 목재 등 원자재 벌목업, 목재가공 등으로 크게 나누어 볼 수 있다. 이 하위의 분기분야들은 상호 보완적 성격이 매우 강하므로 상호 관계를 맺으면서 함께 성장해 왔다.

소련연방 시절부터 이 하위분야의 산업들이 같은 지역 내에서 생산 활동을 한 것은 아니고 지역분업의 계획화 하에서 지역분산에 의한 생산이 있었으며 이것이 시장경제로의 전환이 일어나면서 한 지역으로 집적하는 형태로의 변화를 하게 된 것이다. 이런 집적경제가 시장경제하에서 효율성을 가져와 경쟁력을 갖추기 때문이다. 그래서 이 분야들은 성장률과 점유율이 상이하기는 하지만 큰 차이를 보이는 것은 아니다.[2)]

2) 농업

까렐리야 공화국의 농업은 전통적으로 미진한 부문이었고 농업생산지수도 점차 떨어져 농업이 쇠퇴해 가고 있음을 알 수 있다. 까렐리야 공화국의 총 농업생산량은 1999년과 2000년에 각각 15억 800만 7,000 루블과 17억 400만 5,000 루블로 증가율이 12.98%에 이르고 있다. 이 중 가축사육과 작물재배의 비중을 표로 보면 다음과 같다.

농업생산량 추이

항목 \ 년도	1997	1998	1999	2000
총농업생산액[3)]	903.0	923.8	1,508.7	1,704.5
작물 관련 생산액	446.0	456.4	783.0	726.2
가축 관련 생산액	457.0	467.4	725.7	978.3
농업생산 지수[4)]	94	94	117	97

http://www.infostat.ru/epub.htm (검색일: 2003.1.10)

2) 이 분야들에서 활동하고 있는 대표적 기업들을 보면 다음과 같다. AO ‘Кондопожское лесопромышленное хозяй ство’, АООТ ‘Сортавальский МЛК’, АООТ ‘Ланденпохский ЛПХ’, АООТ ‘Чупалес’, АООТ ‘Паданский ЛПХ’, АООТ ‘Олонецлес’

3) 명목가치, 단위:백만루블, 1997년까지는 십억 루블(여타주 동일).

4) 실질가격, 전년대비=100(여타주 동일).

까렐리야 공화국의 총 파종면적은 6만 6,500 헥타르이고 구성의 비율은 다음과 같다.

곡물재배면적-2.6%; 특용작물재배면적-약간; 감자와 채소재배면적- 17.9%; 사료용 식물재배면적 79.5% 등이다.

까렐리야 공화국에는 2000년 기준으로 소는 5만 5,300 마리가 있고 그 중 암소는 2만 6,200 마리이다. 그리고 돼지는 만 3,300 마리가 있다. 까렐리야 공화국의 주요 농업생산물의 구체적인 수확량을 2000년 기준으로 보면 다음과 같다.

곡물-1,800 톤(수확 후); 감자-10만 8,400 톤; 채소-3만 200 톤; 가축과 가금류-6,400 톤(도살 후 측정); 우유-8만 5,700 톤 등이다.

3) 자원 등 기타

유럽부분의 북서부에 위치한 까렐리야 공화국의 기후는 온화하며 면적은 그리 규모가 크지 않다. 대부분의 영토는 언덕 형태를 이루고 있으며 돌과 바위가 아주 풍부하다. 토양의 대부분은 회백색토양 또는 소택지로 이루어져 있다.

까렐리야 공화국의 수자원을 살펴보면 영토의 25%가 물로 덮여져 있고 6만개 이상의 호수가 있다. 대표적인 호수로는 유럽에서 가장 큰 호수중의 하나인 라도가 호수(Ладожское озеро)와 오네가 호수(Онежское озеро)가 있다. 이 호수들의 전부가 영토내에 속해 있지는 않다. 라도가호수는 면적의 80%가, 오네가 호수는 40%가 까렐리야 공화국의 영토 내에 속해있다.

까렐리야 공화국은 세계적으로 잘 알려진 볼가강의 400km가 이 지역을 경유하고 있으며, 전체적으로 볼 때 까렐리야 공화국의 강의 길이는 대략 8만 3,000km에 이른다. 까렐리야 공화국내의 저수지는 29개가 있으며 이들 중 13개는 강과 호수의 물을 저장하여 통제하는 수력공학시설의 목적으로 만들어진 것이다. 이 외 전 영토의 18% 정도는 소택으로 덮여져 있으며 이 소택지에는 40억 톤 이상의 이탄이 함유되어 있다고 알려져 있다. 이들 호수와 소택지들은 질 높은 담수의 보고가 되고 있다. 이와 같이 까렐리야 공화국은 매우 풍부한 수자원을 보유하고 있다.

까렐리야 공화국은 50여종이 넘는 많은 유용광물 자원을 보유하고 있다.

그 종류로는 철광석, 티탄, 다이아몬드, 각종 건축재료, 도자기의 원료로 쓰이는 거정화강암, 섬광광석 등이 있다. 특히 까렐리야 공화국에서 생산되는 철광석은 러시아 총 생산량의 10%에 달하고 있으며 종이는 26.6%, 세공용 목재는 3.7%를 차지하고 있다.

까렐리야 공화국은 영토내의 풍부한 미네랄자원을 재생산하기 위하여 재정의 많은 부분을 할당하고 있으며 1억 8,000만 톤에 달하는 크롬광산도 획득한 상태이다. 또한 여러 지역에서 새로운 구리광산이 발견되었고 비금속 원료부분에서도 많은 매장지에서 구체적인 결과를 얻고 있다.

산림자원부문에서는 까렐리야 공화국은 영토의 49%가 숲으로 덮여져 있다. 이 숲들의 절반은 소나무로 구성되어져 있고 1/3정도는 전나무이다. 전체적으로 산림자원의 보유량은 8억 2,700만 5,000 ㎥에 달한다.

까렐리야 공화국에 서식하는 동식물의 종류는 매우 다양하다. 이 지역의 남쪽에서부터 북쪽에 이르기까지 다양한 동물계가 존재하고 있으며 현재 알려져 있는 척추동물만도 350여 종에 달한다. 그러나 사슴, 멧돼지, 곰, 토끼, 늑대 등 수렵자원의 수가 점점 줄어듦에 따라 공화국 정부는 전 국토의 1.6%에 달하는 29만 4,600 헥타르의 금벌구역을 지정하여 동물들을 보호하고 있다.

이와 같이 까렐리야 공화국은 그 면적이 좁고 토양 및 토지자원은 열악하지만 상대적으로 풍부한 수자원을 가지고 있으며 지하자원 및 산림자원도 매우 풍부하다. 공화국 정부는 이러한 천연자원들을 발굴하여 경제적 부가가치를 창출하는데 있어서 적극적이며, 균형적인 발전을 위하여 동물을 보호하는 등 세심한 정책을 전개하고 있다.

V. 문화시스템

1. 지역정체성

1) 인구

2001년 현재 까렐리야 공화국의 인구는 760,000명이며, 그 중 도시인구는 74.3%, 농촌인구는 25.7%로 인구의 도시 집중현상이 두드러진다. 까렐리야 공화국의 인구 또한 대부분의 연방주체에서와 마찬가지로 감소추세에 있으며, 1992년을 기점으로 2001년까지 4.88%(39,000명) 감소했다. 까렐리야 공화국에서도 높은 인구 사망률이 인구감소 현상에 결정적인 역할을 하고 있다.

1990년대 까렐리야 공화국의 인구상황에는 전출입에 의한 인구이동이 어느 정도의 영향을 미쳤다. 1998년 공화국으로의 전입인구는 전출인구를 초과했으나, 1999년에는 반대로 전출인구가 500명 정도 많았다. 다시 2000년에는 전입인구가 전출인구를 앞질러 전체적인 인구상황에 긍정적으로 기여했다. 2000년도 전입인구 상황을 보면, 전입인구 1,570명 중 648명이 러시아의 타 지역 출신이며, 나머지는 해외 출신이다. 반면에 전출자의 81%는 러시아의 타 지역으로 전출했으며, 나머지 8%는 주변국, 특히 그 중 90%가 핀란드와 독일로 이민을 떠났다.

까렐리야 공화국 인구변동 추이

연도	1990	1992	1993	1994	1995	1996	1997	1998	1999	2000	2001
인구수 (1,000명)	795	799	798	793	788	784	779	775	771	765	760

Российский статистический ежегодник. Госкомстат России. М., 2001. С. 82.

까렐리야 공화국의 인구 자연증가율은 1990년 이후부터 마이너스 현상을 보이고 있으며, 1990년대 중반이후부터는 사망률이 출생률의 거의 2배에 육박하고 있다. 공화국 주민의 주요 사망원인은 심장·혈관계통의 질병이며, 다음으로 알콜중독, 살인 및 자살 등에 의한 사망이 뒤를 잇는다.

까렐리야 공화국 출생자수, 사망자수, 자연증가율

연도	출생자수(명)	사망자수(명)	자연증가율(명)
1990	10,553	8,072	2,481
1992	7,969	9,834	-1,865
1993	7,003	11,817	-4,814
1994	6,800	13,325	-6,525
1995	6,729	12,845	-6,116
1996	6,461	11,192	-4,731
1997	6,230	10,306	-4,076
1998	6,382	10,285	-3,903
1999	6,054	11,612	-5,558
2000	6,374	12,083	-5,709

Россий ский статистический ежегодник. Госкомстат России. М., 2001. С. 111.

2000년 현재 까렐리야 공화국의 경제활동인구는 전체 인구의 51.50%이며, 그 중 취업인구는 349,000명(88.5%), 취업인구는 45,000명(11.5%)이다. 이러한 고실업 사태는 1990년대 중반이후 최근까지 지속되고 있으며, 경제상황이 크게 개선되지 않는 한 높은 실업률 또한 당분간 지속될 전망이다.

까렐리야 공화국 경제활동인구(취업자, 실업자), 실업률

연도	경제활동인구 (1,000명)	취업자수 (1,000명)	실업자수 (1,000명)	실업률(%)
1992	437	416	22	5.0
1993	423	390	33	7.8
1994	399	364	35	8.7
1995	409	355	54	13.2
1996	400	354	46	11.5
1997	389	343	46	11.9
1998	393	328	65	16.6
1999	417	351	65	15.7
2000	394	349	45	11.5

Россий ский статистический ежегодник. Госкомстат России. М., 2001. С. 136.

2) 민족

까렐리야 공화국에는 약 100여 민족이 거주하고 있으며, 2001년 현재 전체인구 765,000명은 러시아인 73.6%, 까렐리야인 10%, 벨라루스인 7%, 우끄

라이나인 3.6%, 핀족 2.3%, 훈족 0.8% 등으로 구성되어 있다. 이와 같이 전체인구 중 러시아인의 비율이 상대적으로 낮고, 까렐리야인을 비롯한 이민족의 비율이 비교적 높은 편이다. 이와 관련하여 공화국 정부는 소수민족들의 민족문화 복원과 까렐리야인, 훈족, 핀족 등의 언어와 문화 발전에 많은 관심을 기울이고 있다.

특히 까렐리야 공화국이 해결해야 하는 시급한 과제는 깔레리야어 및 공화국 각 민족 대표부의 위상 문제를 해결하는 것이다.

또한 공화국 정부에서는 발틱해 연안의 핀족들의 권리 실현과 관련한 제반 문제 해결에 핀족들의 역할을 강화하기 위해서 총리 직속으로 까렐리야인, 훈족, 핀족 대표자 위원회를 설립했다.

3) 교육

2001년은 까렐리야 공화국의 교육이 상당한 성과를 이룬 해로 기록될 수 있다. 러시아연방 대통령의 지시에 따라 2010년까지 러시아 교육의 현대화를 위한 다양한 법안이 채택되었다. 최우선적인 정책방향은 균등한 교육기회 부여 및 무상교육 실시, 교원들의 사회적 지위 및 전문성 제고 등을 위한 것이다.

해가 갈수록 공화국의 교육예산이 증가하고 있으며, 이러한 예산은 주로 다음과 같은 프로젝트에 주로 소요된다: '농촌학교', '까렐리야 공화국 핀-우고르 학교', '사범대학 육성', '까렐리야의 아이들'. '전문교육 발전' 등.

2001년에 교육부문에 투자된 예산은 13억 루블로, 전년대비 23.4% 증가했으며, 그 중 임금 및 연금공제액이 67.3%로 전년대비 10% 증가했다.

2001년도에는 각급 학교의 정보화에 많은 투자가 이루어졌다: 163개 농촌지역 학교, 각 구 및 시 단위 교육관련 기관에 1,100만 루블을 투자하여 현대적인 전산장비를 구비했다.

2. 지역문화

1) 문화개괄

문화 정책의 주된 방향은 한 나라의 문화에서 매우 중요한 역할을 한다.

까렐리야 공화국의 문화영역에서의 최근의 중심과제를 살펴보면 다음과 같다. 까렐리야 공화국의 문화적 전통의 확립과 사회 경제적 영역에서의 문화영역의 참여, 통일된 계획의 수립과 공통적인 방법을 강구하는 기구들 간 관계의 강화, 주민 봉사를 위한 극장과 콘서트 단체의 객연활동, 문화와 예술단체의 물질적 기술적 토대의 강화 등이다.

까렐리야 공화국의 가장 의미 있는 문화적 사건은 까렐리야 공화국 성립 80주년 기념식이었다. 2000년도는 이 공화국에 커다란 문화적 사건으로 기록되는 해였는데, 음악 극장단이 핀란드 사본리나에서 열린 국제 오페라 페스티벌에 참가했고, 심포니 오케스트라가 빼쩨르부르크의 크리스마스 축하 국제 페스티벌에 참가했으며, 까렐리야 공화국의 민족 극장이 핀란드로 객연을 갔고, 삐뜨까란츠꼼 지역에서는 1939-1940년 겨울 전쟁 시기 전사한 소련과 핀란드 군인을 기리는 기념비 '슬픈 십자가'가 세워졌다. 이 모든 것이 까렐리야 공화국의 문화와 예술 영역에서의 잠재력을 보여줄 뿐만 아니라 대외 이미지를 높였다.

국제적 세미나인 '문화 여행, 항상적인 발전'이 개최되었고 문화, 관광의 영역에서 미래의 협력을 위해 커다란 의의를 갖는 첫 번째 러시아 핀란드 문화 포럼은 중요한 국제적 사건이었다. 국제적 교류를 확대하고 오랜 기간 동안의 문화적 교류를 확립하고자 백러시아 공화국에서는 '까렐리야 공화국의 문화의 밤', 까렐리야 공화국에서 '아디게야의 밤', '모스크바의 밤'등의 문화행사가 개최되었다.

까렐리야 공화국의 사회 경제적 발전을 도모하고, 2008년까지 문화를 발전시키고 '2010년까지 까렐리야 공화국의 문화영역의 발전'이라는 공화국 전체 계획을 실현할 목적으로 2000년도에 공화국의 역사-문화 전통의 주체들이 참여한 기구가 조직되었다.

국제기구, 공화국과 지역의 문화 운영 기구, 까렐리야 공화국정부의 주창에 따라 문화 관광 발전을 위한 국제적이며 범기구적인 계획이 수립되었다.

이 계획에는 국제 세미나를 위해 준비된 6개의 계획안이 들어있는데 예를 들면 '문화적 관광, 항상적인 발전', '백해에서 오네가 호수로부터', '오네가 변경의 역사 문화 지역' 등이 그 계획의 이름이다. 유물들의 보존을 위한 연방의 재정적 토대를 강화하기 위해서 까렐리야 정부는 그 실행에 있어 약 5

억 루블이 필요한 연방 계획안인 '러시아문화'(2001-2005년)에 참가했다. 다방면에서 재정을 확보하는 것이 2008년까지의 문화적 발전 구상의 기본적 원칙중의 하나인데 정부는 이 과제를 해결하기위해 2000년도에 연방 재정에서 3억 천만 루블을 확보했다.

2000년도에 도서관분야의 발전에서 중요한 방향들이 결정되었는데, 그것은 새로운 정보와 기술을 토대로 한 도서관 활동의 근대화, 도서관 폰드의 유지와 발전 등이다. 공화국의 도서관들에 의해 5개의 큰 계획이 총 7십 6만 8천 달러의 비용을 들여 실현되었다. 이 계획의 목적은 까렐리야 공화국의 정보 자원을 만들기 위해, 그리고 도서관의 모든 이용자들이 세계적 정보 자원을 이용할 수 있게 하는데 있다.

도서관 폰드와 간행물 구독상황은 복잡한데 1999년과 비교해서 구독에 필요한 지역 예산 지출은 1.5배 증가했고 공화국 예산 지출은 1.7배 증가했지만 인플레이션 때문에 구독의 질적 수준은 나아지지 않았다.

박물관의 상황에서 볼 때 문화 관광의 발전을 촉진하고 여러 가지 도움을 주는 폰드나 협력체를 찾고 계획을 짜고 실현하는 것이 박물관의 상황에서는 우선적인 일이다. 박물관의 잠재적인 자원을 실현하려는 계획, 지역의 커다란 박물관의 프리젠테이션, 이동 전시회를 조직하기 위한 계획, 세 개의 국립 박물관(끼지 박물관, 까렐리야공화국 조형예술박물관, 까렐리야 국립지지 박물관)의 비용으로 만들어진 '종합 자동 박물관 정보 시스템' 등 이러한 사업들은 박물관 수집품이 더 많아지게 될 가능성을 보여주고 있으며 까레리야 공화국에 대한 좋은 이미지를 형성하는데 직접적인 영향을 주고 있다.

시와 공화국의 구(區)에서는 어린이들의 창의력을 발전시키기 위해 특별한 노력이 경주되고 있는데 그 일환으로, 2000년도에는 어린이들을 위해서 뻬뜨로자봇스끄에서 예술 겨울 아카데미, 꼬스또무크샤에서 여름 음악아카데미, 끼지에서 여름 음악 민속학교, 4번의 국제페스티벌, 2번의 지역페스티벌, 한 번의 국제콩쿠르와 4번의 까렐리야 공화국 차원의 콩쿠르, 4번의 공화국 차원의 전시회, 한 번의 공화국차원의 축제가 열렸다.

2000년도에는 두 명의 참가자가 까렐리야정부 의장의 장학금을 받았고, 10명의 참가자가 까렐리야 공화국의 문화부 장관 장학금을 받았고, 5명의 참가자가 콩쿠르에 나가서 러시아 연방 문화부 장관 장학금을 받았고 2명의 대학생이 이름 있는 상을 받았다. 2000년도에는 직업 예술 발전의 영역에서 다음의 사업이 주된 방향이 되었는데 예를 들면, 공화국 각 지역에서의 극장과 콘서트 단체의 객연활동과 창조적 계획의 실현이 그것이다.

2000년도에 공화국의 모든 지역에서 열린 연극과 콘서트의 전체 수는 491개이며 647,000명의 관객이 참가했었다. 이 때 객연의 교통과 숙박에 드는 많은 비용을 예술단체가 독자적으로 다 충당 할 수 없기 때문에 구와 지역의 행정부에서 보내주는 재정적인 지원이 큰 역할을 한다. 유감스럽게도 모든 구의 장이 이 문제를 긍정적으로 이해하고 있는 것은 아니다.

2000년도에는 직업 단체들이 많은 흥미 있는 창작계획을 실현하는 것이 가능했다.

공화국의 가장 의미 있는 행사 중에 다음의 것들이 있는데, 헬싱키에서 있었던 핀-위구르 족 제 3세계 콩쿠르에 까렐리야 공화국의 민족 극장이 '니스까부오리'라는 연극으로 참가한 것과, 핀란드와 스위스의 8개 도시에서 객연을 한 것, 그리고 모스크바에서 '창조적 장인' 극장이 객연을 한 것이 그것이다. 전체적으로 볼 때 까렐리야 공화국의 2000년도는 문화와 예술 기관의 물질적-기술적 기반을 강화시키는 것이 가능했던 해라고 할 수 있다.

2) 문화시설

까렐리야 드라마 극장

까렐리야 공화국의 가장 오래된 극장은 러시아 드라마 극장으로 1907년 1월 8일 문을 열었다. 이 날에 아베르끼에프의 희곡을 극화한 극장의 첫 번째 연극인 '까쉬르스까야 스따리나'가 상연되었다.

극장의 토대와 기반이 된 이들은 보리스 다우고베트, 보리스 베르뗄스, 니꼴라이 같은 뻬쩨르부르크 극장의 감독과 배우들로 이들은 까렐리야 공화국에서 극예술의 기본을 다져놓았다.

뻬쩨르부르크의 극 학교가 지금까지도 까렐리야 '러시아 드라마 극장'의 감독과 배우들의 창작을 계속해서 지원하고 있다. 오늘날 극장의 가장 훌륭한 연극으로는 뻬쩨르부르크의 감독인 게나디 뜨로스땨네츠끼, 게나디 마이 등의 작품이 있다.

극장의 레퍼토리는 장르와 경향의 차원에서 다양한데, 러시아 고전, 현대 러시아와 서구의 희곡, 어린이들과 젊은이들을 위한 연극들이 있다. '러시아 드라마 극장'의 연극들은 시즌의 가장 좋은 연극으로 여러 번 상을 받았다. 이 중에는 관객들의 커다란 호감을 얻고 있는 끌로트 만과 마르크 사모일로프의 뮤지컬 '오스카'가 있는데 1995년 알렉산드르 극장에서 상연되어 뻬쩨르부르크의 극장 위원회에 의해 높이 평가되었다.

깔리닌그라트주
Калининградская Область

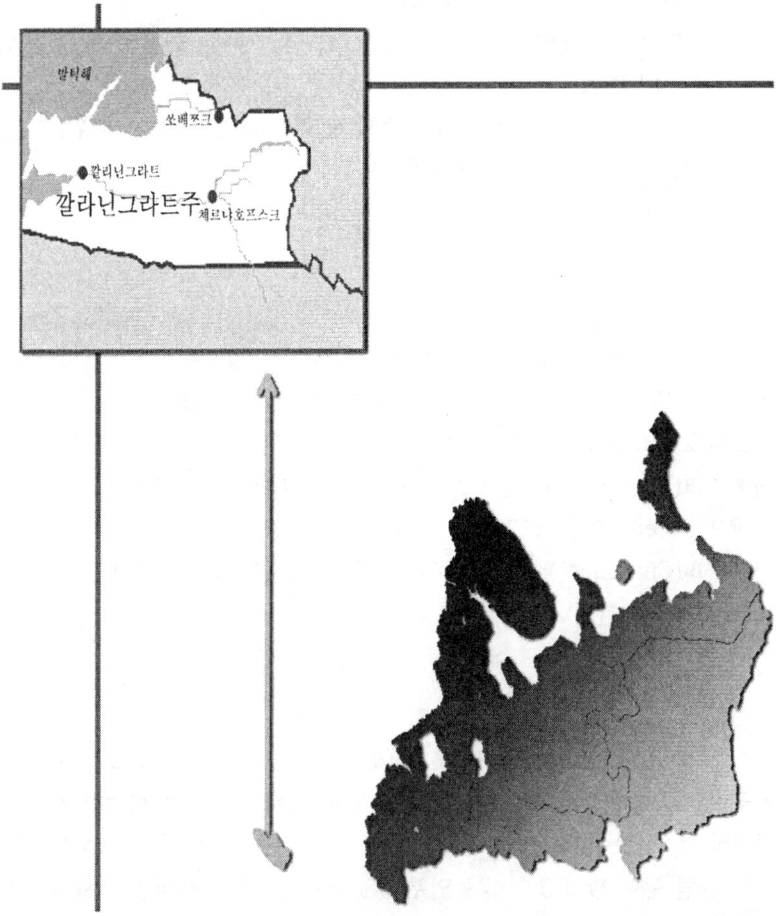

Ⅰ. 개황

1. 기초정보

주 성립일: 1946년 4월 7일
주도: 깔리닌그라트(Калининград)
인구: 947,000명(2001년 현재: 러시아연방 전체의 0.65%, 89개 주체 중 59위)
인구밀도: 62.7명/㎢
면적: 15,100㎢(러시아연방 전체 면적의 0.09%; 89개 주체 중 81위)
소속지구: 북서연방지구; 북부경제지구
한국과의 시차: -7시간

2. 주요도시

깔리닌그라트(Калтнинград): 인구 425,200명; 북위 54°43′, 동경 20°31′
쏘베쯔크(Советск): 인구 43,100명; 북위 55°5′, 동경 21°53′
체르냐호프스크(Черняховск): 인구 42,800명; 북위 54°38′, 동경 21°49′
발찌스크(Балтий ск): 인구 31,000명; 북위 54°39′, 동경 19°55′
구쎄프(Гусев): 인구 27,700명; 북위 54°35′, 동경 22°12′
스베뜰리(Светлый): 인구 21,600명; 북위 54°43′, 동경 20°10′
(인구: 2002년 현재)

3. 주요 산업 및 농업

주의 주요 산업으로 기계제작(제지산업, 이동식 크레인, 건축-도로산업, 조명기구 산업, 전기용접, 열차 차량 제작 등의 설비, 상점 및 대중식당 설비, 어업설비 및 선박수리 설비), 제지산업, 식료품(특히 어류)산업, 호박 채취 및 가공산업 등이 발달했으며, 농업부문은 낙농업, 가금, 모피동물 사육 등이 발달했다.

II. 자연환경

1. 지리적 위치와 구성

깔리닌그라트주는 13개 행정구, 22개 시, 5개 도시형마을, 96개의 농촌마을로 구성되어 있으며, 러시아연방의 역외 영토로서, 발틱해 동남해안에 위치하며, 연방 본토와 주 사이에는 발틱해 연안국가들이 위치하고 있다. 총면적이 15,100㎢로 러시아연방에서 가장 규모가 작은 주이다. 주의 동서간 총연장은 195㎞이며, 남북간 총연장은 110㎞이다.

주는 북동쪽에서는 리뚜아니아와, 남쪽에서는 폴란드와 경계를 이루고, 서쪽은 총연장 140㎞에 걸쳐 발틱해와 연해 있다.

주요 하천은 녜만(Неман), 쁘레골랴(Преголя)이며 100개가 넘는 호수가 있는데 가장 큰 것이 비쉬띠네쯔크(Виштынецк)호이다. 부동항이 있으며, 이는 러시아연방 내륙지방과 동유럽으로 향하는 가장 짧은 교통로로 이어진다. 깔리닌그라트주에는 총연장 4,581㎞에 달하는 도로 교통망이 발달되어 있으며, 특히 유럽횡단 도로의 일부가 주 영토를 통과한다.

수도 깔리닌그라트와 모스크바 간의 거리는 1289㎞이다.

2. 기후조건

대륙성 기후에서 해양성 기후로 전이과정에 있음.

1월 평균기온: -3℃ ~ -5℃

7월 평균기온: 15℃ ~ 17℃

연강수량: 700㎜

식물 생장 기간: 145 ~ 150일

식생: 혼합림 지대

토양: 염분회색토

삼림분포도: 18%

깔리닌그라트주 해안의 온화한 해양성 기후는 기온의 편차가 심하지 않으며, 치료효과가 매우 높은 특성을 지닌다. 가을과 겨울에 대서양에서 불어오는 남풍 및 남서풍은 저기압을 동반한 따뜻한 기류를 몰고 온다. 러시아에서 가장 강렬한 자외선이 깔리닌그라트주 휴양중심지인 스베뜰로고르스크(Светлогорск)시에 내리쬐며, 이곳의 연중 일조일수는 135일에 달한다. 이는 어느 정도 쌍트 뻬쩨르부르크보다 5° 이남, 리가(Лига) 해안에서 300㎞ 떨어져 있는 지리적 위치에 영향을 받는다. 따라서 이곳 해안은 얼음이 얼지 않는다.

3. 주요 유용광물

사주(모래톱)에 석유와 가스 매장지가 있으며 그곳에서 이를 채굴하고 있다. 암염(巖鹽), 건축자재, 원유, 이탄, 호박(세계의 매장량의 80%)이 매장되어 있다.

Ⅲ. 정치시스템

1. 역사

1945년 동(東)프러시아는 존속을 중단했다. 그 영토의 3분의 1은 러시아 사회주의공화국 소속의 깔리닌그라트주로 구성되었다. 깔리닌그라트는 1255년 튜턴 기사단에 의하여 건설되었으며, 1701년 프로이센령, 그 후 독일령이 되어 프로이센의 주요 항구가 되었다. 독일령일 때에는 케니그스 베르그(Кёнигсберг)라고 하였으나, 1945년 베를린 회의 결과 소련령이 된 것을 계기로 명칭이 바뀌었다.

1945년 6월 24일 모스크바에서 대독일전쟁기에서 파시스트 독일에 대한 러시아 인민의 승리를 기념하는 열병식이 거행되었다. 그리고 동년 7월 17일에서 8월 2일까지 소련과 미국 및 영국의 정부 수뇌들 간에 포츠담 회의가 개최되었다. 이곳에서 동프러시아의 폐지, 다케니히스베르크 시 및 구소련과 인접한 지역의 소련에 양도 등에 관한 협정이 체결되었다. 1945년 8월부터 깔리닌그라트에서의 개혁/개조 작업이 시작되었다. 공장이 건설되었고, 학교, 공항이 문을 열었다. 1946년 4월 7일 소련 최고소비에트 상임위원회는 케니그스베르그시와 케니그스베르그주의 인접한 영토를 러시아의 구성으로 포함시키는 명령을 하달했다.

1946년 7월 4일에는 동일지역의 이름이 러시아식으로 수정된다. 소련 최고소비에트의 명령에 의하여, 케니그스베르그주가 깔리닌그라트주로 수정된 것이다. 7월 9일 소련 각료회의는 '깔리닌그라트주로의 이주 및 농촌경제 발전에 따르는 긴급정책'에 관한 명령을 채택했으며, 같은 날 '주의 농촌경제 발전 및 부흥'에 대한 정부의 결정이 잇따랐다.

1950년부터 깔리닌그라트주의 개발 및 재건축이 실시되었다. 농촌경제의 활성화뿐만 아니라 기업체들의 생산이 시작되었다. 1950년 6-8월에는 소련 최고소비에트 상임위원회의 명령에 의해 농촌경제의 선구자집단에 훈장을 수여하는 명령이 하달되었다. 이와 동시에 문화 예술 기관이 개원했다. 깔리닌그라트 지역경제에서는 호박(琥珀)산업이 발달되어있다. 1955년 2월에는 깔리닌그라트의 '호박연합체(Янтарный комбинат)'가 아르헨티나, 네델란드, 독일 등지에서 개최되는 국제산업 박람회에 참여하여 자신들의 제품을 전시하기도 했다. 소련의 중앙정부는 깔리닌그라트에 1960년을 전후한 시기부터 문화/예술관련 단체 및 공간의 확보 그리고 박람회를 개최하면서 산업부흥에 보다 많은 관심을 가졌다. 깔리닌그라트 주는 1966년에 레닌훈장을 부여받았다.

소련의 붕괴로 깔리닌그라트는 러시아에서 새로운 의미가 부여되고 있으며, 특히 지정학적 차원에서 중요성을 띠게 되었다. 주요산업은 차량, 조선, 자동차부품, 밸브, 크레인, 생선가공 등이며 공업지대는 강의 양안에 위치한다. 공과대학, 수산대학, 해양수산연구소, 포경기지 등이 있다. 교외에는 휴양지가 있다.

2. 정치

1) 정치 일반

깔리닌그라트주는 22개의 도시와 5개의 도시형 촌락을 포함하는 13개의 구역으로 구성되어 있다.

주의 입법 권력은 깔리닌그라트주 두마가 실현한다. 주두마의 의장은 우스쮸고프(В. Н. Устюгов)이다. 주두마는 산하에 여러 위원회를 두고 있다.

주두마의 위원회

위원회	위원장
운영위원회	바실리예프(Васильев В.А.)
예산위원회	니끼친(Никитин В.П.)
법령, 국제관계, 안보위원회	뚤라예프(Тулаев Н.П.)
사회정책위원회	뻬뜨로첸꼬바(Петроченкова Г.Т.)
환경 및 자연활용 위원회	바뚜찐(Ватутин Г.И.)
농업문제 및 생필품시장 위원회	스쩨빠노프(Степанов А.П.)

주의 최고 집행권력기관은 깔리닌그라트주 행정부이다. 행정수반은 예고로프(В. Г. Егоров)로서, 2000년 11월 19의 주지사선거에서 당선되었다. 예고로프는 해군 아카데미를 졸업하고 오랫동안 군에서 복무했다. 군사학 박사학위를 가지고 있는 그는 2000년 11월의 선거에서 당선되어 칼리닌그라트

주 지사로 있다.

주의 중심도시인 깔리닌그라트시의 집행권력은 시행정부가 실현한다. 시장은 사벤꼬(Ю. А. Савенко)이다. 1990년부터 사할린주 꼬르사꼬프 시소비에트의 대의원이었던 그는 1991년부터는 꼬르사꼬프의 시장으로 근무했다. 1993년에 깔리닌그라트시로 초청되어 시행정부의 도시건설위원회 부위원장으로 일하기 시작했다. 그리고 행정부의 도시건설 담당 행정부의 두 번째 지도자가 되었다. 부시장 및 도시건설위원회 위원장을 역임했다.

1996년에 수석부시장, 깔리닌그라트 시청의 도시봉사 및 도시건설 위원회 위원장을 역임했고 1998년 3월부터 깔리닌그라트 시장대행이 되었으며, 동년 10월부터 시장이 된다.

주요 도시의 수반은 다음과 같다.

도시명	행정수반
깔리닌그라트시	사벤꼬(Савенко Ю.А.)
소베츠끄시	스베뜰로프(Светлов В.Н.)
체르냐홉스끄시	포멘꼬(Фоменко Г.И.)
발티스끄시	꾸즈네쪼프(Кузнецов А.Н.)

http://www.kaliningrad.intergrad.ru/vlast.html

2) 선거

1999년 12월 19일 실시된 러시아연방 국가두마의원 선거에서 깔리닌그라트주에는 하나의 선거구가 있다. 유권자는 732,568명으로서, 투표율은 50.65%였다.

정당별 득표

정당	득표율(%)
단결	33.45
러시아공산당	19.75
우파연합	8.29
지리놉스끼 블록	7.99
조국-전러시아	8.29

깔리닌그라트 주지사 선거는 2000년 11월 5일 성립되었다. 12명이 입후보

했다. 현직주지사인 고르벤꼬(Л. П. Горбенко)가 21.54%의 득표율을, 발틱 함대 사령관인 에고로프(В. Г. Егоров)가 37.56%의 득표율을 보였다. 투표에는 유권자의 49.14%가 참여했고, 모든 후보에 대한 반대에는 7.21%가 투표했다. 11월 19일 진행된 결선투표에서는 고르벤꼬가 33.71%를, 예고로프가 56.47%를 득표했다. 투표에는 47.02%가 참여했고 모든 후보에 대한 반대에는 8.4%가 투표했다. 깔리닌그라트 주지사로 예고로프가 선출되었다.

2002년 10월 6일 깔리닌그라트 시장선거가 실시되었다. 유권자의 31.99%가 투표에 참여했고, 사벤꼬가 61.07%의 지지를 얻어 당선되었다.

후보명	득표율(%)
사벤꼬(Савенко Ю.А.)	61.07
루드니꼬프(Рудников И.П.)	17.12
로빠따 (Лопата В.В.)	9.04
길겐베르그 (Гильгенберг В.А.)	2.17
다닐로바 (Данилова О.В.)	1.61
야누스 (Янус К.Г.)	0.73
꼬체노프 (Коченов В.Е.)	0.24
모든 후보에 대한 반대	6.64

Ⅳ. 경제 시스템

1. 경제개황

깔리닌그라트주는 7개의 연방지구 중 북서연방지구에 속하고 12개의 러시아 경제지역 중 유일하게 자체적인 깔리닌그라트주 경제지역을 가지고 있다. 깔리닌그라트주는 경제적 규모가 아주 크다고는 할 수 없지만 매우 역동적이고도 서구적으로 발전된 지역이다. 이러한 발전요인은 여러 가지로 분석되고 있는데, 대체로 지리학적이고 지정학적인 특성에 기인한다고 평가된다. 여기에는 아틀란트 해의 얼지 않는 바다의 영향도 포함된다. 깔리닌그라트주의 해로가 항상 열려있어 운송의 편리성과 비제약성으로 인해 성장의 촉진제역할을 해왔던 것이다.

또한 깔리닌그라트주는 대륙과 떨어져 유럽가까이에 존재하므로 서구의 영향을 많이 받았고 경제시스템도 유럽의 형태로 변모되어 왔다. 그래서 서구의 자본은 친화감을 가지고 유입되었고 이 지역발전에 적지 않은 역할을 하게 된다. 깔리닌그라트주는 외국인 투자의 유치를 위해 자유경제지대를 폭넓게 설정하였고 이것으로 인한 외국인투자가 대외수출로 이어질 수 있도록 제도적 장치는 물론이고 정책적 지원을 아끼지 않았다. 이에 깔리닌그라트주는 러시아 어느 지역보다 유출입이 많은 지역 중의 하나가 되었다.

러시아경제에서 차지하는 깔리닌그라트주의 경제비중은 그 규모면에서 크지는 않다. 그러나 농업과 공업을 포함한 각 부문이 고루 발달되어져 있고 각 부문의 생산성이 여타 지역에 비해 매우 높은 편이다. 깔리닌그라트주의 비중을 파악하기위해 몇 개의 주요 거시경제지표를 비교하면 다음과 같다.

2000년도 러시아 주요 경제지표에서 깔리닌그라트주의 비중

주요 항목	러시아전체 대비 깔리닌그라트주 비율
지역총생산	0.4%
공업생산량	0.3%
농업생산량	0.5%
소매유통	0.6%
자본투자	0.4%

http://www.infostat.ru/epub.htm (검색일: 2003.1.10)

깔리닌그라트주의 지역총생산은 1999년 1,600만 1,580 루블로 1998년 87억 1,600만 루블 대비 85.38% 증가하였고 1인당 지역총생산은 1998년과 1999년 각각 920만 루블, 1,700만 6,000 루블로 증가율이 84.85%로 나타나 총량 역시 가속적으로 성장하고 있음을 알 수 있다.

깔리닌그라트주의 지역총생산의 주요 구성과 비율을 보면 공업부문이 전체 규모에서 차지하는 비중이 가장 큰 것으로 나타나고 있다. 여타 부문을 표로 보면 다음과 같다.

지역총생산의 주요 구성과 비율

주요 산업부문	지역총생산의 주요 구조의 비율
공업부문	33.2%
농업부문	8.7%
건설부문	4.8%
운송부문	9.1%
유통부문	13.3%

http://www.infostat.ru/epub.htm (검색일: 2003.1.10)

깔리닌그라트주의 기업들은 합작기업들이 많다. 이것은 지리적 측면에서 서구에 가깝고 그것을 적극 활용해서 외국투자를 유인해 왔기 때문이다. 대표적으로 투자를 한 주요 국가와 그 비율은 독일-30%; 영국-22%; 스위스 18% 등이다.

깔리닌그라트주의 총 기업 수는 2000년 2만 7,323개이고 소 기업 수는 2000년 7,587개이다.

공업활동기업은 2000년 1,633개이며 총 기업수 대비 공업관련기업은 5.98%를 차지하고 있어 깔리닌그라트주의 공업이 성장 중에 있음을 알 수 있다.

2. 산업

1) 공업

깔리닌그라트주는 지리적 환경이 사방 바다와 맞닿아 있어 해양관련 산업이 발달될 수 있는 유리한 조건을 갖고 있다. 유리하다. 이것으로 인해 어업이 매우 번성하여 있으며 어업뿐만 아니라 식품가공업까지도 발전하고 있다. 현재 약 300척의 대형 어업용 선박이 있고 이것들은 대부분 발틱해에서 조업을 하고 있다.

어업과 식품가공 산업의 발전에는 지리적 환경 외에 어업에 특화하기 위해 정책적으로 설비와 장비에 가감한 투자를 한 것도 한 요인이 되고 있다. 즉 선박을 건조하는 공장과 부대 장비와 설비를 생산하는 공장 등에 투자해 장기적인 깔리닌그라트주의 어업발전을 뒷받침해오고 있다.

어업발전을 위한 투자는 식품가공으로 이어져 깔리닌그라트주에는 대규모의 식품가공공장이 몇 개 있다. 이곳에서는 생선뿐만 아니라 육류도 다량으로 가공되어 전 러시아지역과 외국으로 수출된다. 깔리닌그라트주의 식품가공은 질이 매우 좋아 외국 특히 서구에서 호평을 받고 있다.

깔리닌그라트주에는 그 외 여러 산업이 고루 발전되어 있는데, 대표적인 것은 기계제작·금속가공과 연료공업이다. 목재가공·종이펄프와 해탄공업 그리고 유용광물인 석유, 호박, 석탄 등도 중요한 산업이다. 기계제작과 금속가공, 연료공업은 외국인 투자가 유치되면서 성장의 탄력을 받고 있으며 특히 1999년 콘체른기업 BMW가 생산을 시작하면서 활성속도가 빨라지기 시작했다. 대표적 공업도시로는 깔리닌그라트, 구쎄프, 소베뜨스크, 발띠스크, 체르햐호쁘스크, 네만 등으로 이 도시들에는 공업생산의 약 2/3이상이 집중되어져 있다.[1)]

깔리닌그라트주의 2000년 총 공업생산량은 16억 3,300만 루블이고 비율상 식품공업과 연료공업이 우위에 있다. 여타 부문의 비율을 표로 보면 다음과 같다.

주요 공업생산부문별 생산비율

생산부문	깔리닌그라트주 총공업생산 비율
전기전력	9.2%
연료공업	25.5%
철강업	0.7%
비철금속	0.9%

1) 대표기업으로 'Газавтоматика', АО 'Балткран', 'Система', 'Кварц', 'Вагоностроитель', ОКБ 'Факел' 등을 들 수 있다.

화학·석유화학	0.2%
기계제작·금속가공	19.1%
목재가공, 종이·펄프	12.1%
건재공업	1.3%
경공업	1.9%
식품공업	25.3%
기타	3.8%

http://www.infostat.ru/epub.htm (검색일: 2003.1.10)

2) 농업

깔리닌그라트주는 농업에 적합한 조건을 가지고 있다. 기후가 농업에 적합하며 연중 160-180일 정도 햇빛을 볼 수 있어 동식물성장에 도움을 주고 있다. 그 외 토양은 농업생산에 적합한 기름진 토양을 가지고 있다. 이것은 작물재배에 더 없이 좋은 조건이라 할 수 있고 그 결과 농업이 번성해 왔다.

그렇지만 잠재력에 비해 모든 농경지가 완전히 활용되는 것은 아니다. 깔리닌그라트주의 총 경지면적은 2000년 81만 7,000 헥타르이지만 이 중 토지개량을 한 농경지는 75만 2,000 헥타르이다. 여기서 생산되어 공급되는 생산품의 총량은 2000년 36억 2,800만 2,000 루블이고 이 중 가축사육에 의한 것은 18억 5,800만 7,000 루블이고 작물재배는 17억 6,900만 5,000 루블에 이르고 있다.

깔리닌그라트주의 대표적으로 농업에 종사하는 주체는 농장이며 현재 4,000개의 농장이 있다. 이것들이 약 64만 5,000 헥타르의 토지를 차지하여 주로 사료용 작물재배에 주력하고 있는데, 사료용 작물의 생산량은 러시아에서 가장 높은 생산량 중의 하나이다. 그 외 곡물, 특용작물, 감자와 채소 등을 생산하고 있다.

깔리닌그라트주에는 작물재배 외에 가축사육도 다량으로 하고 있다. 낙농을 통해 고기와 우유를 얻고 양금을 통해 달걀을 얻고 있다. 2000년 소 사육은 15만 300 두이고 이 중 암소는 7만 1,600 두이다. 그리고 돼지는 6만 8,900 두를 사육하고 있다. 그 외 물고기 양식과 모피용 짐승사육이 용이해 적지 않은 규모로 행해지고 있다.

3) 자원 등 기타

깔리닌그라트에 매장되어 있는 대표적인 지하자원은 석유, 가스, 호박, 암염, 칼리염, 인회토, 이탄, 갈탄 등이 있다.

깔리닌그라트는 이미 30년 전부터 석유 채유를 시작했으며 현재 12개의 석유 매장지가 있다. 이 지역에서 순수한 가스 매장지는 발견되지 않았지만 현재 발견된 혼합된 형태의 가스 매장지의 가치는 대략 1억 4,000-1억 5,000만㎥에 이른다.

이 지역에서 암염 매장은 잘 조사되어 이미 활발히 채굴되고 있다. 채굴되는 암염은 지역의 수요를 충분히 충족할 수 있으며 나아가 발틱해 연안의 국가 등 해외로의 수출가능성도 높다.

이 외 칼리염의 경우에는 염소가 포함되지 않은 비료로 사용되어 그 품질이 매우 높다. 이 지역에 분포하는 칼리염의 경우에는 별도의 가공작업이 없이 지역적 필요를 충분히 충족시킬 수 있다.

깔리닌그라트에 매장되어 있는 무수물은 매우 가치 있는 건축자재이며 유황 황산의 재료로 이용될 수 있고 세공용 돌로도 이용가치가 높다.

깔리닌그라트의 호박 중에서 5% 정도는 보석용으로 해외로 수출되고 있고 대부분은 국내에서 현금화되고 있다.

해록석의 경우에는 종합적인 미네랄원료가 되고 있으며 칼리비료로 사용되기도 하고 저렴한 천연 염료로도 이용된다. 더욱이 해록석은 경수를 연화시키는 연화물로 사용되기도 한다.

V. 문화시스템

1. 지역정체성

1) 인구

2001년 현재 깔리닌그라트주의 인구는 947,000명이며, 90년대 말부터 약간의 감소세를 보이고 있지만, 전반적으로 보면, 러시아연방의 다른 지역에 비해 비교적 안정된 상황이다. 그러나 인구자연 증가율은 90년대 초반 이후 다른 지역에서와 마찬가지로 매우 심각한 마이너스 현상으로 보이고 있다. 그럼에도 전체 인구상황이 그다지 심각하지 않은 것은 외부로부터의 전입인구가 상당하기 때문이다. 2001년 전입에 의한 인구 증가 수는 4,320명으로 2000년도에 비해시는 14.6% 감소했으나, 여전히 높은 자연감소율에 따른 인구 감소현상을 보충해주고 있다.

깔리닌그라트주 주민들의 평균수명은 남자 57.6세, 여자 70.7세로, 러시아연방 전체인구의 평균수명에 비해 남자 1.3세, 여자 1.5세 낮다.

깔리닌그라트주 인구변동 추이

연도	1990	1992	1993	1994	1995	1996	1997	1998	1999	2000	2001
인구수 (1,000명)	878	894	906	913	926	932	936	943	951	949	947

Россий ский статистический ежегодник. Госкомстат России. М., 2001. С. 82.

아래 표에서 볼 수 있듯이 인구자연증가율은 90년대 초반부터 이미 마이너스로 돌아섰으며, 해가 갈수록 그 정도는 심화되고 있다.

2000년 사망자수는 출생자의 거의 2배에 육박하게 되었다. 깔리닌그라트주 주민들의 주요 사망원인은 혈관계통의 질병, 부상, 중독, 각종 사고 등에 기인한다. 그러나 이들 원인에 인한 사망률의 증가는 4~8%로 극히 미미하지만, 결핵이나 에이즈 등 전염성 질병에 의한 사망률은 41%로 급격히 증가했다.

깔리닌그라트주 출생자수, 사망자수, 자연증가율

연도	출생자수(명)	사망자수(명)	자연증가율(명)
1990	11,168	8,673	2,495
1992	9,340	9,976	-636
1993	8,104	12,251	-4,147
1994	8,464	13,629	-5,165
1995	7,946	12,668	-4,722
1996	7,435	12,216	-4,781
1997	7,135	12,299	-5,164
1998	7,673	12,687	-5,014
1999	7,075	13,491	-6,416
2000	7,573	14,610	-7,037

Россий ский статистический ежегодник. Госкомстат России. М., 2001. С.108.

깔리닌그라트주의 실업률은 96년부터 두 자리 수를 기록하기 시작하여, 최근 3~4년간은 무려 15%를 상회하고 있다. 특히 농촌지역(경제활동인구의 60%) 및 과거 군사도시 지역(경제활동인구의 90%)의 실업률이 매우 높게 나타나고 있다.

2002년 주 정부에서는 다양한 실업구제책을 통해서 12,458명에게 일자리를 마련해주고(전년대비 20% 증가), 2,904명의 실업자들에 대한 재교육을 실시했다. 이러한 고실업사태는 경제상황이 크게 개선되지 않는 한 쉽게 개선되기 어려울 것 같다.

깔리닌그라트주 경제활동인구(취업자, 실업자), 실업률

연도	경제활동인구 (1,000명)	취업자수 (1,000명)	실업자수 (1,000명)	실업률(%)
1992	493	467	26	5.3
1993	485	450	34	7.1
1994	474	428	45	9.6
1995	49	446	45	9.2
1996	494	425	69	13.9
1997	466	412	53	11.5
1998	484	403	81	16.8
1999	492	415	77	15.6
2000	489	414	75	15.4

Россий ский статистический ежегодник. Госкомстат России. М., 2001. С. 136.

2) 민족

깔리닌그라트주의 인구는 97개 민족으로 구성되어 있으며, 그 중 러시아인 78.1%, 벨라루스인 7.7%, 우끄라이나인 7.4%, 리뚜아니아인 1.9%, 아르메니아인 0.8%, 독일인 0.6%, 폴란드인 0.5% 등으로 구성되어 있다. 이와 같이 깔리닌그라트주에는 러시아인의 수가 상대적으로 적은 편이다.

3) 교육

깔리닌그라트주의 취학전아동교육기관의 수는 점차 줄어들고 있는데, 2001년 초 그 수는 286개로, 2000년에 비해 3.1%가 감소했다.

중등교육제도는 대체로 안정적이며, 사립 중등학교가 차츰 증가하고 있다. 학생 수는 2000년 127,200명에서 2001년 122,100으로 약간 감소했다. 그러나 중등전문교육기관 학생수는 약 200여 명 증가했다. 2001년도 중등학교 졸업생 수는 24,600명이다.

중등학교 교육시설은 시급한 개선조치가 필요하다. 308개 학교 중 82.4%만이 최소한의 시설이 갖추어져 있으며, 2001/2002학년도에 73개 학교(학생수 39,000명)가 대대적인 수리가 필요한 실정이다.

깔리닌그라트주에는 다양한 부문에 걸친 보충교육이 활성화되어 있다. 주의 41%의 어린이 및 청소년들이 미술, 예능, 기술, 생물학, 스포츠, 관광 부문의 교육이 다양한 교외 시설을 통해서 이루어지고 있다.

주에는 24개의 초급전문교육기관이 운영되고 있으며, 이를 통해서 다양한 부문의 전문 기술인력 11,00명이 교육을 받고 있다.

최근 들어서 고급인력에 대한 수요가 점차 증가하고 있다. 이에 따라 대학졸업자수가 점차 증가하고 있으며, 2001/2002학년도 대학생 수는 10,000명당 258명으로 전 학년도의 223명에 비해 상당수 증가했다.

학생 수가 증가하고 있음에도 불구하고 교원의 수는 감소하고 있다. 2001/2002학년도 초 대학교원의 수는 총 1,198명으로, 전 학년도 1,256명에 비해 감소했다.

2. 지역문화

1) 문화개괄

깔리닌그라트주의 드라마 극장, 안뜨레쁘리즈 리크극장, 인형 극장은 주민들이 자주 애용하는 극장이다. 이전의 '소비에트'건물에는 젊은 관객을 위한 극장이 위치하고 있다. 깔리닌그라트에 있는 아름다운 '니즈니'호수 언덕에는 주의 역사 예술 박물관이 높이 솟아 있다. 깔리닌그라트에 있었던 이전의 전쟁에 관해서는 브린다쉬 박물관과 '까뻬 43군대' 박물관에서 자세히 볼 수 있다.

깔리닌그라트주에 있는 러시아에서 유일한 호박 박물관은 주의 주민의 긍지가 되고 있는데 이 박물관에서는 '발틱의 금'이라는 독특한 호박 수집품들이 전시되고 있다. 국립깔리닌그라트박물관 산하에는 독일 철학자 칸트 박물관이 있다.

세계 해양 박물관은 독특한 수집품들을 보관하고 있으며 이 박물관은 학문-연구 선박이었던 '비따즈(Витязь)'에 위치해있다. 해양학연구소의 대서양 부문 연구소 '므스띠슬라프 껠드쉬'는 유명한 영화 '타이타닉'의 촬영에 적극적으로 참여했었다.

주의 문화중심은 깔리닌그라트 예술 갤러리인데 이곳의 홀은 유럽에서도 큰 전시관 중의 하나인 '국제 그래픽 비엔날레'를 포함하고 있으며, 일 년에 전시실을 50개까지 열 수 있다.

가장 큰 콘서트를 여는 단체는 깔리닌그라트주 필하모니인데 그 주요 홀은 깔리닌그라트의 이전의 '성가족'건물에 위치해있다. 주에서는 활발하게 각종 페스티벌이 개최되고 있는데, 전통적으로 있어 왔던 국제 예술 페스티벌인 '호박 목걸이', 국제 페스티벌인 '가을 성좌'와 '호박 표범', '극장 센세이션', '음악의 봄' '재즈 -호박', 보클 콩쿠르인 '호박 꾀꼬리' 등이 그것이다.

주의 전문 예술가들이 국제적으로 교류함에 따라 창작의 질이 높아지고 있다. 지역의 창작 집단과 창작자들은 적극적으로 국제적인 콩쿠르에 참여하고 있다. 주에서는 여러 시대에 걸쳐 유명한 예술가들이 활동했고 지금도 활동하고 있는데, 그들은 러시아의 국민 배우들인 끼르 이바노프와 아가포

니까 미롤뽈스까야, 따히르 마쩨우린, 러시아의 공훈배우들인 까뻬뚤린 이바노프, 니꼴라이 뻬쩨로프 등의 인물들이다.

현재 깔리닌그라트 주에는 25개의 민족 문화 단체가 등록되어 있다. 깔리닌그라트 주민이 가장 사랑하는 휴식 공간의 하나는 동물원인데 이 동물원은 1896년에 세워진 다케니히스베르크의 동물원의 전통을 이어 받고 있다. 이곳에는 400종이 넘는 동물이 있고 1904년에 세워진 식물원의 집단 폰드가 2500개를 상회하고 있다. 여기의 식물원은 러시아에서도 가장 훌륭한 것 중의 하나이다.

지역에는 300개가 넘는 도서관, 책, 잡지 전시관이 있으며 이곳에는 거의 7백만 점의 자료가 있다. 깔리닌그라트의 중앙 운동장은 '발띠까'라고 불리는데 구장은 유럽 기준에 맞게 되어있다. 또한 축구팀 '발띠까'는 러시아 축구 일부 리그에서 깔리닌그라드를 대표하고 있다.

깔리닌그라트주에는 4명의 우주 비행사가 살았는데 레오노프, 빠짜에프, 로마넨꼬, 빅또렌꼬가 그들이다. 올림픽 레슬링 챔피언들인 벨로글라조프 형제가 이 지역 출신이고 러시아에서 가장 훌륭한 테니스 선수의 한 명인 볼꼬프도 이 지역 출신이다.

2) 문화시설

주 역사 예술 박물관

역사 예술 박물관

깔리닌그라트주의 가장 유명한 극장은 아마도 주 역사-예술 박물관이다. 이 박물관은 1946년 8월 7일에 설립을 시작해서 1949년에 문을 열었다. 박물관의 유물들은 깔리닌그라트지역의 역사와 자연 그리고 주의 성립과 발전에 대해서 알려주고 있다. 기본 전시관이외에도 박물관에는 독특한 전시실이 있는데 그곳에서는 소방의 역사에 대해서 알 수 있고 지역 골동품 등 많은 것을 볼 수 있다.

박물관의 면적은 총 7095제곱미터이며 전체 수집품의 수는 82812점을 헤아리고 있는데 조형예술의 수집품은 만점이 넘는다. 여기에는 천, 뜨개, 넝쿨 공예품 등의 실용예술품들이 전시되어 있는데 이 전시품은 러시아의 30개가 넘는 주에서 깔리닌그라트로 온 최초의 이주자로부터 모은 것이다. 기본적인 지부 박물관들로는 '호박 박물관', '블린다쉬', '보루 5'등이 있다.

박물관 내부

호박박물관

깔리닌그라트 호박 박물관은 1979년 10월에 문을 열었는데 이 박물관은 깔리닌그라트시 요새 체계에 속해 있는, 1858년에 세워진 탑 건물 '도나'에 위치해 있다. 이것은 호박 하나의 광물만이 전시되어 있는 러시아에서도 유일한 박물관이다. 여기에는 발틱의 천연보석인 호박의 희귀한 조각들이 모여 있고, 역시 호박으로 되어있으며 옛날의 장인들과 오늘날의 예술가들에 의해 세공된 2000여점의 예술품이 전시되어 있다. 17-8세기의 세공품인 에르미따쉬 수집품에서 온 서양장기와 호박 용기, 모자이크 귀중품 함이 박물관의 긍지가 되고 있다. 박물관의 전체 수집품은 9000점을 상회한다. 이 전시품들은 러시아의 여러 도시, 독립국가연합의 여러 나라와 폴란드, 스위스, 일본 등으로 출품되기도 한다.

깔리닌그라트 인형극장

깔리닌그라트 인형극장은 1964년 10월에 세워졌다. 러시아와 라틴, 독일, 영국의 이야기를 바탕으로 한 어린이 연극이 이 극장의 레퍼토리의 기본을 이루고 있다. 극장은 상설 객석을 가지고 있는데 300석의 관객석과 인형 준비, 장식을 위한 작업실이 있다. 극장에서는 연극, 객연, 시연, 연회, 시연회가 거의 매일 열리고 있다.

인형극장의 공연 모습

이 극장의 연극은 새로운 예술적 형태, 표현력 있는 수단, 무대 효과를 추구하고 있다. 극장은 인형들의 다양한 상연 방법에 따라 다르게 작업되는데 그 종류로는 그림자 꼭두각시극, 경연극, 밧줄인형극, 장갑인형극, 마스크인형극 등이 있다. 극장은 빌뉴스, 딸린, 리가, 뻬뜨로자보츠크, 오데사, 민스크 등에 객연을 나간다. 또 극장은 백러시아의 브레스트, 폴란드의 로즈, 독일의 마인츠 등의 도시에서 열린 국제 페스티벌에 참여하기도 했다.

꼬미 공화국
Республика Коми

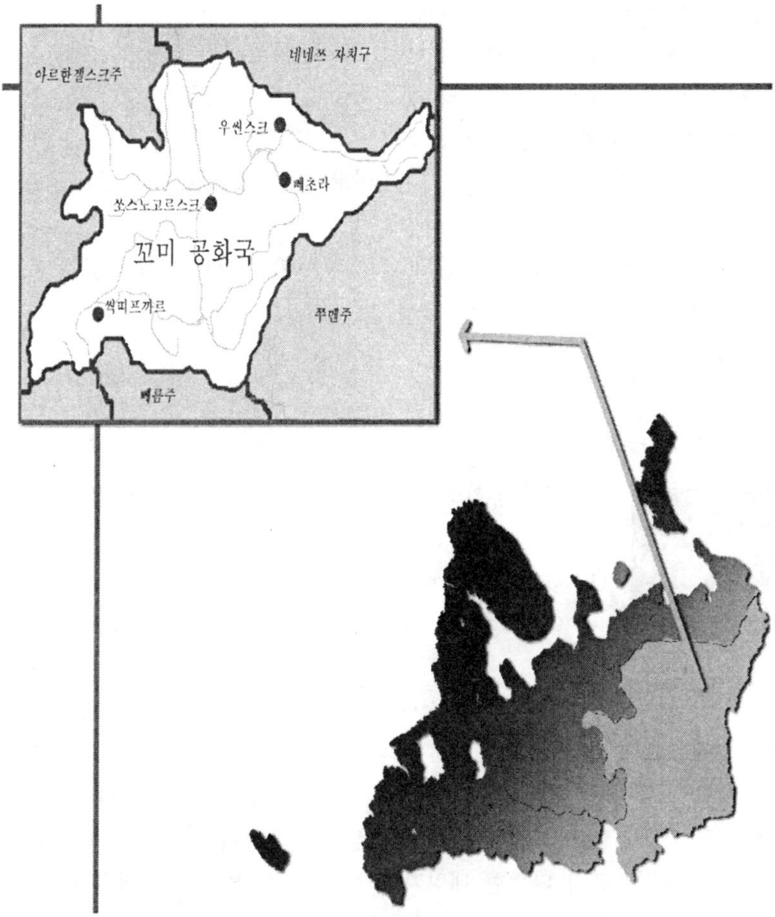

Ⅰ. 개황

1. 기초정보

공화국 성립일: 1992년 6월.

- 1990년 9월 - 소비에트 공화국
- 1936년 12월 5일 - 꼬미 소비에트 자치공화국
- 1921년 8월 22일 - 꼬미 자치주

수도: 씩띠프까르(Сыктывкар)

인구: 1,126,000명(2001년 현재: 러시아연방 전체의 0.77%; 89개 주체 중 49위)

인구밀도: 2.70명/㎢

면적: 415,900㎢(러시아연방 전체 면적의 2.44%; 89개 주체 중 11위)

소속지구: 북서연방지구; 북부경제지구

한국과의 시차: -6시간

2. 상징

꼬미 공화국 문장

꼬미 공화국의 문장은 붉은 방패에 금빛 맹금(猛禽)이 묘사돼 있는 형상이다. 맹금의 가슴에는 6마리의 사슴 머리에 둘러싸인 여인의 얼굴이 묘사돼 있다. '새 - 인간 - 사슴'의 구성은 꼬미 공화국의 신화적인 세계관을 반영하고 있다.

전통적인 해석에 따르면, 날개를 활짝 편 맹금(猛禽)은 태양, 권력 및 상위 세계를 상징하며, 여인의 얼굴은 생명을 주는 태양신, 세상의 어머니를 상징한다. 사슴은 힘과 고결(高潔)함, 아름다움을 상징한다. 우주론적 개념으로 사슴은 조화로운 세상을 상징한다. 금빛과 붉은 색의 결합은 이른 아침 봄의 따뜻한 태양과 모성, 생명의 잉태를 상징한다. 아울러서 현대 정치·사회적인 해석상의 붉은 바탕은 국민과 권력의 적극적인 활동을 상징하며, 방패의 형태는 다민족 국가인 러시아에 귀속된 꼬미 민족의 운명을 상징한다. 날개를 활짝 편 새의 모습은 십자가 형상을 띠는데, 이는 영적인 국가권력을 상징한다. 꼬미 공화국의 문장은 1994년 6월 6일 채택되었다.

꼬미 공화국기

꼬미 공화국의 국기는 위로부터 아래로 동일한 크기의 푸른색, 녹색, 흰색 띠가 수평으로 그려져 있는 장방형 천으로 되어 있다.

국기의 색상은 꼬미 공화국의 지리적 특성과 자연의 풍요로움을 반영한다. 푸른색은 북부지역 하늘의 시작과 위대함 및 광활함을 상징하며, 녹색 띠는 희망과 풍요를 상징하며, 흰색은 눈(雪)의 순결(純潔)함, 북부 자연의 청순(淸純)함과 순박함, 아름다움을 상징하며, 이는 꼬미 공화국 영토가 북쪽에 위치하고 있음을 의미한다. 또 다른 해석에 따르면, 흰색은 공화국 국민들의 평등과 문화적 동일성을 의미한다. 꼬미 공화국 국기는 1994년 6월 6일 채택되었다.

3. 주요도시

씩띠프까르(Сыктывкар): 인구 227,800명; 북위 61°40′, 동경 50°49′
우흐따(Ухта): 인구 93,900명; 북위 63°34′, 동경 53°43′
보르꾸다(Воркута): 인구 85,600명; 북위 67°31′, 동경 64°2′
뻬초라(Печора): 인구 86,400명; 북위 65°9′, 동경 57°13′
인따(Инта): 인구 49,000명; 북위 66°2′, 동경 60°10′
우씬스크(Усинск): 인구 46,300명; 북위 65°55′, 동경 57°25′
쏘스노고르스크(Сосногорск): 인구 30,600; 북위 63°37′, 동경 53°53′
(인구: 2002년 현재)

4. 주요 산업 및 농업

공화국의 주요 산업으로 연료(석탄, 원유 및 가스채굴, 가스 및 원유가공), 임업, 목재가공, 제지산업 등이 발달했으며, 농업부문은 축산업, 사슴사육업 등이 발달했다.

Ⅱ. 자연환경

1. 지리적 위치와 구성

꼬미 공화국은 12개 행정구, 10개 시, 37개 도시형마을, 190개의 농촌마을로 구성되어 있으며, 영토는 주로 평원으로 되어 있다.

네네쯔 자치구, 쭈멘주, 스베들로프스크주, 뻬름주, 끼로프주, 아르한겔스크주와 경계를 이룬다. 남동쪽에서 북서부로 찌만(Тиман) 구릉이 이어지고, 동쪽에는 북부 우랄, 극(極) 우랄 산맥이 펼쳐져 있으며 카르스트 지형이 발달되어 있으며, 우랄산맥과 찌만 구릉 사이에는 뻬초라 저지대가 위치하고 있다. 국토는 북위 59°12′ ~ 68°25′, 동경 45°25′ ~ 66°10′ 사이에 위치한다. 국토 남서쪽에서 북동쪽까지의 총연장은 1,275㎞이며, 남북 간 총연장은 785㎞, 동서간 총연장은 695㎞이다. 공화국 국토의 72.7%토지는 숲과 관목숲, 9.8%는 소택지, 9.5%는 목초지, 1.5%는 수자원, 1.1%는 농경지, 나머지가 5.7%로 각각 구성되어 있다.

주요 하천은 뻬초라(Печора), 메젠(Медень), 그리고 북 드비나강 수계의 비체그다(Вычегда)강이다.

수도 씨끄띠브까르(Сыктывкар)와 모스크바 간의 거리는 1,515㎞이다.

2. 기후조건

온난기후대, 대륙성기후

1월 평균기온: -17℃(씨끄띠브까르) ~ -20℃(보르꾸따)

7월 평균기온: 11℃(씨끄띠브까르) ~ 15℃(보르꾸따)

연강수량: 700 ~ 1500㎜(산악 지대)

식물 생장 기간: 70(북부 지역) ~ 100일(남부 지역)

토양: 염분회색토, 툰드라 토양

삼림분포도: 71%

영토의 규모 및 총연장, 북빙양, 대서양 및 동쪽의 우랄산맥 등의 영향으로 인해서 꼬미 공화국의 기후는 남서쪽으로부터 북동쪽에 이르기까지 매우 다양한 양태를 보인다. 이곳에는 극지방의 추운 바람과 비교적 따뜻한 대서양의 바람이 자주 불어온다. 이로 인해서 대기 순환이 잦고, 기압과 기온차가 심하다. 또한 바람의 방향과 속도변화가 빈번하며, 눈·비 형태의 강수량이 풍부하다. 아(亞)북극 기후대(극북 및 동북지역) 및 온난기후대(나머지 대부분 지역)는 겨울은 매우 춥고, 여름은 짧고 비교적 선선한 기후를 지속하게 한다. 대부분 지역의 연평균 기온은 영하권이며, 남쪽에서 북동쪽에 이르면서 +1℃~-6.3℃의 편차를 보인다.

3. 주요 유용광물

광석, 보크사이트, 암염(巖鹽), 석고, 석회암, 광천수 등이 있다.
주요 산지:
석탄: 보르꾸따(Воркута), 보르가-쇼르(Борга-шор), 인따(Инта).
원유: 서(西)떼북(Запалный Тэбук), 우씬스크(Усинск), 보제이(Возей).
가스 콘덴사이트: 부크띨(Вуктыль).
띠탄: 야레가(Ярега).
보크사이트: 뿌즐라(Пузла), 찜셰르(Тимшер).
소금: 쎄레고프(Серегов).

III. 정치시스템

1. 역사

식끄띄프까르의 장소에는 고대의 작은 마을, 즉 우스찌-식솔 마을이 있었다. 우스찌-식솔 마을에 대한 첫 번째 기록은 1586년 토지대장의 사본에서 찾아볼 수 있다. 이 당시 이곳에는 교회, 일부의 농민, 교회 농장 등이 있었다. 농민과 상인들이 거주했다. 농민은 주로 농경과 가축사육, 또한 수렵에 종사했다. 약 100년 동안 인구는 사실상 변하지 않았고 겨우 18세기 초에야 우스찌-식솔 마을의 빠른 성장이 시작된다. 여기에 꼬미의 여러 지역으로부터 그리고 인접한 러시아족의 땅에서 이주한 사람들의 일부가 정착했다. 우스찌-식솔스크는 지역의 지리적, 경제적 중심시가 되었다. 여기에서는 뻬쩨르부르크, 모스크바, 까마, 볼가, 시베리아와 꼬미의 개별적 지역들의 중개무역이 실현되었다. 유통과 농업의 발전은 크지 않은 마을이 지역의 나머지 거주지들과 분리되도록 도왔고 이 마을은 주의 중심으로 변모하도록 선택되었다. 1780년 1월 25일 예까쩨리나 II세의 명령에 의해 우스찌-식솔스크는 향도시로 개편되었고 향과 함께 볼로그다현 소속으로 들어갔다. 이 무렵 우스찌-식솔스크에는 약 1700명이 살고 있는 것으로 집계되었다.

1783년도에 뻬쩨르부르크에서는 우스찌-식솔스크의 도시건설 계획을 세웠으며, 도시는 18-20세기에 이르는 기간동아 이에 따라 발전했다. 도시는 26개의 행정구역으로 나뉘어졌고, 12개의 거리가 만들어졌다. 계획은 인접한 작은 마을인 시끄띄와 그레즈디를 도시적 성격으로 포함시켰다. 이들 가운데 일부는 시간이 지나면서 도시의 거리로 변모했고 나머지는 농촌으로 계속 남았다. 산업발전과 인구증가로 우스찌-식솔스크 자체가 성장했다. 19세기 말 소방용 망루가 건설되었으며, 오늘날 도시의 명승지이기도 하다. 1890년 식솔 강변에 그리 크지 않은 공공정원을 조성했으며, 이것이 현재의 끼로프 문화 및 휴양 공원이다.

1913년 도시의 주민수는 6268명으로서 그 가운데 95%가 꼬미족이었다. 1921년 8월 22일 전러시아 중앙집행위원회의 상임위원회는 포고령 '꼬미 자치주 구성에 관하여'를 발포했으며 우스찌-식솔스크는 주의 중심이 되었다.

행정적 관계에서 주는 4개의 큰 향, 즉 싀솔스크, 우스찌-꿀롬스끄, 우스찌-빔스끄, 이쥐마-뻬체르스끄로 나뉘어졌다. 1929년 꼬미 자치주는 그 행정적 중심이 아르한겔스크 시인 북부 변강주 소속으로 포함되었다.

1930년 3월 26일 도시탄생 150주년 기념과 관련하여 우스찌-싀솔스크는 싀끄띄프까르 시, 즉 '싀솔에 있는 도시'로 개명되었다. 1936년 채택된 소연방 헌법에 따라 꼬미 자치주는 꼬미 자치소비에트 사회주의공화국으로 개편되었다. 1936년 12월 5일 꼬미 자치주는 꼬미 자치소비에트 사회주의공화국으로 개명되며 북부 변강주에서 나왔다.

1990년 8월 29일 꼬미 자치소비에트 사회주의공화국의 최고소비에트 임시회의에서 꼬미 자치소비에트 사회주의공화국의 국가주권에 관한 선언이 채택되었다. 이어 동년 11월 23일 공화국은 꼬미 소비에트 사회주의공화국으로 개편되었고, 1992년 5월 26일부터는 꼬미 공화국이라는 이름을 갖게 되었다. 현재 꼬미 공화국의 국가주권에 관한 선언은 효력을 상실했다. 러시아연방의 법령에 따라 선언은 2001년 9월 26일 꼬미공화국 국가평의회 제8차 회기 첫 번째 회의에서 유효하지 않은 것으로 인정되었다. 이 회의에서는 또한 1994년 2월 17일 채택된 꼬미 공화국의 헌법에 여러 수정이 가해졌다.

꼬미 공화국의 수도는 싀끄띄프까르이며 중요한 여러기능을 수행하는 중심지이다. 공화국에서는 가장 큰 도시로서 20만명 이상이 살고 있고 대형 산업중심지이다. 공화국 행정, 사회, 학문 및 문화기관들의 상당부분이 여기에 집중되어 있다.

2. 정치

1) 정치 일반

꼬미 공화국의 최고 대의 및 입법기관은 공화국 국가평의회로서, 4년 임기로 선출되는 50명의 의원들로 구성된다. 국가평의회의 의원 20명은 공화국적 의미를 갖는 라이온 혹은 도시에서 한명씩 선출되며, 30명은 유권자 수에 따른 선거구에서 한명씩 선출되는 원칙하에 뽑힌다. 국가평의회 의원들 가운데서 의장, 부의장, 위원회의 위원장과 부위원장이 선출된다. 국가평의회는 공화국 헌법, 법률, 다른 규범적 법규를 채택하며 그 준수 및 집행에 대한 통제를 지원한다. 국가평의회는 총회 및 위원회 회의의 형태로 자신의 활동을 실현한다.

국가평의회 의장은 국가평의회가 심의해야 하는 문제들의 준비에 대한 전반적 지도를 실현하며 그의 활동에 관련된 다른 권한들을 실현한다. 국가평의회의 회의를 소집하고 진행하며 채택된 명령에 서명하고 공화국 수반의 사임과 해임에 관한 제안을 상정한다.

입법발의권은 국가평의회 의원들, 국가평의회 의장, 공화국 수반, 지방 대의권력기관, 꼬미 인민대회와 그 집행기관에 속한다. 공화국의 헌법재판소, 최고재판소와 최고 중재재판소는 공화국 국가평의회에서 입법발의권을 갖는다.

꼬미 공화국에서 집행권력은 공화국 수반과 그가 지휘하는 정부 및 지방행정부가 실현한다. 꼬미 공화국 수반이자 총리로는 스삐리도노프 (Ю. А. Спиридонов)가 장기 재직했다. 그는 구소련 시절 꼬미 지역의 당위원회에서 일하면서 엘리트로 성장했다. 소련 붕괴와 러시아에서 다당제의 도입과 더불어 그는 '우리의 집-러시아'의 성원으로 활동했고, 1994년 5월 8일 꼬미 공화국의 첫 번째 수반으로 선출되었다. 1994년-1996년의 기간 동안 제1기 연방회의에서 일했고 2000년 11월 30일 꼬미 공화국 수반으로 두 번째로 당선되었다. 공화국 헌법의 개정이후 2001년 12월 16일 실시된 선거에서는 또를로뽀프가 당선되어 공화국 수반이 된다.

지방 행정부는 집행권력기관으로서 국가운영을 직접적으로 실현하고 공화국 영토에서 시민들의 권리와 법적 이해를 지원한다. 지방 대의권력기관은 라이온, 도시의 주민들에 의해 선출된다.

2) 선거

꼬미 공화국 국가평의회 제1기는 1995년 1월 22일, 제2기는 1999년 2월 7일 선출되었다. 공화국 국가평의회 의장으로는 또를로뽀프가 선출되었다.

꼬미 공화국에는 러시아연방 국가두마의원 선거에서 하나의 선거구가 있다. 1999년 12월 19일 실시된 러시아연방 국가두마의원 선거에서 유권자는 774,306명이다. 투표율은 59.17%를 보였다.

정당별 득표

정당	득표율(%)
단결	31.57
러시아공산당	16.68
우파연합	9.95
지리놉스끼 블록	7.48
야블로꼬	8.91

2000년 11월 13일 꼬미 공화국 수반 선거가 진행되었다. 스삐리도노프가 214,500명의 유권자의 지지, 즉 60.61%의 득표율로 당선되었다. 스삐리도노프는 공화국 도시와 라이온 전역에서 승리했다.

2001년 12월 16일 꼬미 공화국 수반 선거가 다시 진행되었고 7명이 입후보했다. 투표는 유권자의 25% 이상이 참여하면 성립된 것으로 인정되며 최다득표를 한 후보가 당선된다.

후보명	득표율(%)
꼬다녜프 (Коданев М.Н)	2.03
꼬차노프 (Кочанов Л.А.)	0.47
네끄라소프 (Некрасов А.В.)	2.30
무시노프 (Мусинов Л.А.)	6.22
루반 (Рубан И.Г.)	1.58
스삐리도노프 (Спиридонов Ю.А.)	34.94
또를로뽀프 (Торлопов В.А.)	39.86

투표에는 48.53%의 유권자가 참여했고 모든 후보에 대한 반대에는 9.54%가 투표했다. 또를로뽀프가 꼬미 공화국 수반으로 당선되었다.

Ⅳ. 경제시스템

1. 경제개황

꼬미 공화국은 7개의 연방지구 중 북서연방지구에 속하고 12개의 러시아 경제지역 중 북부경제지역에 속한다. 꼬미 공화국은 러시아에서 경제 분야가 매우 발달되어 있는 지역으로 분류된다. 꼬미 공화국의 넓은 영토의 절반 이상은 경제 활성화로 인해 활기에 차 있다. 이와 관련해 몇 가지 중요한 변화를 들자면 다음과 같다.

- 대부분의 국영기업들이 시장경제의 전환이후를 기점으로 해서 주식회사로 전환되면서 사유화되었다.
- 가격기구를 포함한 시장경제의 인프라가 거의 형성되어 졌다.
- 위의 결과로 금융시스템의 확립, 외국인투자의 유입, 합작기업의 증가 등이 나타나고 있다.
- 공업 발전이 진전됨에 따라 기업과 산업의 전문분야에 특화·투자하여 효율성을 높이고 있다.
- 외국인투자를 비롯해 자본투자가 성장산업과 자원산업에 집중 · 확대되고 있다.

꼬미 공화국은 현재 경제성장 속도가 빨라지고 있는 상황이며 특히 공업부문에서 두드러지고 있다. 꼬미 공화국은 연료공업이 매우 발달되어 있으며 이것은 원료지향형 입지론에 따라 이 지역의 특성을 가장 잘 활용한 것이다. 왜냐하면 꼬미 공화국은 각종 자연자원이 풍부하기 때문이다. 그 자원은 석유, 석탄, 천연가스, 건축용 나무 등이며 그리고 이것들의 채굴산업뿐만 아니라 그 가공 산업과 관련제품산업도 함께 발전해왔다. 관련 산업은 전기전력, 목재가공·종이펄프산업 등이다.

꼬미 공화국은 러시아대비 경제비중이 매우 크다. 특히 공업과 자본투자의 비중이 1.3%로 두드러지고 있다. 여타부문을 표로 보면 다음과 같다.

2000년도 러시아 주요 경제지표에서 꼬미 공화국의 비중

주요 항목	러시아전체 대비 꼬미 공화국 비율
지역총생산	1.2%
공업생산량	1.3%
농업생산량	0.3%
소매유통	0.8%
자본투자	1.3%

http://www.infostat.ru/epub.htm (검색일: 2003.1.10)

꼬미 공화국의 지역총생산은 러시아에서 1.2%를 차지해 규모가 작지 않음을 알 수 있다. 꼬미 공화국의 지역총생산은 1999년 509억 1,400만 루블을 기록했고 1인당 지역총생산은 1999년 4,457만 8,000 루블을 나타내었다.

꼬미 공화국의 지역총생산의 주요 구성 비율을 보면 공업부문이 거의 절반에 이르고 있어 공업의 발달을 가늠해 볼 수 있다. 여타 부문을 표로 보면 다음과 같다.

지역총생산의 주요 구성과 비율

주요 산업부문	지역총생산의 주요 구조의 비율
공업부문	44.1%
농업부문	2.0%
건설부문	4.7%
운송부문	15.8%
유통부문	7.5%

http://www.infostat.ru/epub.htm (검색일: 2003.1.10)

꼬미 공화국의 기업 중 대기업들은 주로 연료공업과 자원채굴산업 그리고 전기전력, 목재가공산업에 집중되어져 있다. 꼬미 공화국의 총 기업수는 2000년 1만 8,971개이고 소기업은 4,005개에 이르고 있다.

공업관련 기업수는 2000년 741개이고 이것은 총 기업수 대비 3.9%에 해당하고 있어 꼬미 공화국의 경제는 공업 활성화 과정에 있다고 평가할 수 있다.[1)]

1) 년말통계

2. 산업

1) 공업

꼬미 공화국의 공업은 무척 발달되어 있는 편이지만, 부문별로 고르지는 못하다. 꼬미 공화국의 공업을 논할 때는 연료공업이 항상 중심이 된다. 그것은 꼬미 공화국의 자연적 조건이 연료공업의 발전에 적합해서 규모면에서는 65%, 생산액에서는 70%에 육박하는, 공업비중의 거의 대부분을 차지하기 때문이다. 이 연료공업도 여러 가지 분야로 분기되고 있으며 이 분야 중 대표적 분야의 비율을 보면 다음과 같다.

석탄공업-20.5%; 석유채굴업- 17.5%; 석유관련제품- 9%; 가스 산업-3.1%; 전기전력- 14% 등이다.

꼬미 공화국에는 36개의 가스와 석유채굴장이 있고 여기서 채굴되어 도관을 통해 이동된다. 그것은 우씬스크-우흐따-야로슬라블을 통과하여 러시아 전 지역으로 공급된다. 그리고 뻬초르스크 시에 있는 광산은 러시아 채굴 석탄의 7.5%를 캐내고 있으며 해탄은 약 22%에 이르고 있는 대규모의 광산이다.

꼬미 공화국의 연료공업에서 연료-전기전력분야는 두개의 기업 꼬미에네르고(Комиэнерго)와 뻬초르 에너지(Печорская ГРЭС) 가 맡고 있다. 이 기업들은 채굴되어진 연료를 에너지화해서 전기전력을 공급하는 역할을 하고 있는데 꼬미 공화국의 가정과 공장 그리고 농업용에 이르기까지 다양한 분야에서 이 기업들의 에너지에 의존하고 있다.

꼬미 공화국의 총 공업생산량은 2000년 533억 6,200만 루블로 이것은 전년대비 41.37%가 증가한 것이다. 공업생산지수는 1998년, 1999년, 2000년 각각 99, 102, 106으로 실질적인 값도 증가하고 있다. 꼬미 공화국의 공업(러시아 전체공업생산의 1.3%차지)의 부문별 구조를 표로 살펴보면 연료공업이 높은 비율을 차지하고 있고 또한 전기전력과 목재가공 산업도 중요한 부문으로 활동하고 있다. 여타 부문의 비율을 보면 다음과 같다.

주요 공업생산부문별 생산비율

생산부문	꼬미 공화국 총공업생산 비율
전기전력	8.0%
연료공업	65.0%
비철금속	0.2%
기계제작·금속가공	1.1%
목재가공, 종이·펄프	19.6%
건재공업	1.3%
경공업	1.3%
식품공업	2.9%
기타	0.5%

http://www.infostat.ru/epub.htm (검색일: 2003.1.10)

2) 농업

꼬미 공화국의 농업은 여타 부문에 비해 상대적으로 발전되어 있지는 않다. 꼬미 공화국의 전 토지를 통상 남부지역, 북부지역, 서부지역, 중앙지역으로 분류해서 보게 되며 이 지역 중 남부와 중앙지역이 가장 농업에 적합한 지역이다. 이 지역이 농업에 적합한 기후조건과 토양이 우등하기 때문이다. 실제로 이 지역들은 농지가 기름지고 면적이 또한 크다. 여기서 생산되는 주요 농산물은 낙농-우유와 고기, 감자와 채소 등이고 이 외 버섯, 과실, 사냥물 등도 얻어진다.[2)]

꼬미 공화국의 총 농업생산량은 2000년 27억 1,470만 루블로, 이 중 작물재배 생산액은 12억 9,280만 루블이고 가축사육 생산액은 14억 2,190 루블이다. 작물재배를 위한 총 파종면적은 8만 3,200 헥타르에 이른다. 주요 파종종류와 면적은 다음과 같다.

곡물재배-600 헥타르; 감자와 채소재배-만 9,300 헥타르; 사료용 작물-8만 100 헥타르.

꼬미 공화국의 주요 생산품과 그 생산량을 보면 다음과 같다.

곡물(수확 후)- 50만 톤; 감자-26만 8,200 톤; 채소-38만 6,000 톤; 가축과 닭[3)]-만 4,500 톤; 우유-10만 5,900 톤 등이다.

---

2) 농업주체로서의 농장기업 중 대표적인 기업들을 보면 다음과 같은 것들이 있다. 'Интинском','Усть-Цилемском', 'Печорском', 'Удорском', 'Центральном', 'Нившерском', 'Усть-Куломском' 등이다.

3) 자원 등 기타

꼬미 공화국은 석유, 가스, 석탄, 광석, 암염, 석고, 석회석, 광천수 등 유용한 지하자원이 매우 풍부하다. 이 지역에는 190개의 암석광물 매장지가 있고 이중 106개는 이미 채굴 및 가공에 착수한 상태이다. 그러나 더욱 주목할 부문은 비광석 건축재료이며 이 자원은 우흐찐스끼와 바르꾸찐스끼 지역에서 발견되고 있다. 우랄의 끝 지역에는 러시아의 대표적인 중토의 매장지인 호이린스끼 매장지(Хой линское)가 있다.

꼬미 공화국은 연옥, 하석, 마노, 벽옥 등 귀금속의 원료가 되는 광물들의 매장지도 풍부하다. 이 외 석유와 역청, 천연가스, 가스 증기응축물 등의 보유량도 현저히 많으며 찌만또-뻬쪼르 매장지에서는 초기에 17억 톤의 석유와 1.4조 쿠빅의 카스를 채유한 바 있다.

코크스용 석탄과 에너지용 석탄, 가연성 슬레이트, 이탄 등의 보유량도 막대하다. 꼬미 공화국은 뻬쪼프 석탄유역에 80%의 지역이 접하고 있어서 지질학적인 위치상의 보유량은 대략 2,030억 톤으로 그 가치가 평가되고 있다. 꼬미 공화국에는 12개의 석탄 매장지가 알려져 있으며 이 중 5개는 이미 개발에 착수한 상태이다.

탄화수소물 원료나 광맥을 재외하고 꼬미 공화국에는 유색광석 및 흑광석, 희귀한 금속이나 다이아몬드 등의 매장지도 발견되었다. 또한 대규모의 망간광과 암염매장지 등이 개발되고 있는 등 꼬미 공화국의 지하자원은 다른 지역과 비교하면 그 종류가 매우 다양하고 그 가치 역시 다양하다는 것이 특징이 될 수 있다.

---

3) 도살 후 측정

V. 문화시스템

1. 지역정체성

1) 인구

2001년 현재 꼬미 공화국의 인구는 1,126,000명으로 1990년을 계기로 매년 10,000명 이상의 감소를 보임으로써, 인구가 가장 많았던 1990년 1,255,000 명에 비해 129,000명, 10.27% 감소했다. 이와 같은 감소현상은 출생자수는 점차 줄어드는 반면, 사망자수는 점차 증가하는 등 인구 자연증가율이 마이너스를 기록할 뿐 아니라, 러시아연방 타 지역으로의 전출이나 해외로의 이민자수가 꼬미 공화국으로 전입해오는 인구보다 많기 때문이다. 실제로 2002년 상반기 전출입에 의한 인구 감소는 2001년 동기 대비 11.1% 감소한 2,500명으로 나타났다.

꼬미 공화국 인구변동 추이

연도	1990	1992	1993	1994	1995	1996	1997	1998	1999	2000	2001
인구수 (1,000명)	1,255	1,245	1,236	1,228	1,201	1,185	1,176	1,163	1,151	1,136	1,126

Россий ский статистический ежегодник. Госкомстат России. М., 2001. С. 82

꼬미 공화국의 인구자연증가율은 1993년부터 마이너스로 돌아선 이후 비록 정도의 차이는 있으나 하락현상이 지속되고 있다. 특히 도시지역 보다는 농촌지역에서 자연감소 현상이 더욱 두드러진다.

사망원인은 호흡기 질환 외의 거의 모든 질병 및 사건 등에 의한 것으로 나타나고 있다. 그 중 인구 10,000명당 전염병 - 30%, 소화기관 - 18%, 혈액순환계 - 11%, 약물중독 - 1.5%, 알콜중독 - 3.3%, 자살 - 6%, 살인 - 2% 등 매우 다양하다.

꼬미 공화국 출생자수, 사망자수, 자연증가율

연도	출생자수(명)	사망자수(명)	자연증가율(명)
1990	16,930	9,321	7,609
1992	13,880	11,426	2,454

1993	12,158	14,642	-2,484
1994	11,835	16,074	-4,239
1995	11,105	15,057	-3,952
1996	10,900	13,674	-2,774
1997	10,388	12,244	-1,856
1998	10,793	11,545	-752
1999	9,680	12,253	-2,573
2000	9,906	13,594	-3,688

Российский статистический ежегодник. Госкомстат России. М., 2001. С. 109.

꼬미 공화국의 전체 인구 감소에 따라 경제활동인구 또한 그 수가 감소하고 있다. 그럼에도 불구하고 전반적인 경제상황의 악화로 인해 실업률은 1995년 이후 줄곧 두 자리 수를 기록하고 있다. 다행인 것은 98년도 이후 취업자 수가 차츰 증가함으로써 실업률의 증가세는 한 풀 꺾인 상태이나, 경제상황이 조속히 회복되지 않는 한 고실업 사태는 한 동안 지속될 것으로 보인다.

꼬미 공화국 경제활동인구(취업자, 실업자), 실업률

연도	경제활동인구 (1,000명)	취업자수 (1,000명)	실업자수 (1,000명)	실업률(%)
1992	693	666	27	3.9
1993	686	652	34	4.9
1994	639	579	60	9.3
1995	634	564	69	10.9
1996	634	568	66	10.4
1997	616	531	86	13.9
1998	583	480	102	17.6
1999	618	519	100	16.1
2000	594	522	72	12.1

Российский статистический ежегодник.Госкомстат России. М., 2001. С. 136.

2) 민족

2001년 현재 꼬미 공화국 인구 1,126,000명은 꼬미인 23.3%, 러시아인 57.5%, 우끄라이나인 8.3%, 벨라루스인 2.2%, 따따르인 2.1% 등으로 구성되어 있으며, 공화국의 공식 언어는 꼬미어와 러시아어이다.

3) 교육

꼬미 공화국에는 540개 이상의 중등학교가 있으며, 학생수는 약 18만 명에 이른다. 최근에는 교과과정에 꼬미어 교육이 확대되고 있는데, 270개 학교에서 약 26,800(전체 학생수의 14.7%)명의 학생이 꼬미어를 배우고 있다. 그 중 170개 학교에서는 1학년부터 11학년까지 꼬미어로 수업을 진행하며, 100개 학교에서는 매주 3시간 과정의 꼬미어 회화시간을 개설하고 있다. 그 외에 100개 학교(17,000명)에서는 '꼬미 지방의 문학, 역사 및 문화'강좌를 선택과목으로 개설하고 있다. 이와 같은 꼬미어 및 꼬미 민족 문화 등의 교육에 필요한 교원은 제1사범대학 및 씩띠프까르(Сыктывкар) 국립사범대학에서 양성하고 있다.

공화국에는 20개 이상의 단과대학 및 중등전문학교 등이 있으며, 학생수는 3만여 명을 상회한다. 매년 4천명의 전문가 및 8천여 명의 숙련 노동자들이 배출된다.

현재 공화국에는 우흐따 국립공과대학교, 씩띠프까르 대학교, 꼬미 국립사범대학 및 쌍트 뻬쩨르부르크 공산아카데미 분교(보르꾸따시), 쌍트 뻬쩨르부르크 임업아카데미 산하 씩띠프까르 임업연구소, 국정아카데미(씩띠프까르시) 등 고등교육기관이 운영되고 있으며, 학생 수는 총 11,000명에 이른다. 매년 2,000명의 고급 전문가들이 배출된다.

또한 공화국에서는 최근 20여개 이상의 과학연구센터에서 기초과학 및 응용과학에 대한 연구가 진행되고 있다.

2. 지역문화

1) 문화개괄

꼬미 공화국에는 60개의 음악 예술 학교와 예술과 미용학교가 활동하고 있다. 모든 방면에서 어린이들의 재능을 발달시키고, 현재의 예술인들을 대체할 재능 있는 사람들을 준비하고 예술 엘리트를 길러내기 위해서 코미 공화국에 예술 학교가 설립되었다.

재능 있는 젊은이와 직업적인 창작자를 지원하기 위해서 꼬미 공화국 정부의 개인 장학제도가 운영 중이며 매년 문화, 예술, 문학영역에서 성과가 가장 뛰어난 사람에게 장학금이 지급된다.

꼬미 공화국에는 6개의 직업 극장들이 활동하고 있다. 그 중에서 가장 오래된 것은 빅또르 사빈 아카데미 드라마 극장이다. 이 극장은 1930년 10월부터 문을 열었는데 이 시기는 꼬미의 진보적이며 모범적인 극장이 생겼던 때이다. 이 드라마 극장은 상설 무대에서 꼬미 공화국 15주년 기념일에 최초의 시즌의 막을 올렸다.

드라마 극장의 배우진들은 수년 동안 창작 활동을 하면서 민족적인 레퍼토리와 함께 러시아와 세계의 고전에 관심을 기울이고 있다. 꼬미 극예술 역사에서 특별한 의미를 가지는 사건은 스탈린의 억압에도 불구하고 구소련의 뛰어난 문화 활동가의 참가 하에 1943년에 음악 드라마 극장이 생긴 것이다.

보르꾸따에서 활동하는 드라마 극장은 극장 중에서도 특별히 어린이를 위한 극장인데 전 꼬미 공화국에 객연을 나가고 있다. 공화국의 가장 큰 극장은 씩띠프까르에 있는 국립 오페라와 발레 극장이다. 배우들의 나이가 가장 젊은 극장은 국립 민속 극장이다. 민중 극장은 씩띠프까르, 보르구따, 인따, 우흐따, 뻬초라, 아이기노, 꼬르뜨께로스, 아뱌체노, 뽀모지노, 우스띠-굴롬에 세워졌고 지금도 활동하고 있다.

꼬미 공화국 필하모니가 다양한 콘서트 활동을 펼치고 있고 노래와 춤 국립 앙상블 '아샤 끄아', 앙상블 '빠르마', 직업 기술 교육의 노래와 춤 앙상블 '시구데크', 인따의 문화 궁전 앙상블 '북쪽의 당초 무늬', 우스뜨-꾸롬스크, 우스뜨-칠렘스크, 이젬스크, 스꼴스크 지역의 민속 문화 집단들이 관객의 사랑을 받고 있다.

박물관 연계망은 13개의 지부를 가진 민족 박물관, 민족 갤러리, 보르꾸따 지지 박물관 등의 국립 박물관 뿐만 아니라 공화국의 백 개가 넘는 사회 박물관, 예를 들면 체르노프 학술 지리 박물관, 이얄리에 있는 고고학과 인류학 박물관, 꼬미의 계몽 역사박물관을 포괄하고 있다.

꼬미 공화국에는 많은 문화 기관들이 있어서 여러 가지 부류의 주민들의 문화적 수준과 요구에 상당한 정도로 응하고 있다. 현재 꼬미 공화국에는 388개를 헤아리는 다양한 클럽과 399개의 영화관, 433개의 도서관이 있다.

2) 문화시설

꼬미 공화국 민족박물관

꼬미 공화국 민족박물관은 공화국의 학문과 계몽, 여가의 중심지이다. 이 박물관은 러시아 북방연구 아르한겔스크 단체의 우스찌-스솔스끼의 임원들의 주창에 따라 세워졌는데 이 단체의 지도자는 쳄베르이다.

박물관은 필사본, 고서, 성상화, 고고학 자료들을 많이 소장하고 있다. 주요 박물관으로서 꼬미 공화국 민족 박물관은 출판과 주민 계몽의 대중화를 위해 큰 역할을 하고 있다. 박물관의 분실은 역사, 자연, 민속 등으로 나누어져 있다. 박물관 지부는 씩띠프까르시에 있는 꾸라또프 문학기념박물관과 사빈 역사지지박물관이다.

끄냐즈뽀고츠끼 구(區) 역사지지 박물관

구 역사지지 박물관은 지방 문화 기관인데 주로 끄냐즈뽀고츠끼 지방에 살고 있는 꼬미와 다른 민족들의 정신 문화, 물질 문화를 보존하고 보충하고 연구하고 발굴하는 작업을 한다.

역사 박물관은 지역의 역사와 자연을 연구하고 꼬미 전통 문화에 대한 지식을 전파하는 역할을 한다. 또 전시회와 학술회의에 흥미 있는 사람, 지지학자와의 만남을 조직하고 있다. 이 박물관은 1969년 6월에 건립되었는데 1990년에 정부 망에 편입되었고 이때부터 보다 학문적인 성격을 띠게 되었다.

네네쯔 자치구
Ненецкий Автономный Округ

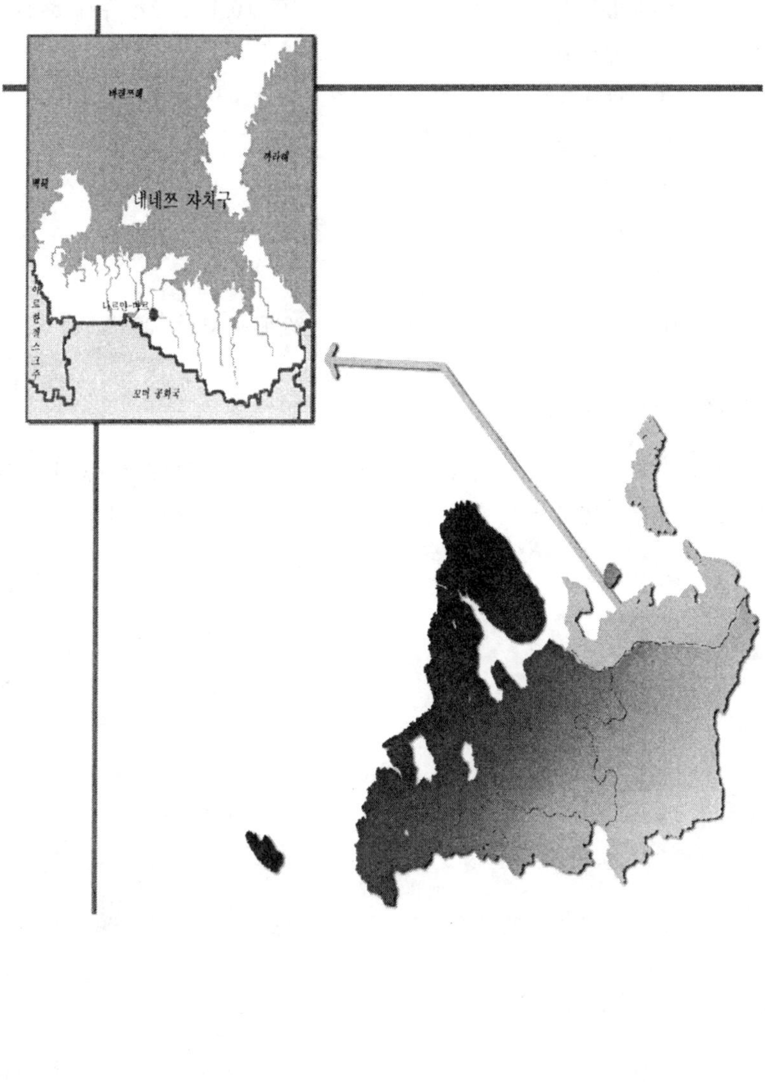

Ⅰ. 개황

1. 기초정보

수도: 나리얀-마르(Нарьян-Мар)
인구: 45,000명(2001년 현재: 러시아연방 전체의 0.031%; 89개 주체 중 86위)
인구밀도: 0.25명/㎢
면적: 176,700㎢(러시아연방 전체 면적의 1.03%; 89개 주체 중 20위)
소속지구: 북서연방지구; 북부경제지구
한국과의 시차: -6시간

2. 면적

176,700㎢(러시아연방 전체 면적의 1.03%; 89개 주체 중 20위)

3. 주요 산업 및 농업

자치구의 주요 산업으로 연료 및 식료품 산업이 발달했으며, 농업부문은 낙농업, 사슴사육업이 발달했고 감자와 사료용 순무가 재배된다.

Ⅱ. 자연환경

1. 지리적 위치와 구성

네네쯔 자치구는 1개 시, 2개 도시형마을, 16개의 농촌마을로 구성되어 있으며, 동유럽 평원 북쪽에 위치한다.

네네쯔 자치구는 꼴구예프(Колгуев), 바이가츠(Вайгач)섬을 포함하며, 남쪽에서는 꼬미 공화국, 남서쪽에서는 아르한겔스크주, 북동쪽에서는 야말-네네쯔(Ямал-Ненец)자치구와 경계를 이룬다. 네네쯔 자치구는 북빙양을 따라 띠를 두른 듯 이어져 있으며, 백해, 바렌쯔해(Вренцово море), 까라(Кара)해로 둘러싸여 있다.

주요 하천은 뻬초라강이다. 자치구에는 소규모의 하천과 호수가 매우 많다. 자치구를 둘러 싼 바다와 호수. 하천에는 대구, 청어 등 고급어종이 매우 풍부하다.

수도 나르얀-마르(Нарьян-Мар)와 모스크바 간의 거리는 2230㎞이다.

2. 기후

대륙성 혹한기후

1월 평균기온: -12℃(남서 지역) ~ -22℃(북동 지역)

7월 평균기온: 6℃(북부 지역) ~ 13℃(남부 지역)

연강수량: 350㎜

식물 생장 기간: 60일(남동 지역)

식생: 툰드라(북부 지역)와 삼림대와 툰드라의 중간지대

토양: 부식성 염분회색토, 충적토(강 주변), 흑토(남부 지역)

삼림분포도: 46%

네네쯔 자치구의 북부를 감싸고 있는 북빙양이 기후형성에 상당한 영향을 끼침으로써 겨울은 춥고, 여름은 비교적 짧고 따뜻하다.

3. 주요 유용광물

다량의 탄화수소 원료가 매장되어 있다.

주요 산지:

원유 및 가스: 라야보쥐스끄, 빼스차노오제르스크 원유 가스 공동 산지.

원유: 아르달린스크, 바란제이스크.

가스: 바실꼬프스크.

III. 정치시스템

1. 역사

북부 영토의 이용은 이미 고대에 시작되었다. 네네쯔 자치구에는 유럽에서 가장 북쪽에 위치한 구석기 시대의 정주지, 뻼바소르가 발견되었다. 이 정주지는 북극권의 볼셰지멜스끄에 위치해있다. 북부지역 주민들 사이의 무역과 교류는 천여 년 간 지속되었다.

네네쯔 자치구는 1929년 7월 15일 구성되었다. 그 수도는 나르얀-마르 시로서 지역의 큰 하천인 뻬초르에 생겨났다. 이 도시는 북극권에 속한다. 도시는 거주지역인 벨로셀과 여러 촌락들이 있는 곳에서 성장했다. 도시의 지위는 1935년 3월 19일 획득했다. 나르얀-마르는 네네쯔어로 '붉은 도시'를 의미한다.

1936년부터 규칙적인 계획에 따라 중심지에 광장을 가진 직각의 도로망, 목재로 된 2층 건물들이 들어서기 시작했다. 1960년대 초부터 도시의 중앙부분에는 보다 높은 벽돌 건물이 세워졌다. 지역주민들은 주로 어업과 사슴사육에 종사했으며 지금도 종사하고 있다. 도시의 가장 오래된 기업은 뻬초르 제재공장으로서, 1903년 노르웨이 목재산업자인 마뜨린 울센를 수장으로 하는 유통업체 '스텔라 뽈랴레'에 의해 세워졌다. 뻬초르 합판 때문에 외국으로부터 목재운반선이 5월부터 10월까지 나리얀-마르 항구로 매번 들어온다.

지속적인 추위와 혹독한 기후는 이 지역의 보다 집약적인 발전을 위한 가능성을 주지 않는다. 지리학자와 어부들의 다민족적 도시는 살아있고 건설되며 지역의 시인들, 작가들의 작품으로 유명해지고 있다. 삶은 지속되며 나르얀-마르는 성장하고 나아지고 있다.

2. 정치

1) 정치 일반

네네쯔 자치구 집행권력의 최고지도자는 행정수반인 지사로서, 부또프 (В. Я. Бутов)가 그 직위를 맡고 있다. 최고 입법권력기관은 자치구 의회 (Собрание депутатов)로서 의장은 비우체이스끼(В. А. Выучей ский)이다.

네네쯔 자치구 주재 러시아연방 대통령 전권대표는 뽀뽀프(С. А. Попов)이고, 모스크바 주재 대표부의 장은 산디가(А. А. Сандыга)이다. 네네쯔 자치구의 행정 중심지인 나리얀-마르 시의 시장은 로지오놉스끼(М. Ю. Родионовский)이다.

네네쯔 자치구는 연방주체로서 자체의 국가기관을 둔다. 내무부, 국세청, 네네쯔 자치구의 전문병원, 결핵요양 지도소, 연방 취업담당국 네네쯔 자치구 관할 부서, 노동안전 및 노동협약 관련 자치구 행정부의 분과, 주민의 사회보장에 관한 자치구 행정부의 부서 등을 두고 있다.

2) 선거

1999년 12월 19일 실시된 러시아연방 국가두마의원 선거에서 네네쯔 자치구의 전체 유권자 28,587명 가운데 투표에 참여한 비율은 73.96%였다.

정당별 득표

정당	득표율(%)
단결	19.55
러시아공산당	13.57
우파연합	6.99
지리놉스끼 블록	10.67
조국-전러시아	13.63
야블로꼬	7.16
러시아의 여성	6.89

네네쯔 자치구 지사 선거는 2001년 1월 14일 성립되었다. 10명이 입후보했고 투표는 한번 실시되었다.

후보별 득표

후보명	득표율(%)
부또프 (Бутов В.Я.)	68.11
바란낀 (Баранкин В.В.)	1.99
븨우체이스끼 (Выучей суий В.А.)	4.65
깔치쉬꼬프 (Кальчишков Н.И.)	0.22
먄진 (Мяндин А.В.)	2.30

노즈닌 (Ножнин П.В.)	0.17
표도로바 (Федорова Т.В.)	1.91
침불라또프 (Чимбулатов Ф.М.)	0.95
쉬마꼬프 (Шмаков А.В.)	13.67
야스뜨레보프 (Ястребов Г.Г.)	0.96

투표에는 유권자의 73.74%가 참여했다. 모든 후보에 대한 반대에는 3.54%가 투표했다. 네네쯔 자치구 지사로는 부또프가 당선되었다.

Ⅳ. 경제시스템

1. 경제개황

네네쯔 자치구는 7개의 연방지구 중 북서연방지구에 속하고 12개의 러시아 경제지역 중에서는 지역상 공식적으로 분류되어 있지 않으나 영토상으로 북부경제지역에 속해있다. 네네쯔 자치구가 러시아경제에서 차지하는 경제비중은 아주 작다고 할 수 있으며 공업, 농업, 자본투자, 유통 등 거의 전 분야가 크지 않은 규모를 가지고 있다. 그 중에 공업이 조금 발달되어 있어 주민들의 생활원천이 되지만 그나마 편중되어 있는 상태이다. 공업부문 중 자연적 조건의 활용도를 높여 나무를 벌목하고 가공하는 산업이 발달되어 있다. 그 외 식품공업이 주민의 식량문제의 해결을 위해 조금 발달되어 있고 여타 산업은 아주 기본적인 최소 필요수준을 해결하기 위해 가동되고 있다. 전기전력과 경공업 등이 그러한 경우이다.

네네쯔 자치구의 거시경제지표에서는 지역총생산량이 너무 적어 통계가 잡히고 있지 않다. 여타 부문을 표로 보면 다음과 같다.

2000년도 러시아 주요 경제지표에서 네네쯔 자치구의 비중

주요 항목	러시아전체 대비 네네쯔 자치구 비율
공업생산량	0.2%
농업생산량	0.02%
소매유통	0.02%
자본투자	0.2%

http://www.infostat.ru/epub.htm (검색일: 2003.1.10)

네네쯔 자치구의 기업부문의 지표를 살펴보면 매우 단출하다. 총 기업수와 소기업 수 그리고 공업관련 기업의 수를 표로 보면 다음과 같다.

기업수 추이

항목 \ 년도	1997	1998	1999	2000
총기업수(년말)	521	542	573	626
소기업수(년말)		67	90	165
활동기업수	13	9	13	18

http://www.infostat.ru/epub.htm (검색일: 2003.1.10)

2. 산업

1) 공업

네네쯔 자치구의 총 공업생산량은 1999년과 2000년에 각각 39억 500만 루블과 66억 1,200 만 루블로 나타나고 있으며 69.32%로 증가율은 매우 높게 기록하고 있다. 네네쯔 자치구의 공업(러시아 전체공업생산의 0.2%차지)의 부문별 구조를 살펴보면 연료공업이 거의 전부를 차지하고 있다. 많은 주민들은 연료공업에 의존해 생활을 하고 있으며 여타의 제품들은 대부분 인근 지역으로부터 수입에 의존하고 있다. 표로 비율을 보면 다음과 같다.

주요 공업생산부문별 생산비율

생산부문	네네쯔 자치구 총공업생산 비율
전기전력	0.7%
연료공업	97.0%
경공업	0.6%
식품공업	1.6%
기타	0.1%

http://www.infostat.ru/epub.htm (검색일: 2003.1.10)

연료공업은 채굴되는 자원과 관련되는 것으로 석유, 가스, 석탄 등을 에너지화하는 산업이다. 이것들의 중심이 되는 것이 띠마노 뻬초르스크 에너지복합체이며 네네쯔 자치구의 연료공업은 거의 여기서 생산·유통을 담당하고 있다.

네네쯔 자치구의 식품공업이 활동하고 있으며 여기서는 물고기와 우유, 고기통조림 등을 가공하고 있다. 네네쯔 자치구의 농업이 취약하여 원재료공급은 인근지역으로부터의 수입에 의존한다. 어업 역시 작은 규모로 행해지고 사냥, 사슴사육, 해양사냥 등의 활동도 하고 있다.

2) 농업

네네쯔 자치구는 농업의 수준이 거의 낮은 상태이고 이것마저도 매년 지수가 하락하고 있다. 대표적인 생산물은 소와 사슴을 낙농해서 얻은 우유와 감자, 순무(가축사료용) 등이다. 총 농업생산량, 가축사육과 작물재배의 생산량을 표로 보면 다음과 같다.

농업생산량 추이

항목 \ 년도	1997	1998	1999	2000
총 농업생산액	64.8	70.3	109.6	457.7
작물관련 생산액	8.2	7.8	12.6	16.3
가축 관련 생산액	56.6	62.5	97.0	141.4
농업생산 지수	96	89	94	89

http://www.infostat.ru/epub.htm (검색일: 2003.1.10)

네네쯔 자치구의 주요 생산물의 구체적 양을 2000년 기준으로 보면 다음과 같다.

감자-2,000 톤; 채소-100 톤; 가축과 닭-1,500 톤; 우유-600 톤 등이다.

네네쯔 자치구의 소는 2000년 4,100 두이고 그 중 암소는 1,900 두이다. 그리고 돼지는 100 마리가 있다. 네네쯔 자치구의 총 파종면적은 100 헥타르이고 그 중 감자와 채소재배면적은 93.2%, 사료용 작물재배 면적은 6.8%이다.

3) 자원 등 기타

네네쯔 자치구는 동유럽 평원지대의 북부에 위치하고 있고 영토의 대부분은 평지이다.

기후는 겨울이 상대적으로 길고 여름이 짧으며 년 강수량은 350mm이다.

주요한 강으로는 뻬초라(Печора)가 있고 네네쯔 자치구를 둘러싸고 있는 작은 강과 호수들이 촘촘히 망을 이루고 있으며 강의 짧은 지류들이 빈번하게 합류하는 경우가 많다. 네네쯔 자치구를 감싸는 바다와 호수 강 등에는 대구, 연어, 청어, 대구 등 가치 있는 어류가 풍부하다.

이 지역은 툰드라 토양과 니탄 토양으로 식물들은 관목, 이끼가 많고, 또한 가치 있는 야생동물이 많아 사냥과 수렵이 발전되었다.

지하자원으로는 띠마노 뻬쪼르스크 지방에 풍부한 양의 석유가 매장되어 있고 가스와 석탄의 매장지도 개발되고 있다.

V. 문화시스템

1. 지역정체성

1) 인구

아르한겔스크주에 속해 있는 네네쯔 자치구의 인구는 2001년 현재 총 45,000명에 불과하다. 네네쯔 자치구의 인구 또한 러시아연방 대부분의 주체에서와 마찬가지로 인구 감소추세가 지속되고 있다. 지속적으로 증가세를 보이던 자치구의 인구가 1990년을 계기로 감소세로 전환되어, 1990년부터 2001년까지 12년 사이 감소한 인구는 총 54,000명 중 9,000명으로 무려 16.6%에 이른다.

네네쯔 자치구 인구변동 추이

연도	1990	1992	1993	1994	1995	1996	1997	1998	1999	2000	2001
인구수 (1,000명)	54	53	51	50	49	47	46	46	46	45	45

러시아통계연감(Россий ский статистический ежегодник) 2001. P. 82.

네네쯔 자치구의 인구 자연증가율은 비록 해마다 다른 편차를 보이지만, 항상 증가세를 보이고 있다. 그러나 문제는 출생자 수 자체가 거의 매년 감소하고 있기 때문에 자치구 전체 인구 증가에는 크게 기여하지 못하는 실정이다. 실제로 출생자수에 비해 사망자수가 적음으로 인해서 인구는 자연증가하고 있으나, 네네쯔 자치구의 실제 인구수는 감소세를 보이고 있다.

네네쯔 자치구 출생자수, 사망자수, 자연증가율

연도	출생자수(명)	사망자수(명)	자연증가율(명)
1990	917	386	531
1992	725	431	294
1993	588	531	57
1994	653	528	125
1995	602	570	32
1996	536	481	55

1997	546	427	119
1998	567	435	132
1999	518	433	85
2000	541	531	10

Российский статистический ежегодник. Госкомстат России. М., 2001. С. 109.

네네쯔 자치구의 경제활동인구수는 큰 변화를 보이지 않지만, 취업자 수는 해마다 상당한 편차를 보이며, 상당수의 미취업 인구가 발생함으로써 높은 실업률을 나타내고 있다. 특히 99년도에는 20%라는 고실업에 직면하기도 했으나, 이듬해인 2000년에는 다시 예년과 비슷한 상태를 유지하게 되었다. 그럼에도 실업률은 여전히 높은 상태이다.

네네쯔 자치구 경제활동인구(취업자, 실업자), 실업률

연도	경제활동인구 (1,000명)	취업자수 (1,000명)	실업자수 (1,000명)	실업률(%)
1997	25	22	3	13.3
1998	24	21	3	11.5
1999	25	20	5	20.0
2000	24	22	3	11.0

Российский статистический ежегодник. Госкомстат России. М., 2001. С.136.

2) 민족

2001년 현재 약 45,000명의 네네쯔 자치구 인구는 러시아인 64.5%, 북방민족 15%(그 중 네네쯔인 15%), 꼬미인 13.7%, 기타민족 6.8%로 구성돼 있다. 러시아인의 비중이 비교적 크지 않음을 알 수 있다.

3) 교육

네네쯔 자치구에는 45개 취학전아동교육기관(3,106명)과 47개 중등학교(8,238명)가 운영되고 있다.

나리얀-마르(Нарьян-Мар)시에는 7개 중등학교와 12개 취학전아동교육기관, 클럽형 교육기관 4개, 기술전문학교(건축전공), 네네쯔 수의학 전문학교(농업전공) 및 비우체스끼(И. И. Выуческий)사범대학이 운영되고 있다.

2. 지역문화

1) 문화개괄

네네쯔 자치구의 문화는 독특하며 홍미롭다. 이 자치구에는 문화 기관들의 연결망이 만들어져있고 활발하게 활동하고 이다.

이 자치구에는 '민중'이란 명칭을 가지고 있는 예술가의 독자적인 단체들이 활동하고 있으며 이 중 많은 단체가 러시아와 외국의 대회와 페스티벌에서 여러 번 상을 수상했다.

이 단체들은 네네쯔 젊은이 노래와 춤 앙상블 '하야르(Хаяр, 태양)', 스미르노프의 이름을 딴 러시아 노래 민중 합창단, 네네쯔 민중 구전 문화 앙상블 '마임바바(Май мбава)', 러시아 민속악기 민중 오케스트라 '세베랸까(Северянка)', 젊은이 민중 무용 앙상블 '북쪽의 젊은이(Юность Севера)', 네시 마을의 민중 합창단 등이다.

나리얀 마르시에는 어린이 창작의 집과 도시 자치 문화의 집(1948년에 설립), 예술학교, 5개의 도서관, 4개의 클럽 형태의 기관이 활동하고 있다.

2) 문화시설

지지 박물관

이 박물관은 1932년에 건립되어 1934년에 문을 열었다.

박물관의 전시실에는 15000점의 수집품이 보관되어 있는데 구체적으로 말하면, 골동품, 그림, 회화, 풍습 유물, 러시아 네네쯔의 인류학 유물, 꼬미의 유물, 자연 과학 자원 등이다.

뿌스또제르스끼(Пустозерский) 종합 역사 자연 박물관

1991년에 설립되었는데 박물관의 전시실에는 876점의 유물이 있다. 이 지역은 700헥타아르가 넘는 유물 보존 구역을 포함하고 있다.

지역 전시관

1991년에 세워졌는데 네네쯔 자치구 나리얀 마르 시 스미도비차 23번지에 위치하고 있다. 지역의 역사, 문화, 지역정보를 알리며, 여러 가지 형태와 장르의 창작품을 전시 조직하고 있다.

노브고로트주

Новгородская Область

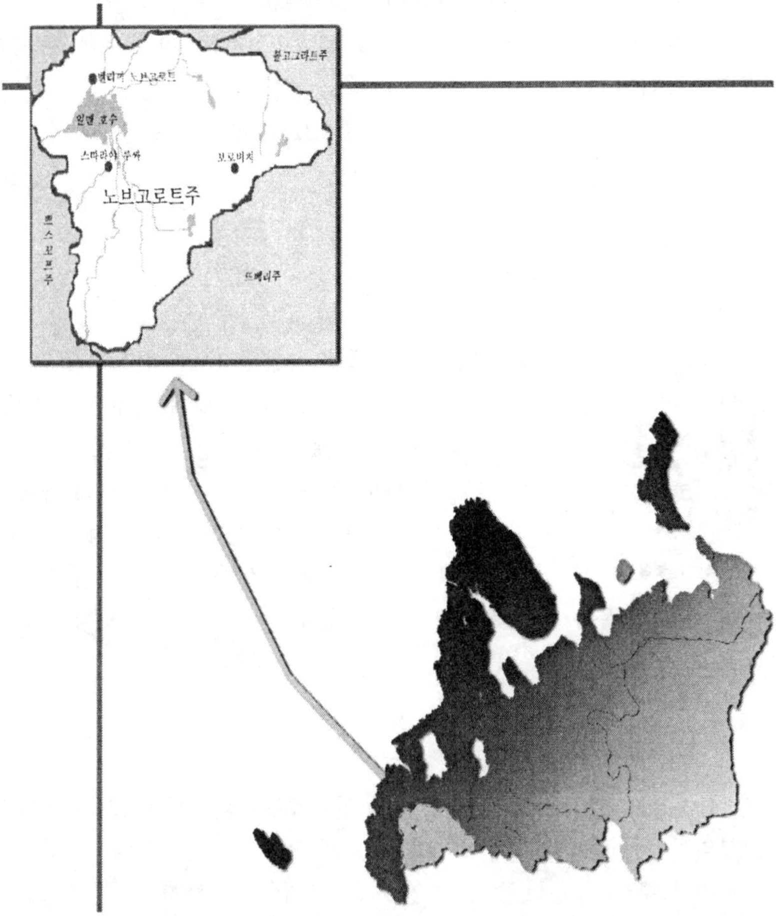

Ⅰ. 개황

1. 기초정보

주 성립일: 1944년 7월 5일
주도: 벨리끼 노브고로트(Великий Новгород)
인구: 720,000(2001년 현재: 러시아연방 전체의 0.49%; 89개 주체 중 67위)
인구밀도: 13.01명/㎢
면적: 55,300㎢(러시아연방 전체 면적의 0.32%; 89개 주체 중 52위)
소속지구: 북서연방지구; 북서부경제지구
한국과의 시차: -6시간

2. 상징

노브고로트주 문장

노브고로트주의 문장은 노브고로트현의 문장을 계승하고 있다. 문장은 방패형태를 띠며, 방패 상부에는 황제의 왕관이 씌워져 있고, 방패 주위는 참나무 잎사귀가 알렉산드르 리본으로 엮여 있다. 방패에는 두 마리의 곰이 받침대 위에 놓인 옥좌(玉座)를 지탱하고 있는 형상이 묘사돼 있다. 옥좌는 왕의 홀(笏)과 십자가, 세 개의 촛대로 장식되어 있으며, 옥좌 받침대 밑에는 물고기 두 마리가 묘사돼 있다.
노브고로트주의 문장은 1995년 10월 9일 채택되었다.

3. 주요도시

벨리끼 노브고로트(Великий Новгород): 인구 227,900명; 북위 58°32′, 동경 31°16′
보로비치(Боровичи): 인구 60,500명; 북위 58°24′, 동경 33°54′
스따라야 루싸(Старая Русса): 인구 40,300명; 북위 58°0′, 동경 31°22′
(인구: 2002년 현재)

4. 주요 산업 및 농업

주의 주요 산업으로 정밀기계, 금속가공(전자산업, 무선공업, 기기제작, 화공기계제작), 화학공업(합성수지, 플라스틱, 광물성 비료), 임업, 경공업, 유리산업, 도자기산업, 식료품산업 등이 발달했으며, 농업부문은 아마재배를 비롯한 식물재배, 낙농업이 발달했다.

Ⅱ. 자연환경

1. 지리적 위치와 구성

노브고로트주는 21개 행정구, 10개 시, 22개 도시형마을, 272개의 농촌마을로 구성되어 있으며, 러시아연방 북서부, 모스크바와 쌍트 뻬쩨르부르크 사이에 위치한다.

볼고그라트주, 뜨베리주, 프스꼬프주, 레닌그라드주와 경계를 이룬다. 노브고로트주는 지리적 입지가 매우 양호하다. 모스크바와 쌍트 뻬쩨르부르크를 잇는 육로, 항공로, 수로 및 철도가 모두 노브고로트주를 통과한다. 노브고로트주는 러시아 북서부 지역들과는 다른 자연조건을 가지고 있다. 지형이 빙하작용의 흔적이 도처에 남아 있으며 많은 호수가 있는 언덕이 많은 저지 평원을 이루고 있다. 주 서부에는 일멘(Илмень) 저지대가 위치하고 있으며, 그 중앙에 일멘 호수가 흐른다. 동쪽으로는 저지대가 발다이(Валдай) 산맥과 이어진다. 동쪽으로는 저지대가 발다이 산맥으로 이어진다. 발다이 고지대는 동유럽 평원에서 가장 아름다운 지역 중 하나이다.

주요 하천은 볼호프(Волхов), 로바찌(Ловать), 쉐끄스나(Шексна), 므스따(Мста)강 등이다.

수도 노브고로트와 모스크바 간의 거리는 606㎞이다.

2. 기후조건

온난기후대, 대륙성기후

1월 평균기온: -7℃

7월 평균기온: 16℃

연강수량: 800㎜

식물 생장 기간: 120 -130일

식생: 혼합림 지대

토양: 부식성 염분회색토, 소택지 토양

삼림분포도: 64%

노브고로트주는 대서양으로부터 불어오는 해양성 기류의 영향을 받아 형성되는 대륙성 온난기후대에 위치하고 있기 때문에 습도가 매우 높고, 겨울은 상대적으로 따뜻하며, 여름은 서늘하다. 수분 증발량과 열 방사량이 적어서 543,000헥타르(주 전체 영토의 12.3%)의 습지와 3,615,000헥타르(주 영토의 4.9%)의 하천이 형성되었다.

3. 주요 유용광물

이탄, 석회암, 백운석, 내화성 점토, 모래, 석고 등의 건축자재, 미네랄 염료 등이 있다.

주요 산지:

이탄: 꾸샤베르스꼬예(Кушаверское), 쩨소보(Тесово).

내화성 점토: 보로비치(Боровичи).

식염: 벨바쥐스크.

Ⅲ. 정치시스템

1. 역사

'민족대이동'의 시기에 유목민들의 길은 직선이 아니었으며 원칙이나 목적을 찾아보기 힘들다. 슬라브 식민지화의 가장 강력한 후손들 가운데 하나는 북부에서 발견된다. 이들은 슬라브족의 북빙양에서 일멘과 볼호프 호수로 나갔다.

고고학적인 발굴은 10세기 전반기에 도시의 주민이 존재했다는 것에 관해 설득력 있게 말할 수 있게 해준다. 노브고로트의 역사적 전신(前身)은 볼호프강 우측 강변에 있는 도시형 촌락이며 노브고로트 성채로부터 2킬로미터 정도 떨어져 있다. '도시형 촌락'이라는 말은 고대의 루시국가에서는 분산형 도시를 의미했다. 도시형 촌락에서의 발굴 물은 사람들이 이미 9세기 후반기에 여기에 살았음을 보여주었다. 처음에 노브고로트는 크지 않은 도시였다. 노브고로트는 끼예프 루시국가의 소속으로 이 국가가 몰락할 때까지 있었다. 노브고로트는 끼예프 대공국의 총독에 의해 운영되었고 그는 국가수장의 아들인 경우가 드물지 않았다.

이미 11세기에 노브고로트인들은 끼예프에의 종속성을 축소시키고자 시도했다. 대공국의 권력의 약화는 노브고로트에 선출직 시장의 등장으로 이어졌다. 1136년 반란이후 노브고로트에서는 '공후들에서의 특혜'원칙을 정했다. 노브고로트의 공후는 시민들이 초대했고 갈등이 있으면 추방했다. 시민들과 공후의 조건에 관한 계약이 체결되었다. 노브고로트는 러시아에서 공화주의적이고 민주주의적 전통의 탄생지이다. 거의 1478년까지 6세기동안 노브고로트의 대내 및 대외정책의 주요문제는 노브고로트의 민회인 '베체(вече)'에서 결정했으며 '베체'는 또한 공후의 권력을 제한했다. 베체에서 공화국 고위지도자들, 즉 시장과 군 사령관을 선출하게 되었다. 노브고로트 공화국은 연방제적 형태의 국가였다. 5개의 지역이 연방이 도시였다. 그렇지만, 공후가 완전히 폐지된 것은 아니었다. 전통 외에도, 확고한 공후의 영향력은 무질서의 차단과 이웃나라들 사이에서 노브고로트의 영향력을 지탱하기 위해 필요했다. 러시아 지역들 사이의 관계가 약화되면 노브고로트인들은 자신들의 선출직 수장-시장의 권한을 확대시켜 그를 도시 행정수반으로 삼았다. 진짜 정당, 즉 대규모 토지소유자들의 집단인 귀족집단과 상인집단이 형성되었다.

타타르의 침략기간에 노브고로트인들은 상당정도 변화를 겪었다. 바투의 대군은 도시에 이르지 못했지만 노브고로트는 유목민들에 의한 조공요구를 거부하지 못했다. 도시의 파괴를 피한 것은 스웨덴과 독일의 공격으로부터 루시국가의 북서부국경을 방어하는 데에서 중요한 역할을 했다. 1240년 노브고로트 국민군은 네바강과 이죠라강이 합류하는 지점에서 스웨덴 원정군을 격파했고, 1242년에 노브고로트인들은 블라지미르 민병부대와 함께 추드스크 호수의 얼음위에서 리보니아 및 튜턴의 연합 십자군 부대를 물리쳤다. 기사단 부대는 중세의 모든 전쟁의 역사에서 가장 큰 손실을 입혔다. 승리는 1268년 라끄보르스끄 전투에서 리보니아 한국의 괴멸에 의해 공고해졌다. 그래서 14세기경 노브고로트는 최고의 전성기를 맞았다. 백해와 라쁠란드에서부터 우랄에 이르는 광범위한 지역에 사는 주민은 50만에 다다랐다. 도시의 사회계층 체제도 있었다. 다른 러시아의 도시와 달리 경제적 특성으로 주민이 나뉘어졌다. 보다 풍족한, '오래된' 이들을 '큰(большие)' 사람들이라고 불렀고 나머지는 '작은(меньшие)' 사람들로 간주되었다. 가장 큰 규모의 정당, 친모스크바파와 친리트비아파의 경쟁은 노브고로트의 지리적 위치에 의해 규정되었다.

백년의 기간동안 노브고로트는 주변의 막대한 영토를 영향력 하에 두게 되었다. 모스크바로 러시아-리트비아 대공국인 뜨베르가 통합되는 상황에서 노브고로트의 귀족들은 노브고로트 국가의 독립을 유지하고 보장하려고 애썼다. 노브고로트는 성공적으로 미하일 뜨베르와 드미뜨리 돈스크의 군대와 싸웠으며 15세기 초 골육상쟁의 내분에서 그 조직자이자 교사자였던 드미뜨리 유리예비치 쉐먀끄를 숨겨주었다. 리트비아파의 저항에도 불구하고 이반 II세I가 승리를 거두었다. 1478년 초 모스크바 대공의 군대원정으로 노브고로트는 '베체' 공화국의 수도로서의 자신의 존속을 중단했다. 대 노브고로트와 그의 광범위한 땅은 러시아 국가의 구성부분이 되었다. 이반 III세는 공화국의 권력기구(베체, 시장, 군 사령관)를 폐지했다. 대주교가 모스크바에서 파견되기 시작했다. 도시를 운영하는 것은 대공들인 총독들이었는데, 둘은 (철)학자들 측에서, 둘은 상인들 측에서 나왔다. 시민의 상당부분, 즉 귀족,

부자, 상인들은 노브고로트에서 이주해 나갔고 그들의 자리에는 모스크바의 군업무와 관계된 이들이 살게 되었다.

노브고로트의 모스크바로의 편입은 단일한 러시아 국가의 출발점이 되었으며 러시아 역사의 새로운 장을 열었다. 16세기에는 도시의 성공적인 경제발전이 계속되었다. 이 세기 중반에 노브고로트는 주민들의 인구수로는 러시아의 대규모 도시들 가운데 하나였다. 그 수는 대략 3만 2천명이었다. 수공업, 무역은 계속 발전했고 문화가 새로이 꽃피면서 고대 도시의 많은 전통들을 흡수했다. 노브고로드 전통의 보존이 건강하지 못한 의심 많은 짜르인 이반 뇌제에게 특별한 분노를 불러 일으켰을 수 있다. 그는 1570년에 친위대를 동원하여 보기 힘들 만큼 잔혹하게 노브고로트를 파괴했다. 전 지역에서 수천 명이 학살당하였고, 교회, 사원, 마을이 약탈당했다.

17세기는 노브고로트에게는 새로운 비극과 함께 시작되었다. 1611-1617년에 노브고로트는 스웨덴 군대에 의해 점령당하고 다시 파괴되었다. 스웨덴의 파괴이후 노브고로트 땅은 이미 이전의 힘을 회복할 수 없었다. 네바강변을 스웨덴 군대가 장악한 이후 노브고로트는 러시아 국경요새가 되었고 그래서 도시의 방어선은 적당한 질서로 지지되었고 여러 번에 걸쳐 재건되었다. 18세기 초 뾰뜨르 I세는 스웨덴의 황제 카를 II세의 원정을 경계하면서 노브고로트 방어선에 주목했다. 토성 도시는 다시 세워졌고 끼예프 탑은 수리되었다.

18세기는 번영의 세기였다. 1706년에는 노브고로트에 최초의 학교가 문을 열었고 1727년에 노브고로트는 현의 중심지가 되었다. 도시에는 주둔군이 있었고 현청이 소재했다. 도시를 통해 러시아의 두 수도, 즉 오래된 수도와 새로운 수도를 연결하는 대로(大路)가 지나갔다. 그래서 19세기 중반 뻬쩨르부르크와 모스크바를 잇는 철도가 건설될 때까지 거의 모든 유명한 러시아의 국가적 그리고 군사적 활동가, 작가, 화가, 음악가들이 노브고로트에 체류했다.

1812년 조국전쟁이후 노브고로트는 러시아에서 이전에 보지 못한 군사-경제적 실험을 실현하는 군사적 거주지의 중심이 되었으며, 참모본부를 비롯한 관련 시설들이 세워졌다. 자급적인 군대를 세우려는 시도는 성공을 거두지 못했고 군사적 거주지는 폐지되었다. 19세기 중반 무렵 노브고로트는 크지 않은 시골의 도시였다. 도시의 주민은 대략 1만 5천명 정도였으며 노브고로트는 300-400년 전보다 절반으로 축소되었다.

10월 혁명은 이전의 베체 공화국 수도의 생활을 크게 변화시키지 않았다. 그러나 주민들 가운데 정신적인 측면을 담당하는 인구는 그 비중이 축소되었다. 모든 사원과 많은 교회들이 문을 닫았고 교회 재산의 상당부분은 국가에 의해 몰수당했다. 1926년 11월 7일 도시의 중앙광장에는 레닌동상이 세워졌고 여기에 있던 1812년 국민군 기념상은 제거되었다.

1941년 8월 노브고로트는 독일군에 의해 점령당했으며 2년 반 동안 그 상태는 지속되었다. 이 기간 동안 도시는 전선에 포함되었으며 심하게 파괴되었다. 고대 러시아 건축의 뛰어난 유적들이 훼손당했으며. 이 가운데 시뜨까에 있던 행자(行者) 안드레이 교회, 스꼬보로드끄에 있던 미하일 아르한겔 교회, 플로르와 라브르, 말로-끼릴로브 수도원 등은 더 이상 존재하지 않는다.

전쟁 후 노브고로트는 주민들의 노력으로 복구되었다. 복구자들은 폐허에서 파괴된 사원들을 일으켰다. 유감스럽게도 전쟁이전에 많은 교회들의 벽을 장식했던 벽화를 복구하기는 특히 어려웠다. 복구의 그러한 유명한 예는 꼬발레바에 있는 교회 '그리스도 변용 구원'교회일 것이다. 볼로또프에 있는 '성모 승천' 교회의 유명한 벽화를 복구하는 작업도 진행되었다. 노브고로트는 무선전자공학 및 화학 산업의 중심으로 변모했다. 도시에는 극장이 문을 열었고 박물관이 일을 하기 시작했다. 박물관에는 유명한 러시아의 예술품과 고고학적 발견물이 전시되었다. 1960년대에 목재건축술로 박물관 '비토슬라블리쯔'의 건설이 시작되었다. 여기서부터 주의 전역에서 목재로 된 교회와 민간 건축이 이루어진다. 1991년에 그리고 이어지는 시기에 러시아 정교회에 의해 사원과 수도원, 교회들이 복구되었다.

2. 정치

1) 정치 일반

노브고로트주는 북서 경제지역에 포함된다. 주의 입법권력은 주두마가 실현한다. 집행권력은 라이온, 도시, 주 행정부가 실현한다. 최고의 집행권력기관은 노브고로트 주행정부이다.

행정수반인 노브고로트 주지사는 뿌루삭(M. M. Прусак)으로서, 그는

1995년 12월부터 이 직위를 맡고 있다. 1999년 1월 27일 스트라스부르그에서 개최된 유럽연합 의원총회(парламентская Ассамблея Совета Европы)에서 총회 부의장으로 피선되었다. 동년 9월 5일에는 주지사 선거에서 재선했다.

주 행정부

직위	성명
주지사	쁘루삭(Прусак М.М.)
주지사 고문	안드레예프(Андреев А.М.)
주지사 보좌역	예피파노프(Епифанов В.И.)
부지사 및 국유재산관리위원회 위원장	알피모프(Алфимов В.Г.)
수석부지사	스끼바르(Скибарь М.Д.)
부지사	이반꼬프(Иваньков Н.С.)
부지사	보이쪼프(Бой цов А. С.)
부지사	렌까스(Ренкас Н. Н.)
부지사 겸 노브고로트 시장	꼬르수노프(Корсунов А.В.)
부지사	뽀도쁘리고라(Подопригора В. Н.)

주지사 및 부지사 이외에 행정의 효율성을 위해 여러 위원회를 설치, 운영하고 있다.

주의 중심은 벨리끼 노브고로트이다. 입법권력은 시두마(Новгородская Городская Дума)가 실현한다. 집행권력은 벨리끼 노브고로트 행정부가 실현한다. 시의 수장은 시장인 꼬르수노프(А. В. Корсунов)이다. 그는 1991년부터 1993년까지 노브고로트주의 부지사로 일했고, 1994년부터 현재까지 시의 수반으로 있다. 시에는 시장 이외에 부시장을 여러 명 두고 있으며, 그 산하에 여러 위원회를 설치하고 있다.

2) 선거

1999년 12월 19일 러시아연방 국가두마의원 선거에서는 한 개의 선거구가 있고 유권자수는 557,957명이다. 투표율은 63.91%였다. 단결당이 31.55%로 최다득표율을 보였고 러시아공산당이 19.08%를 얻었다.

Ⅳ. 경제시스템

1. 경제개황

노브고로트주는 7개의 연방지구 중 북서연방지구에 속하고 12개의 러시아 경제지역 중 북서부경제지역에 속한다. 북서부경제지역에 속하는 지역은 프스꼬프주, 레닌그라드주, 쌍트 뻬쩨르부르크 연방특별시 등이며 이 경제지역의 성장과정에서는 쌍트 뻬쩨르부르크 연방특별시 중심으로 광의의 스크롤 현상이 일어난 것이 특징이다.

즉 처음에 쌍트 뻬쩨르부르크 연방특별시가 매우 발전되었고 인근 주체들은 쌍트 뻬쩨르부르크 연방특별시의 필요에 따라 띄엄띄엄 발전되어 나갔다. 그래서 균형 잡힌 발전에 한계가 있었고 그 중 노브고로트주는 일부 부문에서는 그 한계에 들어 있어 발전되지 못한 부문이 나타나고 있다. 이것은 대도시의 인근 광역지역에서 나타나는 지역분업의 현상중의 하나이기도 하다.

노브고로트주의 러시아경제에서 차지하는 경제비중은 좀 낮다고 할 수 있다. 먼저 러시아경제에서 노브고로트주의 비중을 파악하기 위해 몇 개의 주요 거시경제지표를 비교하면 다음과 같다.

2000년도 러시아 주요 경제지표에서 노브고로트주의 비중

주요 항목	러시아전체 대비 노브고로트주 비율
지역총생산	0.4%
공업생산량	0.5%
농업생산량	0.6%
소매유통	0.4%
자본투자	0.4%

http://www.infostat.ru/epub.htm (검색일: 2003.1.10)

노브고로트주의 지역총생산은 러시아지역에서 차지하는 비중이 0.4%이다. 노브고로트주의 지역총생산은 1999년에 164억 1,000만 루블이며 이것은 1998년 94억2,200만 루블에 비해 17.42% 상승하였다. 1인당 지역총생산은 1998년과 1999년 각각 1,278만 6,000 루블, 2,241만 8,000 루블을 기록해 증가율이 75.33%에 이르고 있다. 지역총생산 지수에 있어서 1997년, 1998년, 1999년에 각각 97.1, 105.7, 106.5를 나타내 실질적인 성장도 꾸준히 이루어지고

있음을 알 수 있다.

노브고로트주의 지역총생산의 주요 구성과 비율을 보면 공업부문이 차지하는 비중이 월등히 높다. 여타 부문의 비율을 표로 쉽게 살펴보면 다음과 같다.

지역총생산의 주요 구성과 비율

주요 산업부문	지역총생산의 주요 구조의 비율
공업부문	41.0%
농업부문	9.7%
건설부문	8.0%
운송부문	2.7%
유통부문	13.3%

http://www.infostat.ru/epub.htm (검색일: 2003.1.10)

노브고로트주의 기업에는 세계적인 대기업이 별로 없다. 그러나 공업에서 활동하고 있는 큰 기업들은 매우 많으며 노브고로트주의 총 기업수는 2000년 1만 2,436개이고 소기업수는 2000년 2,957개이다. 공업부문에서 활동하고 있는 기업수는 2000년 878개이며 총 기업수 대비 공업관련기업의 비율은 7.06%로 매우 높게 평가되고 있다. 이것은 공업의 비중이 노브고로트주의 경제에서 차지하는 역할이 중요함을 입증하고 있다.

2. 산업

1) 공업

노브고로트주의 공업은 러시아에서 차지하는 비중은 0.5%로 낮은 비율을 차지하고 있다. 그러나 노브고로트주의 전체 경제에 있어 상대적으로 공업의 비중은 높다. 이것은 쌍트 뻬쩨르부르크 연방특별시의 성장과정 속에서 지역분업의 역할을 맡아가는 과정 속에서 형성되어진 것이다.

구체적으로 이 과정 속에서 나타나게 된 노브고르트주의 공업발전의 특징은 과학기술집약적인 산업과 노동집약적 산업이 중심이 되어 발전한 것을 들 수 있다. 이에 노브고로트주 공업의 중심이 되는 부문은 화학·석유화학과 식품공업으로 이 두 부문이 전체에서 차지하는 비중은 절반을 넘고 있다.

노브고로트주의 공업에서 총 생산량은 2000년 189억 900만 루블이다. 이것은 1999년 141억 5,100만 루블과 비교해서 33.62% 증가한 것이다. 공업생산지수는 1998년 105, 1999년 115, 2000년 108로 꾸준히 실질적인 상승을 하고 있음을 알 수 있다. 그러나 2000년의 지수의 증가율이 하락한 것으로 비추어보아 실질적 증가속도는 2000년에 약간 줄어들었음을 알 수 있다.[1)]

노브고로트주 공업의 부문별 구조에서는 화학공업이 중심이 되고 있으며 이것은 과학기술 집약성을 요하기 때문에 이로 인해 인근지역에 유명한 이공계관련 연구소와 대학들이 많다. 노브고로트주가 화학공업에 특화·전문화되어 있어 이 부문 기업들 중에서 해외투자가 많이 흡수되었다. 그리하여 이 합작기업들은 빠른 속도로 성장을 거듭해서 장래 세계적인 수준이 될 것으로 기대되는 기업들도 있다. 노브고로트주의 공업구조에서 여타 부문의 비율을 표로 살펴보면 다음과 같다.

주요 공업생산부문별 생산비율

생산부문	노브고로트주 총공업생산 비율
전기전력	8.8%
철강업	7.0%
화학·석유화학	31.6%
기계제작·금속가공	10.9%
목재가공, 종이·펄프	14.7%
건재공업	2.4%
경공업	0.3%
식품공업	20.7%
기타	3.6%

http://www.infostat.ru/epub.htm (검색일: 2003.1.10)

2) 농업

노브고로트주의 농업은 기후조건이 좋고 토양이 우등해 호조건을 가지고 있다. 그러나 러시아에서 차지하는 비중이 월등히 높은 편이 아니다. 그 비율은 0.6%이지만 특징적인 것은 한 부문에 치우치지 않고 골고루 생산하고 있다는 것이다. 이것은 전통적으로 노브고로트주가 농업에서 자급자족 중심

1) 이 기업수치들은 연말 통계임

의 발전을 지향해온 것에서 원인을 찾을 수 있다. 노브고로트주의 농업은 쌍트 뻬쩨르부르크 연방특별시를 중심으로 한 인근지역으로 농산물을 공급하여 수입을 얻고 있는 중요한 산업이 되고 있다.

노브고로트주의 농업생산량은 1999년과 2000년 각각 33억 190만 루블과 43억 1,410만 루블로 나타났다. 이 농업생산량 중 가축사육관련 생산액은 39%이고 작물재배관련 생산액은 61%에 이르고 있다. 이것과 관련된 지표를 표로 보면 다음과 같다.

농업생산량 추이

항목 \ 년도	1997	1998	1999	2000
총농업생산액	1630.6	1757.8	3,301.9	4,314.1
작물관련 생산액	1065.3	1058.2	2,058.9	2,640.5
가축관련 생산액	565.3	699.6	1,243.0	1,673.6
농업생산 지수	88	89	101	108

http://www.infostat.ru/epub.htm (검색일: 2003.1.10)

노브고로트주의 농지에서 파종면적은 2000년 28만 100 헥타르에 이르고 있다. 노브고로트주에서 생산되는 농업생산물을 2000년 기준으로 살펴보면 다음과 같다.

고기-2,400 톤, (이하 전년대비) 87% 상승; 우유-13만 9,000 톤, 85%; 달걀 -8,930만 개, 91%; 곡물-만 3,600 톤, 32%; 채소-11만 5,800 톤, 107%; 감자-16만 7,000 톤, 119%; 아마-700 톤, 62% 등이다.

3) 자원 등 기타

노브고로트주의 토양은 회백색토양으로 그 특성상 비옥하지 못하기 때문에 수확의 증대와 농업경제를 위하여 광비료 등 인위적인 많은 도움을 필요로 한다.

풍부한 산림은 이 지역의 대표적인 자원 중의 하나이다. 숲지대가 노브고로트주 전체 면적에서 차지하는 비율은 50%를 상회한다. 따라서 이 지역의 경제발전을 위하여 풍부한 산림자원을 효율적으로 이용하는 것이 매우 중요한 문제가 되고 있다. 이 산림 대부분의 주종을 이루는 것은 활엽수림이다.

노브고로트주는 361만 5,000 헥타르의 면적이 강으로 덮여 있으며 54만 3,000 헥타르를 소택지와 호수가 차지하고 있다. 호수는 자연적인 저수지이며 강 흐름을 보다 더 규칙적으로 통제하는 역할을 하고 있다. 일원화된 호수와 강 체계는 중요한 수상운송동맥으로 역할을 하고 있다. 이 지역에는 러시아의 주요한 호수이며 유럽최대의 호수로 알려진 라도가호가 위치해 있다. 볼호프강을 통과하는 강은 수력에너지 차원에서 중요한 역할을 하고 있다. 즉 이와같이 이 지역의 수자원과 수산자원은 풍부하다.

반면에 노브고로트주는 지하자원이 풍부하지 않다. 연료자원부분에서 가장 큰 의미를 지니는 것은 이탄과 가연성 슬레이트로 가장 유명한 이탄의 매장지는 꾸솨브와 쩨소보이며 내연성 점토는 바로비치 매장지가 잘 알려져 있다. 이 지역에서는 석회암, 모래와 자갈물질, 목재 등이 풍부한 편이다. 최근에는 다이아몬드, 석유, 가스 등의 매장지에 대한 밝은 전망과 함께 적극적인 탐사가 이루어지고 있다.

이 외 노브고로트주는 라돈과 미네랄원천을 가지고 있으며 치료용 진흙이 많이 분포하고 있고 환경적으로 최고의 가치를 지닌 흑해의 연안에 위치하고 있으므로 오락 및 요양, 휴양지로서도 많은 가치를 지니고 있다.

Ⅴ. 문화시스템

1. 지역정체성

1) 인구

2001년 현재 노브고로트주의 인구는 총 720,000명으로 1990년을 기점으로 꾸준히 감소하고 있다. 인구감소 현상은 자연증가율이 -8.7%에 이르는 부정적인 인구현상에 기인하는 것으로, 이와 같은 인구감소 추세는 앞으로도 지속될 전망이다. 노브고로트주 국립통계위원회에 따르면, 주의 인구는 2015년에는 631,000으로 감소할 것으로 예측된다.

러시아연방 통계위원회는 2015년경에 이르면 연방 89개 주체 중 단 11개 주체에서만 인구상황이 어느 정도 안정적일 뿐, 나미지 연빙주체에서는 인구상황이 매우 심각할 것으로 전망하고 있다. 노브고로트주 역시 이바노보주, 스몰렌스크주, 랴잔주, 깔루가주, 모스크바시, 쌍트 뻬쩨르부르크시와 더불어 인구가 대폭 감소하게 될 것이다.

노브고로트주 인구변동 추이

연도	1990	1992	1993	1994	1995	1996	1997	1998	1999	2000	2001
인구수 (1,000명)	753	751	750	746	744	741	738	737	734	727	720

Российский статистический ежегодник. Госкомстат России. М., 2001. С. 82.

노브고로트주 인구감소의 주원인은 출생률이 낮은데 비해 사망률이 매우 높다는 데 있다. 예를 들면, 뻬레스뜨로이까 이전 노브고로트주에서는 연간 출생자 수는 16,000명 이상에 달했다. 그러나 2000년도에는 불과 5,365명이 출생한데 반해 사망자수는 14,382명이다. 따라서 자연증가율은 -9017명에 달한다.

노브고로트주 출생자수, 사망자수, 자연증가율

연도	출생자수(명)	사망자수(명)	자연증가율(명)
1990	9,231	10,628	-1,397

1992	7,089	11,776	-4,687
1993	5,925	14,058	-8,133
1994	6,006	15,132	-9,126
1995	5,875	14,644	-8,769
1996	5,562	13,468	-7,906
1997	5,449	12,636	-7,187
1998	5,792	12,875	-7,083
1999	5,260	13,994	-8,734
2000	5,365	14,382	-9,017

Россий ский статистический ежегодник. Госкомстат России. М., 2001. С. 110.

노브고로트주 인구의 전반적인 감소양상은 노동자원 지표에도 반영되고 있다. 최근 수년 동안 경제활동인구가 현저히 감소함으로써 전체 인구에 대한 취업인구 또한 감소했는데, 이는 전반적인 인구감소와 지속되는 경제상황 악화, 공업생산의 하락, 그리고 실업자 수의 증가에 기인한다.

고용구조를 보면 무역, 금융시스템, 공공요식업, 일상 서비스, 건강보건, 보험 등 부문의 취업자들이 증가한 반면, 공업, 농업, 건설 부문의 고용인구는 현저히 감소했다. 공업 - 30%, 농업 - 10.6%, 건설 - 8.5%, 무역, 공공요식업 - 11.4% 등의 구조를 보인다.

실업률은 90년대 중반 이후 두 자리 수를 기록한 이래 경제위기가 시작된 97, 98년도에 최고치에 달한 이후 최근 다소 하락 중에 있다.

노브고로트주 경제활동인구(취업자, 실업자), 실업률

연도	경제활동인구 (1,000명)	취업자수 (1,000명)	실업자수 (1,000명)	실업률(%)
1992	376	356	20	5.3
1993	378	356	22	5.8
1994	353	324	29	8.3
1995	345	310	35	10.2
1996	347	315	31	9.1
1997	350	303	47	13.5
1998	357	304	53	14.8
1999	366	314	52	14.1
2000	365	336	28	7.8

Россий ский статистический ежегодник. Госкомстат России. М., 2001. С. 136.

2) 민족

노브고로트주에는 약 110여 민족이 거주하고 있다. 그 중 러시아인 95%, 우끄라이나인 1.9%, 벨라루스인 0.9%, 기타민족 2.2% 등이다. 이처럼 러시아인이 절대다수를 차지할 뿐 아니라 분쟁지역으로부터 멀리 떨어져 있기 때문에 사실상 민족문제나 갈등은 전혀 없다.

3) 교육

노브고로트주는 과학·기술 잠재력이 매우 크며, 전문가의 양성 및 재교육을 위한 연방프로그램에 적극 참여하고 있다. 이와 관련하여, 노브고로트주에서는 수시로 국제학술회의 및 전람회가 개최된다. 최근 주에서는 경제적인 어려움에도 불구하고 교육기관의 수가 증가하고 있다.

모든 교육기관은 고유의 교육제도 발전 프로그램에 따라 운영되고 있으며, 모스크바 및 쌍트 뻬쩨르부르크와 밀접한 관계를 유지함으로써, 주의 교육제도 발전에 긍정적인 영향을 미치고 있다.

노브고로트주의 주도 벨리끼 노브고로트시에는 4개 단과대학을 비롯한 10개 중등 특수교육기관이 운영되고 있으며, 50여개 부문의 전문가를 양성하고 있다.

노브고로트주에는 전문가 양성 센터가 개설되어, 벨리끼 노브고로트시의 인력 개발 및 지원을 위한 특별 프로그램을 실행할 수 있게 되었다. 본 프로그램의 목표는 투자 프로젝트 관리자를 단기에 양성하는 데 있다.

최근 벨리끼 노브고로트시의 일부 교육기관은 사립으로 전환되고 있으며, 각급 학교 및 유치원은 경제단체의 지원 하에 다양한 운영방식을 도입하고 있다.

노브고로트주는 '청년 선원 클럽', '청소년 창작의 집', '체육센터' 등이 개설되어, 청소년들의 교육에도 많은 노력을 기울이고 있다.

노브고로트주에서는 또한 청소년들의 다양한 보충교육을 위해 제3호 특수학교가 설립되어 운영되고 있다.

2. 지역문화

1) 문화개괄

끼예프와 더불어 노브고로트는 러시아 문화와 역사의 출발점이 되는 도시라고 할 수 있다. 일멘호수로부터 흘러나오는 볼호프강을 중심으로 세워진 노브고로트는 부유한 상업도시로서 금은 세공이 매우 발달하였으며 9세기경 스칸디나비아 반도와 비잔틴을 잇는 무역로의 북부지역 중심지로 성장하여 11세기에는 끼예프 다음으로 규모가 큰 도시로 발전하였다.

「원초 연대기」에 노브고로트가 언급된 것은 859년이며 882년에는 노브고로트의 공후였던 올레그가 끼예프의 수도를 이곳으로 옮겼다.

성소피아 성당 전경

10세기에 들어와 노브고로트에는 노브고로트 공국이 세워져 15세기까지 존속했고, 이 노브고로트의 상징은 성소피아 성당이었다. 이 사원은 콘스탄티노플의 하기야 사원을 모방하고 있는데 사원 내부의 성모의 이콘은 이 도시의 수호의 상징으로 간주되기도 한다.

노브고로트는 바랴그 족이 도시를 건설한 이후 블라지미르-수즈달과 마찬가지로 민주적인 독립 국가의 형태를 띠고 있었다. 교회 건축과 이콘화파가 발달하였고 몽고의 침입도 모면할 수 있어서 15세기까지는 고도로 발달된 도시 문화를 건설할 수 있었다.

이후 노브고로트는 이반 3세에 의해 파괴되고 모스크바에 자신의 위치를 물려준 후 러시아의 고도로 남게 되었다. 끼예프 시대의 교회 건축 중 12세기와 13세기에는 끼예프의 동쪽 지역에 위치한 블라지미르-수즈달 공국의 블라지미르에서도 비잔틴 양식과 혼합된 형태의 성모 승천 성당과 성 드미뜨리 성당이 건축되었다.

이러한 성당들의 내부는 이콘과 모자이크, 프레스코와 같은 비잔틴 예술 장식품으로 채워져 있었다. 노브고로트는 오늘날 정교회 건축물과 수도원뿐만 아니라 러시아 고대 건축 양식과 정교의 중심지로도 잘 알려져 있다. 특히 성소피아 성당의 양파형 지붕은 러시아 교회 건축의 독특한 상징물로 간주되고 있다.

노브고로트가 문화적으로 가장 발달 했던 시기는 14-15세기경이다. 당시 노브고로트 시민들의 높은 수준과 사회 정치적 구조의 특수성은 노브고로트 예술의 특성을 규정했으며 여기에 사회의 강력한 민주적 욕구가 존재한 것도 예술발전의 원인이 되었다. 몽고 통치 이전의 전통양식에 기초한 노브고로트의 건축양식은 예술적인 면과 건축 기술적인 면에서 새로운 모색이라 할 수 있다.

이러한 경향은 긴 단절 이후 건설된 리쁘에 있는 니콜라이 교회(1292)에서 이미 나타났다. 이러한 건축양식으로 인해 입방체 형태의 네 기둥과 단두를 가진 전통적 형식의 성당은 많은 새로운 특성들을 얻게 되었다.

이러한 건축양식은 세 개로 이루어진 반원형 벽의 덮개를 삼엽형태로 바꾸었으며 교회 제단 뒤쪽의 반달 모양 장식을 교회 높이의 중간 지점까지 끌어 내리는 동시에 그 수를 세 개에서 하나로 줄였는데 이것은 건물에 웅장함과 일체감을 주었다.

노브고로트의 건축가들은 부분적으로 옥석과 벽돌을 사용한 세련된 석회암의 판위에 담벽을 쌓았는데 이것은 건물에 더욱 강한 인상을 주었다.

여기서 노브고로트 예술의 특징이 명백하게 드러났으며 그라바르는 "노브고로트인들의 이상은 힘이요, 그들의 미는 힘의 미다"라고 언급했다.

이러한 새로운 시도와 옛 전통들은 꼬발레프에 있는 스빠소 교회(1345)와 볼로또프에 있는 우스뻰스끼 교회에 반영되었다. 이것은 14세기 후반의 건축물로 대표되며 노브고로트 건축양식의 발전 과정에서 중간 단계에 해당한다.

표드르 스뜨라띨리야 교회(1360-61)와 일린 거리에 있는 구세주 교회(1374)가 이러한 양식의 고전적 유형들이다. 이러한 유형의 특성은 성당의 화려한 외부적 장식에 있다. 성당의 정면은 장식용 벽장들, 삼각형의 구멍, 조각품이 삽입된 십자가들로 치장되며 많은 벽은 벽화들로 가득 채워졌다.

이후 새로운 건축양식은 거의 변화되지 않았다. 심지어 15세기에 12세기 건축 양식을 재현하려는 노력들이 나타났다. 이처럼 문화적 전통을 부활시키려는 노브고로트 귀족 계급들 가운데서 분리주의가 나타났으며 이들은 독립된 노브고로트 공화국의 옛 전통을 유지하고자 노력했다.

노브고로트에서는 대규모 시민건축물이 재건되었다. 1433년 크렘린에서 독일과 노브고로트 장인들이 그라노비따야 궁전을 건설했다. 대공의 궁정에는 시계종탑이 건축되었는데 이는 직각으로 된 받침을 가진 팔각형의 탑이다. 1302년 노브고로트에는 두 차례에 걸쳐 재건축된 작은 석조성채가 건설되었으며 옛 라도가, 뽀르호프, 꼬뽀리아, 얌, 오레쉬크 요새들이 재건되었다.

2) 구비문학

노브고로트의 블리나(구전 영웅 서사시)는 일상 생활에 얽힌 내용을 주로 노래하고 있는데 그 중 가장 잘 알려져 있는 블리나는 '사드꼬'이다.

사드꼬는 구슬리라는 루시의 전통적인 현악기를 잘 타며 노래를 잘해 귀족들의 주연에 초대받는 인물이었지만 아무 것도 가진 것 없이 단지 구슬리만 잘 연주 할 뿐이라는 구절에서 보듯 처음에 그는 무척이나 가난한 젊은이였다.

그는 더 이상 귀족들의 주연에 초대받지 못하게 되자 어느 호숫가에서 구슬리를 홀로 연주하는데 이것을 들은 바다의 황제인 용왕은 그에게 많은 상금을 내리게 된다. 많은 돈을 손에 쥐게 된 사드꼬는 상인과 무역의 도시 노브고로트로 돌아와 어느 포목 상인들과 내기를 하게 된다. 그 내기는 호수에 황금 비늘이 달린 기이한 물고기가 살고 있는 가에 관한 것이었다.

여기서 사드꼬는 바다 황제의 도움으로 황금 비늘이 달린 물고기를 잡아 내기에서 이기고 부자가 된다는 내용이다. 이 사드꼬는 19세기에 들어와 다양하게 러시아 예술의 주제로 되고 있다. 알렉세이 톨스토이(1817-1875)의 시, 림스끼-꼬르사꼬프(1844-1875)의 오페라, 일리야 레삔(1844-1930)의 그림, 미하일 브루벨(1856-1910)의 조각 등에 묘사되고 있다.

레닌그라드주
Ленинградская Область

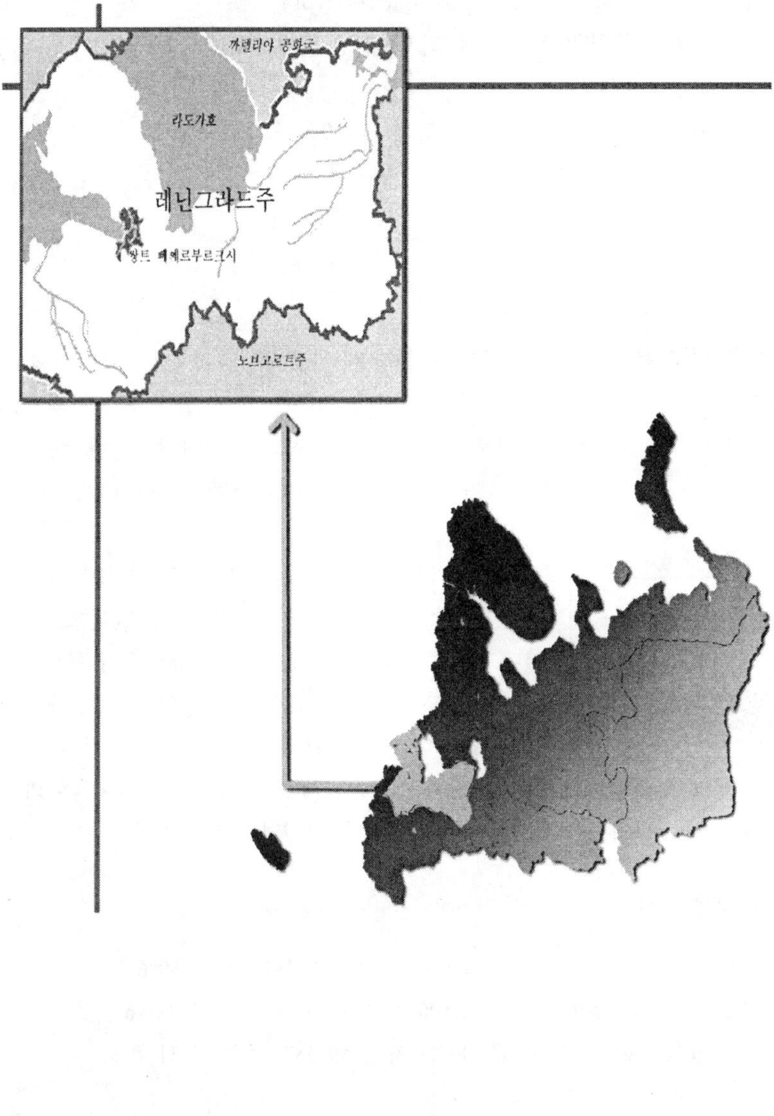

Ⅰ. 개황

1. 기초정보

주 성립일: 1927년 8월 1일
주도: 쌍트 뻬쩨르부르크(Санкт-Петербург)
인구: 1,659,000명(2001년 현재: 러시아연방 전체의 1.14%, 89개 주체 중 27위)
인구밀도: 19.44명/㎢
면적: 85,300㎢(러시아연방 전체 면적의 0.50%; 89개 주체 중 41위)
소속지구: 북서연방지구; 북서부경제지구
한국과의 시차: -6시간

2. 상징

레닌그라드주 문장

레닌그라드주 문장은 가로, 세로 8:9의 푸른색 방패에 은빛 닻과 이에 교차를 이루는 금빛 열쇠가 묘사돼 있다. 방패 상단부에는 은빛 톱니형태의 벽이 붉은 바탕에 묘사돼 있다. 레닌그라드주의 문장은 1997년 12월 9일 채택되었다.

레닌그라드 주기

레닌그라드 주기는 가로, 세로 3:2의 장방형 천으로, 세로의 2/3에 해당하는 상단부는 흰색으로 되어 있다. 흰색 부분 중앙에는 레닌그라드주의 문장이 묘사되어 있다. 주기 내에 있는 문장의 가로는 주기 가로의 2/9이다. 주기 하단부에는 붉은색 파장이, 그 위에는 푸른색 파장이 그려져 있으며, 각각의 세로길이는 주기 세로길이의 1/6이다. 레닌그라드 주기는 문장은 1997년 12월 9일 채택되었다.

3. 주요도시

가트치나(Гатчина): 인구 81,800명; 북위 59°34′, 동경 30°6′
비보로크(Выборог): 인구 79,800명; 북위 60°43′, 동경 28°46′
찌호빈(Тихвин): 인구 67,700명; 북위 59°38′, 동경 33°31′

쏘스노비 보르(Сосновый бор): 인구 62,200명; 북위 59°54′, 동경 29°6′
끼리시(Кириши): 인구 55,800명; 북위 59°28′, 동경 32°1′
낀기쎄프(Кингисепп): 인구 52,200명; 북위 59°23′, 동경 28°36′
볼호프(Волхов): 인구 425,200명; 북위 59°56′, 동경 32°20′
프쎄볼로슈스크(Всеволожск): 인구 50,400명; 북위 60°1′, 동경 30°41′
루가(Луга): 인구 40,500명; 북위 58°44′, 동경 29°50′
슬란찌(Сланцы): 인구 39,900명; 북위 59°7′, 동경 28°5′
또스노(Тосно): 인구 35,100명; 북위 59°33′, 동경 30°54′
쎄르똘로보(Сертолово): 인구 30,700명; 북위 60°9′, 동경 30°12′
로제이노예 뽈레(Лодей ное Поле): 인구 26,400명; 북위 60°44′, 동경 33°34′
삐깔료보(Пикалёво): 인구 25,700명; 북위 59°31′, 동경 34°10′
끼로프스크(Кировск): 인구 23,300명; 북위 59°52′, 동경 31°0′
오뜨라드노예(Отрадное): 인구 22,500명; 북위 59°47′, 동경 30°49′
뽀드뽀로지예(Подпорожье): 인구 21,100명; 북위 60°55′, 동경 34°11′
(인구: 2002년 현재)

4. 주요 산업 및 농업

주의 주요 산업으로 기계제작(농기계 및 농기구생산, 다양한 산업설비 생산 및 수리, 운송설비 수리), 임업, 목재가공업, 제지업, 화학, 연료, 비철금속 산업, 전력에너지 산업 등이 발달했으며, 농업부문은 낙농업, 양금, 야채재배 등이 발달했다.

Ⅱ. 자연환경

1. 지리적 위치와 구성

레닌그라드주는 17개 행정구, 29개 시, 38개 도시형마을, 204개의 농촌마을로 구성되어 있으며, 까렐리야 공화국, 볼고그라트주, 노브고로트주, 프스꼬프주, 에스토니아와 핀란드와 경계를 이룬다.

영토는 남부 타이가 지대에 위치해 있기 때문에, 과거에는 소택지와 숲이 매우 많았었으며, 오늘날에도 비록 수세기 동안 많은 지역이 개간되었음에도 불구하고 숲은 주 영토의 약 40%, 소택지는 약 12%를 차지한다. 비보르크(Выборг)만의 절벽, 광범위한 라도가(Ладога) 소택지와 까렐리야 지협(地峽)의 화강옥석, 많은 강, 분수령의 조화로 인해 많은 관광객이 몰려든다. 네바강은 레닌그라드주의 독특한 지형을 형성하는 데 있어서 중요한 역할을 수행했다. 네바강은 주 영토를 북부지역과 남부지역으로 양분한다. 네바강 양안은 상호 반대로 움직이고 있는데, 북쪽은 서서히 융기하고, 남쪽은 침강하고 있다. 이것은 쌍트 뻬쩨르부르크에 서서히 지진활동이 나타나고 있다는 것으로도 잘 설명되고 있다.

레닌그라드주에는 1,800개의 호수가 있으며, 그 중 가장 큰 호수는 전 유럽에서 가장 큰 라도가(Ладога)호로, 총 면적이 18,235㎢이다. 주를 통과하는 강의 총연장은 50,000㎞이며, 그 중 가장 큰 강은 네바(Нева), 스비리(Свирь), 볼호프(Волхов), 부옥싸(Вуокса)강이다. 네바강은 라도가호가 3,000년 전에 또스노(Тосно)강 계곡으로 흘러들면서 형성된 비교적 젊은 강이다.

수도 쌍트-뻬쩨르부르크와 모스크바 간의 거리는 651㎞이다.

2. 기후조건

해양성 기후에서 대륙성 기후로 전이과정에 있다.

1월 평균기온: -7℃(해안가) ~ -11℃(동부 지역)

7월 평균기온: 15℃

연강수량: 550(해안) ~ 850㎜(동부 지역)

식물 생장 기간: 105 ~ 120일

식생: 혼합림과 타이가
토양: 염분회색토, 소택지 토양
삼림분포도: 53%

3. 주요 유용광물
암염(巖鹽), 석회암, 건축자재, 원유, 이탄, 호박(琥珀) 등이 있다.
주요 산지:
가연성 판암: 발틱해 연안 유역.
보오크사이트: 찌흐빈스크(Тихвинск).
인회토: 낀기쎄쁘(Кингисепп).

Ⅲ. 정치시스템

1. 역사

오늘날 레닌그라드주가 위치한 지역에는 기원전 9-7천년 경에 인간이 살기 시작했다. 바로 이 시기에 고고학적 발견물이 관련되며 고대 주민의 존재에 관해 증명한다. 이미 기원 5세기에 이 지역에는 핀-우고르 종족이 살았다. 그들은 한곳에 정착하여 농경, 가축사육, 사냥 그리고 물고기 잡이에 종사했다. 3백년이 지나면 이 지역에 슬라브 민족이 출현한다.

새로운 영토에 거주하게 된 사람들은 정착하여 촌락을 건설했다. 그래서 여기에는 750년에 북서부에서 가장 오래된 러시아족의 거주지인 라도가가 등장했다. 두세기에 걸쳐 라도가는 고대 루시의 첫 번째 정치-경제적 중심지였다. 겨우 10세기 말경 라도가는 그 영향을 잃고 노브고로트에 그 지위를 넘겨준다.

12세기 무렵 노브고로트 공국에는 핀란드만 연안, 루가강, 네바강, 라도가강, 볼호프강 주변의 영토가 들어갔다. 13세기부터 14세기에 걸쳐 이 땅들은 리보니아와 스웨덴의 봉건군주들의 침략을 받았다. 루시국가의 북서국경을 지키기 위해 노브고로드인들은 이 시기에 여기에 얌, 꼬뽀리예, 오레쉑, 꼬렐루 그리고 띠베르스끄와 같은 소도시를 건설했다.

17세기 초 불안한 시기에 러시아 북서지역은 스웨덴 왕에 의해 점령당했으며 러시아는 발트해로의 진출이 차단되었다. 1656-1658년에 러시아 군대는 빼앗긴 영토를 탈환하기 위한 노력을 시도했으나 모두 실패했다. 겨우 1700년에야 뾰뜨르 1세는 선조들의 영토를 되찾기 위한 전쟁 재개를 결정했다. 그래서 북방전쟁이 시작되었고 이는 1721년까지 계속되어 현재의 레닌그라드주 영토는 치열한 전투장이 되었다. 1721년 니쉬따트 조약이 체결되면서 북방전쟁이 종결되었다. 이 조약은 러시아에 예전의 이조르스끄 땅을 돌려주었다. 그 외에도 븨보르그와 함께 카렐 지협(地峽), 에스토니아, 리보니아의 영토가 공고해졌다.

북방전쟁 이후에 쌍트-뻬쩨르부르크 현은 러시아 제국의 정치, 문화적 수도만이 아니라 경제적으로도 중심지로 발전했다. 18세기 초에 이조라, 샤시,

또스나, 뿌도스찌, 네바 강과 뻬쩨르부르크 근교의 스뜨렐나, 뻬쩨르고프 도시에는 공장이 건설되었고 석회와 다른 유용광물이 채굴, 가공되었다. 또한 현에는 노보라도쥐스끄, 찌흐빈스끄, 얌부르그스끄, 루쥐스끄 군에 많은 목재가공 공장이 들어섰다. 러시아 중앙지역과의 소통을 위해 새로운 수도는 교통연계의 조직화가 필요했고 뻬쩨르부르크로의 화물수송에는 강이 중요한 역할을 했다. 그래서 18-19세기에 수로를 이용한 교통체계와 운하가 건설되었다. 19세기 후반기에는 운하의 폭과 깊이를 더욱 확대하는 작업이 진행되었고 마린스끄 수상운송 체계가 개편되었다.

19세기 후반기 철도의 건설은 뻬쩨르부르크 현의 경제발전에 중요한 역할을 했다. 1837년 뻬쩨르부르크와 짜르스꼬예 마을 사이의 첫 번째 철도가 부설되었으며, 1851년에 뻬쩨르부르크와 모스크바 사이에 철도의 복선화가 완료되었다. 19세기 후반기에 뻬쩨르부르크 현 전체는 핀란드, 발트, 모스크바-빈다바-리빈스크, 바르샤바, 북부지방을 연결하는 철도의 전체적 망으로 얽혀지게 되었다.

10월 혁명 이후, 뻬뜨로그라트 현은 러시아 북서부에서 자신의 지정학적 의의를 상실했다. 수도는 뻬뜨로그라드에서 모스크바로 옮겨졌고, 핀란드와 발트해 연안의 국가들은 독립을 했다. 1924년에 뻬뜨로그라드 현은 레닌그라드로 명칭이 변경되었고, 1927년에는 영토-행정구역의 변경으로 주의 지위를 얻게 되었다.

이 시기부터 레닌그라드주는 다른 지역과 마찬가지로 산업화와 집단화의 기간을 맞게 된다. 20-30년대에 여기에는 대형 연료-에너지 기지가 건설되어 레닌그라드 산업시설에 대한 공급을 맡게 되었다. 석탄가공, 편암체굴, 목재가공이 이루어졌고 새로운 목재가공 공장 및 제지공장이 생겨났다.

1941년 6월 22일 독일-파시스트 군대는 선전포고 없이 러시아를 침략했으며, 주에서 레닌그라드를 향한 히틀러군대의 최초의 공격대상은 루쥐스끄 라이온이 되었다. 1941년 7월 여기에는 주민들의 협력으로 방어 경계선이 형성되었고, 이 덕분에 소련군대는 3주일간 히틀러 군대의 레닌그라드 점령을 지연시킬 수 있었다. 1941년 11월 중순 봉쇄되어 있던 레닌그라드에 식량과 무기를 조달할 수 있는 '생명의 길'이 뚫렸다. 이 길은 총 308킬러 미터에 달하는 것으로서 라도가 호수를 가로지르는 30킬로미터가 포함된다. 1943년 1

월 18일에 레닌그라드 전선에서 봉쇄가 뚫렸으며 이는 전투에서 근본적인 전환을 가져온 중요한 사건이었다. 소비에트 군대는 방어에서 공격으로 전환하였으며, 1945년 5월 9일 레이흐스타그에 붉은 기를 세우면서 승리로 전쟁을 끝낼 수 있었다.

전쟁이후 어려운 시기에 레닌그라드주의 부담에는 산업 생산시설의 복구만이 아니라 훌륭하고 독특한 역사-문화적 유적들의 복구도 들어갔다. 수많은 이들의 노력에 의해 주의 많은 도시들이 폐허에서 일어서게 되었다. 오늘날의 레닌그라드주는 29개의 시 구성을 포함하고 있다. 레닌그라드주에는 29개의 도시와 30개의 도시형 촌락, 3000개 이상의 촌락이 있다. 여기에는 거의 3900개 이상에 달하는 역사와 문화유적이 보존되어 있다.

2. 정치

1) 정치 일반

레닌그라드주는 러시아연방의 독자적인 주체이다. 주의 중심은 쌍트-뻬쩨르부르크 시이다. 레닌그라드주의 집행 권력은 주지사를 수장으로 하는 레닌그라드주 행정부가 실현한다. 주의 행정수반은 4년 임기로 선출되며 대내적, 대외적으로 주를 대표한다. 이외에 독자적으로 집행 권력을 구성하며 그 활동에 대한 책임을 진다.

주 헌법이 부여한 주지사의 권한은 다음과 같다. 주지사는 예산안을 의회의 승인에 부치고 그 집행을 지원하며, 시 구성이 아닌 레닌그라드주의 행정-영토적 구성의 수장을 임면한다. 발효 중인 법령에 모순되는 경우 레닌그라드주 정부의 법규의 효력을 중단시키고, 주에서 연방 집행권력기관의 영토적 기관의 구성, 재조직화, 폐지에 관한 문제를 해결하고 관련 담당자를 임명한다. 주의 정부와 의회 사이에 생기는 이견을 조절한다.

위에 열거된 것 이외에 주의 수반은 레닌그라드주 의회에 법률안을 상정하고 주의 경제활동에 대한 전반적 지도를 실현하며 레닌그라드주의 재정적 자원을 관리하는 권리를 갖는다. 또한 레닌그라드주 영토에서 자연인과 법인이 이행해야 하는 명령을 발포 할 수 있다.

레닌그라드주 의회는 상시적으로 활동하는 대의 국가권력기관이다. 러시아연방 헌법, 연방법률, 레닌그라드주 헌법과 법률에 기반하여 의회는 자신의 활동을 독자적으로 실현한다. 의회는 법인이며 의회에 의해 채택된 법률은 레닌그라드주의 모든 국가권력기관과 지방자치기관, 관련 인사들, 조직들과 시민들이 이행해야 한다.

의회의 대표는 '북서부 의회 간 연합'의 성원이다. 의회들의 협력의 결과 이 연합은 경험을 교환할 수 있는 가능성, 연방주체들의 법령이 근접하도록 할 수 있는 가능성을 가지며, 연방 법률의 정비에 관해 연방 권력기관에 주도적으로 나타난다. 이외에 국가-법적 구성의 문제, 주의 지방자치의 형성, 경제 및 재정영역, 예산과정, 지역 간 협력의 문제를 조절한다. 사회영역의 문제에 특히 주의를 기울인다.

레닌그라드주의 사법권력은 러시아연방의 단일한 사법체계에 들어가는 주의 법원들이 실현한다. 사법기관의 형성과 활동절차는 연방법률로 정해진다.

2) 선거

1997년 12월 14일 레닌그라드주에서는 의회의원 선거가 실시되었다. 50개의 선거구와 930개의 투표구가 조직되었다. 선거운동 초기에는 464명이 입후보했으나 이 가운데 43명은 선거구의 선거관리위원회에 등록되지 못했다. 투표용지에는 375명이 들어갔으며 선거구별로 2명에서 15명까지 입후보했다. 유권자 명부의 전체 유권자 1,286,483명 가운데 435,194명이 투표에 참여하여 33.83%의 투표율을 보였다. 선거관리위원회는 투표결과를 집계하여 50개 선거구 모두에서 선거는 성립되었고 유효하다고 인정했다.

1999년 9월 19일 1999년 9월 19일 주지사 선거에서 4만 표 이상의 차이로 세르듀꼬프(В. П. Сердюков)가 승리했으며 그는 30.3%의 득표율을 얻었다.

후보명	득표율(%, 득표수)
세르듀코프(Сердюков В.П.)	30.3(164961)
구스토프(Густов В.А.)	22.68(123431)
카발료프(Ковалев В.И.)	17.36(94513)
기타 후보	10 미만
모든 후보에 대한 반대	5.18(28178)

선거에는 전체 유권자의 40.25%에 해당하는 530,091명이 투표했다. 주지사 선거법에 따르면 최다득표를 한 후보의 득표수가 투표참여 유권자의 25% 이상의 지지를 얻은 경우 이 후보를 당선된 것으로 인정한다. 그래서 주지사 선거는 유효하고 성립되었다.

1999년 12월 19일 주지사 선거와 함께 러시아연방 국가두마의원 선거가 실시되었다. 레닌그라드주에는 세 개의 선거구가 있고 총 유권자수는 1,466,499명이다. 투표율은 49.83%였다.

정당별 득표

정당	득표율(%)
단결	30.00
러시아공산당	17.64
우파연합	8.41
지리놉스끼 블록	6.53
조국-전러시아	9.55
야블로꼬	6.35

후보별 투표에서는 세 개의 선거구에서 각각 당선자가 나왔다. 볼홉스끄 선거구에서는 <연금생활자들의 정당> 소속의 쉬마노프(A. A. Шиманов)가 당선되었다. 그는 24.19%의 득표율을 얻었고 그 다음으로는 <메드베드> 소속의 벨랴꼬프가 15.7%를 얻었다. 세 번째는 러시아연방 공산당 소속의 세베나르드가 15.41%의 득표율을 보였다. 나머지 후보들은 5%선을 넘지 못했으며 상위 세 후보에 크게 떨어지는 득표율을 보였다. 모든 후보에 대한 반대에는 12.64%가 투표했다.

낀기셉쁘스끄 선거구에서는 <메드베드> 소속의 보뜨까(Н. П. Ботка)가 승리했다. 그는 27.58%를 득표했다. 그 다음으로는 야블로꼬 소속의 나긴스끼가 13.28%로 뒤를 잇고 있으며 러시아연방 공산당 소속의 보로구쉰이 13.14%를 득표하여 세 번째를 차지하고 있다. 나머지 후보들은 10% 선을 넘지 못하고 있다. 모든 후보에 대한 반대에는 10.93%가 투표했다.

위의 두 선거구에서는 선거가 성립되었지만, 브세볼쥐스끄 선거구에서는 모든 후보에 대한 반대에 투표한 수가 최다득표를 한 후보의 득표수보다 0.19%를 초과하는 것으로 나타나 2000년 3월 26일 재선거가 실시되었다. 재선거에서 언론인인 넵조로프(А. Г. Невзоров)가 승리했다. 그는 38.07%의 득표율을 보였고 다른 모든 경쟁자들을 제쳤다. 그 다음으로는 로쉰스끄 라이온 병원의 의사이면서 주 의회 의원인 표도또프(Ю. Н. Федотов)가 17.82%의 득표율로 뒤를 잇고 있다. 나머지 후보들은 10% 선을 넘지 못했다. 모든 후보에 대한 반대에는 유권자의 11.55%가 투표했다.

2000년 3월 26일 러시아연방 대통령 선거가 실시되었다. 레닌그라드주 지역에서는 940개의 투표구가 설치되었고 1,324,066명의 유권자가 투표에 참여하여 66.77%의 투표율을 보였다. 압도적인 득표차로 뿌친이 승리했다.

Ⅳ. 경제시스템

1. 경제개황

레닌그라드주는 7개의 연방지구 중 북서연방지구에 속하고 12개의 러시아 경제지역 중 북서부경제지역에 속한다. 레닌그라드주는 쌍트 뻬쩨르부르크 연방특별시를 둘러싸고 있기 때문에 전통적으로 산업발달 조건이 충분한 지역이었다. 레닌그라드주는 공업은 물론이거니와 농업도 무척 발달되어 있다.

농업생산물들은 주로 대도시인 쌍트 뻬쩨르부르크 연방특별시로 원재료 형태로 혹은 가공형태로 공급되고 그것들은 쌍트 뻬쩨르부르크 연방특별시에서 가공되어 다시 역공급되어 진다. 예를 들어 음식과 의복 등 1차 산업에 의존해야 하는 것들은 통상 이런 방식의 교역이 대도시와 그 주변 지역들의 전형적 교역모형이라 할 수 있다.

레닌그라드주의 공업은 전 부문이 고루 발달되어 있는 편이며 화학·석유화학공업, 전기전력부문, 연료공업, 철강업, 비철금속, 기계제작·금속가공, 목재가공·종이펄프, 건재업, 경공업, 식품공업 등 대부분의 공업부문에서 높은 성과의 생산을 이루고 있다. 특히 기반화되어 있는 부문은 연료공업과 목재가공·종이펄프공업이다. 이 두 부문은 레닌그라드주의 총 공업생산량의 거의 절반을 차지하고 있다.

레닌그라드주의 농업이 쌍트 뻬쩨르부르크 연방특별시와 밀접한 관계, 즉 원재료 공급지와 가공지의 관계를 갖는 것처럼 공업부문 역시 친밀한 보완협력관계를 가지고 있다. 그래서 쌍트 뻬쩨르부르크 연방특별시의 경기가 상승곡선을 그리고 있는 2000년을 전후해서 레닌그라드주의 경제상황, 특히 공업상황이 매우 호전되어지는 함수관계를 나타내고 있다.

2000년을 전후한 이 공업부문의 호전은 재정확보에 절대적으로 긍정적인 영향을 미치고 있고 이것은 다시 레닌그라드주의 경제정책을 위한 토대가 되어 호순환의 시기를 맞고 있다고 할 수 있다. 러시아 경제에서 차지하는 레닌그라드주의 경제비중은 규모면에서 아주 높다. 러시아경제에서 레닌그라드주의 비중을 파악하기위해 몇 개의 주요 거시경제지표를 비교하면 다음과 같다.

2000년도 러시아 주요 경제지표에서 레닌그라드주의 비중

주요 항목	러시아전체 대비 레닌그라드주 비율
지역총생산	1.0%
공업생산량	1.4%
농업생산량	1.9%
소매유통	0.7%
자본투자	1.7%

http://www.infostat.ru/epub.htm (검색일: 2003.1.10)

레닌그라드주의 지역총생산은 러시아 경제에서 차지하는 비중의 약 1.0%이다. 지역총생산은 꾸준히 성장해 오고 있으며 1999년은 426억 400만 루블로 1998년 224억4,600만 루블 대비 89.81% 성장하였다. 1인당 지역총생산은 1998년 133만 5,000 루블, 1999년 2,539만 6,000 루블을 기록해 90.23%의 증가를 나타내었다. 이와 같은 레닌그라드주의 지역총생산과 1인당 지역총생산의 급격한 상승은 공업과 농업을 비롯한 전 부문의 꾸준한 상승에 기인하고 있다.

지역총생산 지수에서도 1999년 113.7을 나타내어 높은 성장세를 뒷받침해주고 있다.[1] 레닌그라드주의 지역총생산의 주요 구성과 비율을 보면 공업부문이 월등히 높고 그 다음이 농업이다. 레닌그라드주의 지역총생산 주요 구성비율을 표로 살펴보면 다음과 같다.

지역총생산의 주요 구성과 비율

주요 산업부문	지역총생산의 주요 구조의 비율
공업부문	41.8%
농업부문	15.3%
건설부문	7.5%
운송부문	5.8%
유통부문	7.8%

http://www.infostat.ru/epub.htm (검색일: 2003.1.10)

레닌그라드주의 총 기업수는 2000년 3만 1,268개로, 1999년 2만 8,642개에 비해 9.17% 증가하였고 소기업수는 1998년, 1999년, 2000년 각각 1만 2,084

1) 전년대비, 지역총생산액 %

개, 1만 2,195개, 1만 2,023개로 등락을 거듭하고 있다. 공업부문에서 휴업중인 기업이 아닌 경제활동을 하고 있는 기업은 1999년에 3,317개, 2000년은 3,492개로 증가율이 5.28%로 나타났다.

레닌그라드주의 총 기업수에서 공업활동기업이 차치하는 비율은 11.17%로 여타 주체들의 공업관련 기업보다 월등히 높고 쌍트 뻬쩨르부르크 연방특별시의 1.5배에 해당하는 비율이다. 이는 레닌그라드주의 공업이 매우 활발히 움직이고 있음을 보여주고 있다.

2. 산업

1) 공업

레닌그라드주는 공업입지의 관점에서 매우 훌륭한 위치성을 가지고 있다. 자연자원이 풍부하고 주변시장에 대한 접근성이 매우 높아 비용이 절약되며 대학이나 산학협동을 통해 과학기술 집약적 지원을 많이 받을 수는 있는 것 등이 유리한 공업입지요인으로 작용해서 레닌그라드주의 공업성장으로 이어지고 있는 것이다.

레닌그라드주의 공업생산에서 중요한 특징 중의 하나는 기술집약적인 부문이 중심이 되고 있다는 것이다. 총 공업생산량의 85%가 여기에 속하며 구체적으로 연료공업, 광물성 비료, 알루미늄, 종이펄프생산, 기계, 각종 정밀도구, 건자재 등을 들 수 있다. 레닌그라드주의 중심이 되는 공업은 연료에너지공업이고 그 외 식품공업과 종이펄프업도 높은 비중을 차지하는 부문이라 할 수 있다.

레닌그라드주의 총 공업생산량은 1999년과 2000년에 각각 368억 9,500만 루블과 569 억 5,100만 루블로 54.36%의 높은 비율의 폭을 나타내고 있다. 공업생산지수도 1998년, 1999년, 2000년 각각 99.8, 107, 127로 꾸준한 상승세를 나타내고 있을 뿐만 아니라 실질가치에서도 성장이 큰 폭으로 나타나 공업의 총량성장을 뒷받침해주고 있다. 레닌그라드주의 공업(러시아 전체공업생산의 1.4%차지)의 부문별 구조와 비율을 표로 살펴보면 다음과 같다.

주요 공업생산부문별 생산비율

생산부문	레닌그라드주 총공업생산 비율
전기전력	7.5%
연료공업	28.7%
철강업	0.1%
비철금속	7.2%
화학·석유화학	4.4%
기계제작·금속가공	5.9%
목재가공, 종이·펄프	20.5%
건재공업	3.4%
경공업	1.0%
식품공업	16.8%
기타	4.5%

http://www.infostat.ru/epub.htm (검색일: 2003.1.10)

레닌그라드주에서 중심이 되는 산업은 연료공업이라 할 수 있으며 이 부문의 발전은 레닌그라드주 뿐만 아니라 북서연방지구의 전 지역에게도 큰 의미가 있는 것이다. 레닌그라드주의 연료공업은 주로 연료-전력복합체가 주로 운영하고 있으며[2] 이것의 특징은 전력과 연료의 생산과 운송, 배분에 있어 지소지부를 각 지역에 두고 철저한 분업시스템으로 운영되고 있다는 것이다. 이런 것은 위치성에 따른 지역의 특성이 달라 각 지역에서의 자체분업시스템이 더 효율적인 면을 가지고 있기 때문이다.

2) 농업

레닌그라드주의 농업은 유리한 조건과 지리적 이점을 가지고 있는 것은 아니다. 그러나 꾸준한 관리로 높은 생산성을 자랑하고 있으며 농업생산량은 2000년에 148억 5,700만 루블이고 이것은 전년대비 15.25% 상승한 것이다. 농업생산액 중 작물관련 생산액과 가축관련 생산액을 표로 살펴보면 다음과 같다.

---

2) 여기에는 몇 개의 대기업들이 있다. 'Торфяник', 'Киришинефтеоргсинтез', 'Тесово-IV', 'Вердуга', 'Ленинградсланец', 'Сланцы', 'Торфопредприятие Ларьян', 'Торфопредприятие Форносово', 'Агроторф', 'Пельгорское'.

농업생산량 추이

항목 \ 년도	1997	1998	1999	2000
총농업생산액	5,520.3	5,772.0	12,891.5	14,857.0
작물관련 생산액	3,141.7	2,667.7	6,427.8	6,783.6
가축관련 생산액	2378.6	3,104.3	6,463.7	8,073.4
농업생산 지수	103	87	119	105

http://www.infostat.ru/epub.htm (검색일: 2003.1.10)

레닌그라드주의 농업부문에서 활동하고 있는 기업 수는 약 217개, 농장이 6,314개이다. 기업과 농장 외에 개인적으로 농사를 짓는 주민들, 즉 개인 농업인들은 약 21만 3,900 가구정도 이다. 농업에 활용되어지는 농경지의 면적은 2000년 기준 74만 5,400 헥타르이며 그 중 매년 파종되어 지는 면적은 약 38만 6,700 헥타르이다. 평균적으로 농업 기업체는 한 기업 당 약 2,500 헥타르 정도, 농장은 한 농장당 9 헥타르이고 개인 농업인들은 한 가구당 평균 0.19 헥타르 정도의 경작을 하고 있다.

레닌그라드주의 농업은 가축사육이나 작물재배 모두 인근지역의 몫을 생산해 낼 정도로 규모가 크다. 특히 쌍트 뻬쩨르부르크 연방특별市와 밀접한 관계가 있어 거의 대부분의 식료품의 원재료를 이곳으로 공급하고 있는 형편이다.

레닌그라드주의 농업생산물의 비율은 가축사육에 의한 생산물이 많으며 작물재배와 비교해 약 74%:16% 정도이다. 구체적으로 주요 농산물을 보면 곡물이 5만 2,400톤[3], 감자가 64만 2100 톤, 야채가 26만 4,600 톤, 가축과 가금이 6만 7,000 톤[4], 우유가 60만 8,700 톤 등이다.

레닌그라드주의 농업경제에 있어 안정적 성장을 꾸준히 하기위한 과제가 제시되어 있으며 중요한 것은 다음과 같다.

1. 가축사육과 작물재배에 있어 신기술을 대폭적으로 받아들여야 한다. 양보다는 질이 중심이 되어야 효율성이 높아질 수 있기 때문이다. 이 과제가 당면한 해결 1순위과제이다.

2. 주정부와 대외주체에 의한 투자와 지원이 필요하다. 농업경제사정이 퍽

3) 탈곡후의 무게
4) 도살후의 무게

좋은 편이 아니라서 농업비용을 충당하기가 어려운 편이다. 또한 경작지는 많은데 비해 파종면적이 크지 않다. 즉 유휴지가 많아 토지가 비효율적으로 활용되고 있는 것이다. 특히 이런 현상은 농공복합단지에 있는 농업기업에 심하게 나타나고 있는 형편이다.

3) 자원 등 기타

레닌그라드주의 토양은 회백색토양으로 전 지역에 걸쳐 이 토양이 분포되어 있다. 회백색토양의 특성상 미네랄성분이 부족하여 수확량을 증대하기 위해서는 정기적인 광비료의 공급이 필수 불가결하다.

이 지역의 산림자원은 매우 넓게 분포되어 있다. 숲지대는 전체 면적의 40%를 차지하고 있으며 대부분은 소나무와 전나무이다. 동물계는 매우 다양하며 풍부하다. 이 지역에는 총 60여종의 포유동물과 330여종의 조류가 서식하고 있다.

레닌그라드주의 수자원은 이 지역의 중요한 자원이 되고 있다. 라도가호, 핀란드만과 발틱해의 동부에 위치한 특성상 많은 강과 소택지가 분포되어 있고 기타 자연저수지와 인공저수지가 많다. 이 지역에서 강, 호수 등 물이 차지하는 면적은 핀란스만과 라도가호를 제외하고도 전 영토의 13%에 이른다. 또한 이곳에서 서식하는 어류도 80종이 넘는다.

레닌그라드주에서 가장 큰 수지대는 핀란드만으로 발틱해 면적의 7%를 점유하는 지역이다. 이 지역은 저수유역이 42만 1,000 ㎢이고 그 평균깊이는 38m, 최대깊이는 115m에 달하고 전체 수량은 112만 5,000 ㎦이다.

전체적으로 레닌그라드주를 흐르는 호수는 41,600개에 달하며 이 호수들의 지역별 분포는 매우 불규칙적이다. 특히 호수가 많은 지역은 비보르그와 쁘리오제르 구역이다.

레닌그라드주는 러시아의 여타 다른 지역과 비교하여 지하자원이 매우 부족하다. 그러나 이 지역에는 보오크사이트 광산이 있으며 인산 매장지가 있다. 또한 소택지가 많은 지리학적인 특성상 막대한 양의 이탄과 가연성 슬레이트가 매장되어 있다. 이탄의 경우는 18억 톤, 슬레이트는 50억 톤이 매장되어 있다.

이 외 레닌그라드주의 전 지역에 걸쳐 점토, 유리가루, 석회암광산이 분포되어 있다. 또한 쌍트 뻬쩨르부르크 연방특별市에서 멀지 않은 핀란드만에서 적은 양이지만 망간광이 발견되었고 석유와 다이아몬드의 매장지도 발견되었다.

레닌그라드주는 기후적 조건이 우수하여 휴양지와 과 관광지로의 역할을 하고 있으며 더불어 이 장점을 더 활용하기 위하여 주 정부의 재정지원을 통해 더욱 많은 요양지를 세워야 할 필요성이 있다.

V. 문화시스템

1. 지역정체성

1) 인구

레닌그라드주의 인구는 1999년까지 거의 해마다 꾸준한 증가세를 보인 후 2000년부터 조금씩 감소추세에 있다. 1999년 1,674,000명까지 증가세를 보이던 인구수가 2001년 현재 1,659,000명으로 감소함으로써 1990년 1,656,000명에 근접하게 되었는데, 이는 한 동안 주춤하던 자연증가율이 다시 하락하기 시작한 결과로 추정된다.

그러나 전문가들에 따르면, 레닌그라드주의 인구는 2006년 1,760,000명을 비롯하여 그 후 차츰 증가할 것으로 추정되는데, 이는 점차 주민들의 복지가 향상되고, 그로 인한 출생률의 증가 및 지역으로부터의 전입자수의 증가현상이 예측되기 때문이다.

레닌그라드주 인구변동 추이

연도	1990	1992	1993	1994	1995	1996	1997	1998	1999	2000	2001
인구수 (1,000명)	1,656	1,666	1,667	1,661	1,667	1,669	1,671	1,674	1,674	1,667	1,659

Российский статистический ежегодник. Госкомстат России. М., 2001. С. 82.

레닌그라드주의 인구 자연증가율은 1990년대 초 경제개혁을 시작으로 급락하기 시작했다. 1992년 자연증가율이 -2,536명이었던데 반해 1992년 -9,393명, 그 후 2~3년 동안 사망자수가 출생자수의 거의 3배 가까이 증폭하게 되었다. 그럼에도 불구하고 주의 인구는 꾸준히 증가세를 보였는데, 이는 CIS 국가들과 주변 지역으로부터의 전입자가 증가함으로써 가능했다. 1999년부터 다시 낮은 출생률에 비해 사망률이 상승함으로써, 자연증가율이 급락하게 되어, 궁극적으로 주 전체 인구의 감소현상을 초래하게 되었다.

레닌그라드주 출생자수, 사망자수, 자연증가율

연도	출생자수(명)	사망자수(명)	자연증가율(명)
1990	18,310	20,873	-2,563
1992	14,452	23,845	-9,393
1993	11,886	29,990	-18,014
1994	12,339	32,453	-20,114
1995	12,115	30,543	-18,428
1996	11,524	27,143	-15,610
1997	11,613	25,689	-14,076
1998	11,519	25,997	-14,478
1999	10,872	29,811	-18,939
2000	11,307	31,588	-20,281

Россий ский статистический ежегодник. Госкомстат России. М., 2001. С. 110.

2000년 현재 레닌그라드주의 경제활동인구는 전체 인구의 51.0% 851,000명이며, 그 중 취업인구는 768,000명, 실업자 수는 82,000명(실업률 약 9.7%)이다. 레닌그라드주의 실업률은 1995년부터 1999년까지 두 자리 수를 기록한 후 2000년부터 다시 한 자리 수를 기록하게 되었는데, 1997 ~ 1998년의 경제위기가 점차 회복되면서 보다 많은 일자리가 창출되면서 차츰 고용이 안정되기 시작했기 때문이다. 향후 경제가 완전히 회복될 경우 실업률 또한 1990년대 초 수준으로 회복될 수 있을 것으로 전망된다.

레닌그라드주 경제활동인구(취업자, 실업자), 실업률

연도	경제활동인구 (1,000명)	취업자수 (1,000명)	실업자수 (1,000명)	실업률(%)
1992	888	831	57	6.4
1993	862	804	58	6.7
1994	829	750	78	9.4
1995	878	789	89	10.2
1996	833	750	83	10.0
1997	829	723	106	12.8
1998	812	692	121	14.9
1999	839	716	122	14.6
2000	851	768	82	9.7

Россий ский статистический ежегодник. Госкомстат России. М., 2001. С. 136.

2) 민족

레닌그라드주에는 약 80여 민족이 거주하며 주요 민족 구성을 보면, 러시아인이 90.81%, 우끄라이나인 3.0%, 벨로루스인 2.0%, 핀족 0.7%, 따따르인 0.5%, 훈족 0.3% 및 기타 집시, 유태인, 까렐리야인, 추바슈인, 에스또니아인, 폴란드인, 아제르바이잔인, 우즈베크인 등으로 구성되어 있다.

3) 교육

레닌그라드주의 교육은 쌍트 뻬쩨르부르크시의 교육을 참조하시오.

2. 지역문화

1) 문화개괄

레닌그라드주에는 문화 기관들 사이의 연결망이 매우 발달해있다. 클럽과 문화의 집, 공공도서관, 어린이 도서관, 세계적인 의의가 있는 박물관을 포함하여 27개의 박물관과 문화 역사적 기념물들이 있고 100개가 넘는 예술 학교와 문화 대학, 여섯 개의 국립 극장, 3개의 지방 자치 극장이 있다. 주의 중요한 자연 자원은 발달한 수상 교통망인데 실질적으로 레닌그라드의 모든 지역을 포괄하고 있고 주를 러시아 다른 지역뿐만 아니라 외국과도 연결시키고 있다. 주의 강과 호수에는 80종의 고기가 살고 있다. 그리고 낙엽수림, 침렵수림과 화강암 절벽, 동굴, 지하수, 샘물, 모래사장 등의 자연 풍경이 독특하다.

동식물계도 풍부하고 다양하다. 전문가들의 말에 따르면 휴식을 위한 가장 좋은 기간은 6월 7일에서 8월 31일까지(여름휴가 기간)이며 1월 1일부터 3월 15일까지(겨울 휴가 기간), 12월 23일부터 1월 9일까지(성탄절 휴가 기간)이다.

레닌그라드주는 역사적 문화적 기념물이 풍부한 곳이다. 주 지역에는 문화 기념물이 3900개 이상 보존되어 있는데 그들 중 거의 반이 건축, 도시 기념물에 해당한다.

지역에는 29개의 박물관이 있고 그 중 5개는 연방차원에서 가치가 있는 박물관이다. 다양한 문화 민족, 즉 러시아민족, 까렐리아족, 훈족 등이 살고 있다는 것은 주의 민속학적인 잠재력이 크다는 것을 말해주고 있다. 그 중 일부는 오늘날까지도 자신의 전통 풍속을 간직하고 있다. 주의 동쪽지역에는 민속 전통산업이 보존되고 있는데 나무 공예품과 등공예품, 뜨개, 유리 세공품과 기타 기념품 등이 주로 발달해 있다.

레닌그라드주에는 요양소를 포함해서 600개가 넘는 관광장소가 있다. 관광객이 방문하는 관광장소는 다양한 수준인데, 그 중에는 국제적인 수준과 완전히 일치하는 것도 있다.

2) 문화시설

국립 예술 건축 박물관 보호구역 '차르스꼬에 셀로'(황제마을)

국립 박물관 보호 구역 '차르스꼬에 셀로'는 건축물, 18-20세기 초까지의 정원, 공원이 있는 세계적 기념물이다. 차르스꼬에 셀로에는 예까쩨리나 1세에서부터 시작하여 니꼴라이 2세까지의 통치자들의 삶의 흔적과 유물들이 남아 있다. 이 기념물의 중앙에는 러시아 바로크 시대의 훌륭한 건축물인 예까쩨리나 궁전이 있는데 이 궁전 큰 홀은 장식이 대단히 화려하며 일렬로 되어있는 방들 중 황금의 방은 전 세계적으로 유명한 호박으로 된 방이다.

알렉산드르 궁전은 세계 고전 건축물의 가장 훌륭한 예 중의 하나인데, 이 곳의 유물들은 로마노프 왕가의 최후의 인물인 니꼴라이 2세와 알렉산드르 표도로브나의 삶에 대해서 알려주고 있다.

예까쩨리나와 알렉산드르 공원은 전체 면적이 300헥타르가 넘는데 이 곳에는 100개가 넘는 건축 기념물들이 위치하고 있으며 이 기념물들은 고딕, 터키, 중국의 건축 양식이 구현된 웅장한 궁전과 거대한 기념물, 누각, 다리, 대리석 기둥, 이국적인 건축물 등이다. 황제의 마을에는 바로크 건축 양식과 고전주의 양식이 완전한 형태로 구현되어 있다

국립 역사예술 공원박물관 보호구역 '가트치나'

이 박물관에는 가트치나 궁전의 건축 역사와 그 거주자들에 대해서 알려주는 전시관이 있다. 1920년에서 30년 여기에서 뛰어난 예술가들인 베누아, 꾸르바또프, 레비손-레싱크가 창작 활동을 했다. 대단한 가치를 가지고 있는 가트치나 궁전의 실내장식은 1944년 1월화재시 소실되었다.

가트치나 궁전의 모습

이차 대전 후 박물관 진열품 중 우선 5개를 복구시켰고 궁전의 건축 유물이 완전히 복구되었다. 또 주 건물의 2층에 일렬로 된 방들도 재건축 되었는데, 대기실, 대리석 주당, 빠벨 1세의 왕좌, 진홍색의 접견실이 그것들이다. 전후에 개별적으로 복구된 궁전의 방들과 비너스 진열실, 자작나무 집이 문을 열었다.

공원의 누각과 다리, 온실, 독수리 기둥, 수중 미로는 뻬쩨르부르크 근교의 가장 훌륭한 공원중의 하나인 가트치나 공원 궁전과 함께 명승고적을 이루고 있다.

무르만스크주

Мурманская Область

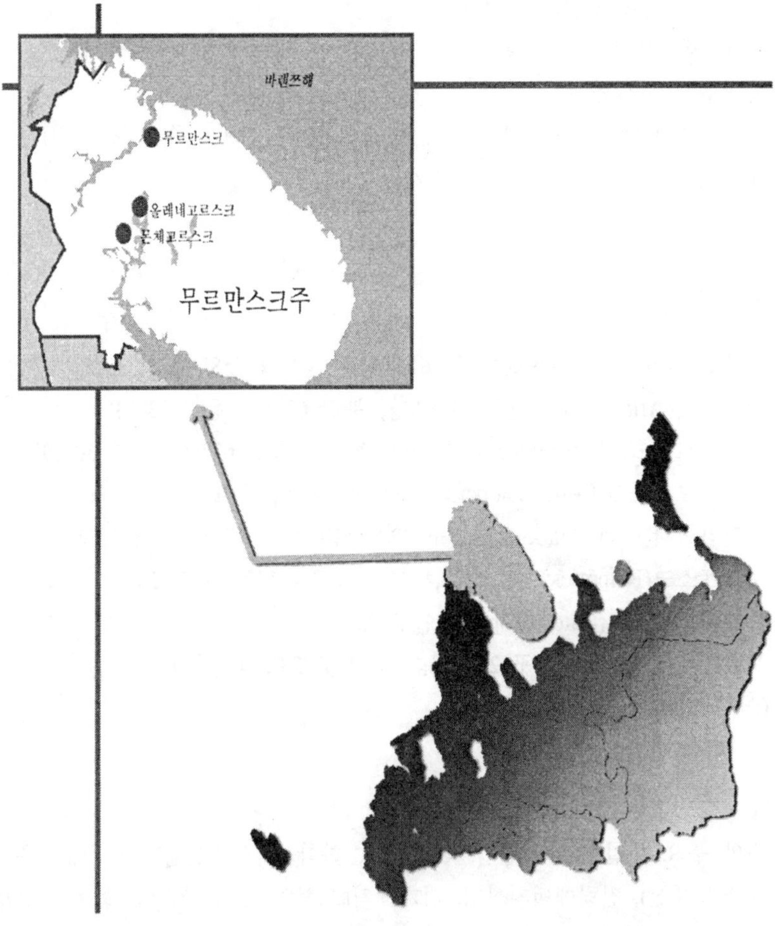

Ⅰ. 개황

1. 기초정보

주 성립일: 1938년 5월 28일
주도: 무르만스크(Мурманск)
인구: 988,000명(2001년 현재: 러시아연방 전체의 0.68%, 89개 주체 중 57위)
인구밀도: 6.82명/㎢
면적: 144,900㎢(러시아연방 전체 면적의 0.85%; 89개 주체 중 28위)
소속지구: 북서연방지구; 북부경제지구
한국과의 시차: -6시간

2. 주요도시

무르만스크(Мурманск): 인구 361,000명; 북위 68°58′, 동경 33°5′
아빠찌띠(Апатиты): 인구 65,000명; 북위 67°34′, 동경 33°23′
몬체고르스크(Мончегорск): 인구 53,200명; 북위 67°55′, 동경 32°49′
쎄베로모르스크(Североморск): 인구 51,000명; 북위 69°4′, 동경 33°25′
깐달라크샤(Кандалакша): 인구 42,500명; 북위 67°9′, 동경 32°25′
끼로프스크(Кировск): 인구 32,400명; 북위 67°37′, 동경 33°40′
올레네고르스크(Оленегорск): 인구 25,400명; 북위 68°7′, 동경 33°18′
꼬브도르(Ковдор): 인구 22,300명; 북위 67°33′, 동경 30°30′
(인구: 2002년 현재)

3. 주요 산업 및 농업

주의 주요 산업으로 철강업, 비철금속, 화학, 식료품산업(어가공), 건축자재업(쇄석생산), 전력에너지산업, 기계제작(조선업 및 선박수리) 등이 발달했으며, 농업부문은 축산(낙농업), 사슴사육, 식물재배(사료식물재배) 등이 발달했다.

Ⅱ. 자연환경

1. 지리적 위치와 구성

무르만스크주는 33개 행정구, 19개 시, 27개 도시형마을, 445개의 농촌마을로 구성되어 있으며, 러시아 유럽지역에서 가장 발달한 지역 중 하나로, 꼴스끼반도에 위치한다.

바렌쯔해, 백해에 의해 둘러싸여 있고 까렐리야 공화국, 핀란드, 노르웨이와 경계를 두고 있다. 주의 영토 거의 전부가 극권(極圈)에 속한다. 남-북간 총연장은 400㎞, 동-서간 총연장은 550㎞이다. 무르만스크주에는 다양한 자연자원을 보유하고 있다. 꼴스끼반도에서는 60여 곳 이상의 광물자원 매장지가 발견되었다. 현재 약 30여 종의 광물이 채굴되고 있으며, 그 중 대표적인 광물로 인광석, 알루미늄광석, 동광, 니켈광, 지르코늄광 및 다양한 희귀금속을 들 수 있다. 운모, 도자기, 건축자재 및 외장석 원료, 세공원료 등의 매장량이 매우 풍부하다. 바렌쯔해 대륙붕에는 풍부한 원유와 천연가스가 발견되었으며, 특히 3조㎥의 가스가 매장되어 있는 슈또끄만(Штокман) 가스 콘덴사이트 산지는 세계적으로 유명하다. 무르만스크州의 유리한 입지조건은 모든 형태의 교통 발전을 가능케 하여, 러시아연방의 중심부와의 경제협력관계 발전을 촉진하고, 해외 여러 나라들과의 협력을 발전시키고 있다.

주요 하천은 뚤로마(Тулома), 바르주가(Варзуга), 움바(Умба), 니바(Нива), 뽀노이(Поной) 등이 있으며 떠내려 온 빙하가 만든 넓은 호수인 이만드라(Имандра), 꼬브도제로(Ковозеро), 움보제로(Умбозеро), 로보제로(Ловозеро) 등이 있다.

수도 무르만스크와 모스크바 간의 거리는 1967㎞이다.

2. 기후조건

주 남부지역의 기후는 해양성 온난기후이며, 북부지역은 아북극(亞北極)기후대로, 온난한 대서양기류의 영향으로 비교적 온화한 날씨를 보인다.

1월 평균기온: -8℃(북부 지역) ~ -13℃(중앙 지역)

7월 평균기온: 8℃ ~ 14℃

연강수량: 350 ~ 400㎜이며 산악지대는 1,000㎜까지 내리기도 한다.

식물 생장 기간: 60 ~ 75일

식생: 툰드라, 삼림과 툰드라의 중간 지대, 타이가가 공존

토양: 툰드라 토양, 소택지 토양, 염분회색토

삼림분포도: 36%

3. 주요 유용광물

남정석(藍晶石), 인회석(燐灰石)-하석(霞石), 동-니켈, 철광석, 티탄-자철광, 다양한 건축자재, 석영원료 등이 있다.

주요 산지:

남정석: 끼예프 산괴(山塊).

인회석(燐灰石)-하석(霞石): 꾸끼스붐초르(Кукисвумчор), 유크스뽀르(Юкспор), 라스붐초르(Расвумчор).

동-니켈광: 몬체고르스크, 뻬첸가(Печенга).

철광석: 올레네고르스크(Оленегорск), 옌스꼬-꼬브도르(Енско-Ковдор).

운모: 예나(Ена)강, 스뜨렐리나(Стрельна)강 부근.

Ⅲ. 정치시스템

1. 역사

주의 중심 무르만스크는 1916년 10월 4일 건설되었다. 처음 도시의 이름은 로마노프-나-무르마네(Романов-на-Мурмане)였다. 문헌들이 증명하는 바와 같이 미래의 도시가 기공된 바로 그 자리에는 30년대부터 주의 문화궁전이 서 있다.

무르만스크 땅이 비교적 그리 오래지 않은 때에 형성되었다 하더라도 꼴스끄 반도에 정착했던 역사는 이미 12세기로 거슬러 올라간다. 그 무렵 러시아족 이주민들의 후손은 백해 연안에 살기 시작했다. 구체적인 이름, 세멘 꼬르쥐네븨는 이 지역의 역사와 연관된다. 지역 박물관의 문서들이 증명하듯 그는 이 험한 지역을 익숙하게 만든 최초의 정주민들 가운데 한사람이다. 도시의 주민들은 이 땅을 최초로 밟은 이들 동향인들에게 감사하면서 항구, 여울, 호수에 그들의 이름을 붙여 후세에까지 전했다.

예전의 꼴스끄 반도는 행정지위를 갖지 못하고 향의 권한으로 아르한겔스크 현으로 들어갔다. 겨우 얼마의 시간이 흐르면서 반도는 상대적으로 독립적이 되었다. 소비에트 권력 하에서도 무르만스크 지역은 레닌그라드주의 구들 가운데 하나였다. 1938년 5월 28일에 이르러서야 꼴스끄 반도의 영토는 독자적일 수 있는 권리를 얻었다. 이때부터 반세기 이상의 시간동안 지역의 지위는 이전처럼 남아있게 되었다.

무르만스크 지역의 역사에는 어려웠지만 그와 함께 도시 형성의 시기가 기록된다. 무르만스크에 부담이 지어졌던 가장 험난했던 시련의 시기는 1941-45년의 2차 세계대전 기간이었다. 참전했던 군인들의 말에 따르면 여기는 진짜 지옥을 방불케 했으며 살아남을 수 있는 것이라곤 없었다. 잊을 수 없는 전선영웅들의 지역, 파시스트의 전염병으로부터 고향의 땅을 가슴으로 지킨 이들의 지역. 여기에는 매 광장, 매 거리마다 이들의 용맹함이 생생하게 살아있다. 북부 주민들의 용기와 과감성은 '소비에트 북빙양 방어' 공적에 대한 메달과 영웅도시 칭호로 기념되었다. 건설자들의 세심한 작업으로 가차 없는 전쟁의 흔적은 오래전에 지워졌고 폐허와 잿더미에서 도시는 일어섰다. 그렇지만 땅과 하늘, 바다에서 도시를 방어한 영웅들을 기리기 위해 세운 기념비들은 전쟁 당시의 참혹했던 날들을 기억하도록 할 것이다.

무르만스크의 역사는 무르만스크의 레닌 어장의 설립과 발전을 떼어놓고 말할 수 없다. 오늘날 이 어장은 수천 명의 전문가들이 일을 하는, 복합적인 기술을 이용한 현대적이고 고도의 조직화된 대형 생산현장이다. 어장건설과 함께 고기잡이 트롤선단이 구성되었다. 1920년 봄에는 아르한겔스크현 집행위원회와 어업위원회의 결정에 따라, 어업생산국이 조직되었다. 12척의 낡은 트롤어선으로 소비에트 러시아의 첫 번째 어업선단이 구성되었다. 그리고 1927년부터 이미 이 선단은 무르만스크의 기지로 최종적으로 옮겨졌다. 제1차 5개년 경제계획기간 동안 트롤선단은 34척의 증기트롤선과 10척의 디젤 트롤선을 가지게 되었다.

전쟁기간 동안 트롤어선 가운데 46척의 배가 북부함대의 전투함대에 소속되었다. 나머지는 치열한 해상전투가 벌어지는 곳에서 어업활동을 했나. 3년의 전쟁기간동안 트롤선단은 8만5천 톤의 물고기와 360만개의 통조림 등을 나라에 공급했다. 봉쇄된 레닌그라드로만도 7.5톤의 물고기 기름을 포함한 수십 톤의 생필품을 보냈다. 사회주의 기간 동안 무르만스크 역사의 두번째 단계가 시작되었다. 그 빠른 발전은 당시에서도 전례가 없을 정도였다.

무르만스크 시는 북해 연안에 세워진 러시아의 아름다운 북부도시 가운데 하나로서 산업, 해양학, 문화의 중심지이다.

2. 정치

1) 정치 일반

무르만스크주의 권력체계에는 집행 및 입법 권력이 들어간다. 무르만스크 주헌법에 따르면 집행권력체계는 무르만스크주 행정부가 지휘한다. 주 행정부의 권한에는 주의 조직과 운영, 예산 편성과 발전계획 등이 들어간다. 주의 주민들의 이해를 대변하면서 당면 문제들의 해결에 책임을 지고 전 지역 주민들의 복리를 담당한다. 이를 위해서는 무엇보다도 예산의 증대, 국내 및 외국 투자의 성장 지원, 투자된 자금의 빠른 회수를 위한 계획과 안의 지지, 주의 생산자들의 이해보장 지원, 경쟁력 있는 상품의 산출에 협력, 새로운 시장의 정착, 실업자의 증대를 억제하고 새로운 작업장을 마련하면서 주민들의 효율적인 취업여건의 마련, 필요한 수준에서 지역의 생활보장의 지지와 그 체계의 발전, 사회적 하부구조의 보존 등과 같은 과제의 해결이 전제된다.

무르만스크주 행정부의 최고지도자는 주지사로서 그는 무르만스크주 지역에 거주하고 선거권을 갖는 러시아연방시민 들에 의해 4년 임기로 선출된다. 2000년 3월 26일 주 행정수반 선거가 성립되었고 유권자 다수(86.71%)에 의해 에브도끼모프(Ю. А. Евдокимов)가 다시 이 직위에 당선될 수 있었다. 주지사는 자신의 권한영역에서 명령을 발포 할 수 있는 권리를 갖는데, 이 명령은 러시아연방 헌법과 무르만스크 주 헌법 및 법률들에 위배되어서는 안 된다. 주정부는 주의 총리, 부총리, 정부 성원(장관, 부서의 장, 위원회의 위원장)들로 구성된다.

무르만스크주에서 입법권력은 상시적으로 활동하는 무르만스크주 두마가 대표한다. 무르만스크주 국가권력의 입법(대의)기관의 권한은 직접적으로 주 두마의 의원들에 의해 실현된다. 주 두마는 4년 임기의 25명의 의원들로 구성된다. 주 두마 의원 선거는 1997년 12월에 성립되었다. 주 두마의 의장으로는 사쥐노프(П. А. Сажинов)가 선출되었다.

2) 선거

2000년 3월 26일 러시아연방 대통령 선거에 무르만스크 주의 유권자들은 적극적인 참여를 했는데, 69.4%의 투표율을 보였다.

후보명	득표율(%)
뿌친	66.1
쥬가노프	15.6
야블린스끼	7.0
지리노프스키	3.7
찌또프	0.9
뚤레예프	2.0
기타	2.1
모든 후보에 대한 반대	2.0

1999년 12월 19일 러시아연방 국가두마의원 선거가 실시되었다.

정당별 득표

정당	득표율(%)
단결	31.36
러시아 공산당	13.0
지리놉스끼 블록	11.16
야블로꼬	10.06
우파연합	9.6
조국-전러시아	8

후보별 득표를 보면, 무르만스크 선거구에서는 '북부 수산업자 연합'의 회장인 구센꼬프(В. П. Гусенков)가 32.5%의 득표율로 당선되었다. 몬체고르스끄 선거구에서는 러시아 과학아카데미 꼴스끄 과학센터의 경제문제연구소 소장인 루진(Г. П. Лузин)이 26%의 득표율로 당선되었다.

2000년 3월 26일 무르만스크 주지사 선거가 실시되었다. 투표에는 유권자의 69.11%가 참여했다. 유권자들은 현직 주지사인 에브도끼모프를 지지했다.

후보별 득표

후보명	득표율(%)
에브도끼모프(Евдокимов Ю.А.)	86.71
이그나쩬꼬(Игнатенко В.И.)	1.20
이사꼬프(Исаков С.В.)	2.19
께니그(Кениг Е.Л.)	0.88
꼬마로프(Комаров Е.Б.)	3.37
모든 후보에 대한 반대	4.77

1997년 12월 7일 주 두마 선거가 실시되었다. 12개 선거구에서 4년 임기의 24명의 의원이 선출되었다. 투표율은 63.62%였다.

Ⅳ. 경제시스템

1. 경제개황

무르만스크주는 7개의 연방지구 중 북서연방지구에 속하고 12개의 러시아 경제지역 중 북부경제지역에 속한다. 무르만스크주 경제의 특징은 자연적 조건에 기초해 공업이 매우 발달되어 있는 반면 농업이 열악한 상태에 있다는 것이다.

공업부문 중에 비철금속의 발달이 두드러져 무르만스크주를 일명 '비철금속의 지역'이라 한다. 비철금속을 중심으로 하여 세계적 규모의 기업들이 많이 있으며 대표적인 것은 콘체른기업인 노릴 니켈(Норильский никель)과 아빠찌트(АО Апатит), 깐달락 알루미늄 공장(АО Кандалакшский алюминиевый завод) 등이다.

또 다른 특징을 들면 무르만스크주의 경제활동의 지향점을 거의 자연자원의 활용에 중심을 두고 있다는 것이다. 이것은 입지에서의 위치성의 우위에 해당되며 이 지역 내에 유용광물을 포함한 자원이 많고 이것을 활용한 생산기업들의 접근성에 따른 입지에 기인하여 원재료지향의 산업이 발달하게 되는 것이다. 예를 들어 무르만스크주에서 러시아 대비 100% 생산되는 인회석 등을 포함한 대부분의 자체 채굴원자재의 평균 90%가 무르만스크주의 여러 산업부문에 생산요소로 투입되고 있다.

전체적으로 무르만스크주가 러시아경제에서 차지하는 경제비중은 크고도 중요하다. 무르만스크주의 비중을 파악하기 위해 몇 개의 주요 거시경제지표를 표로 비교하면 다음과 같다.

2000년도 러시아 주요 경제지표에서 무르만스크주의 비중

주요 항목	러시아전체 대비 무르만스크주 비율
지역총생산	1.0%
공업생산량	1.2%
농업생산량	0.1%
소매유통	0.9%
자본투자	0.7%

http://www.infostat.ru/epub.htm (검색일: 2003.1.10)

무르만스크주의 지역총생산은 1998년과 1999년 각각 236억 5,200만 루블과 429억 7,700만 루블을 나타내 증가율이 81.71%에 이르고 있다. 그리고 1인당 지역총생산은 1998년 234억 5,500만 루블, 1999년은 433억 3,200만 루블로 84.75%의 증가를 기록하고 있다.

무르만스크주의 지역총생산의 주요 구성과 비율을 보면 공업부문이 46.8%로 두드러지고 있다. 그에 비해 농업은 0.1%만을 차지하고 있어 농업의 발전에 한계가 있음을 알 수 있다. 여타 부문의 비중을 표로 보면 다음과 같다.

지역총생산의 주요 구성과 비율

주요 산업부문	지역총생산의 주요 구조의 비율
공업부문	46.8%
농업부문	0.1%
건설부문	3.7%
운송부문	9.5%
유통부문	13.9%

http://www.infostat.ru/epub.htm (검색일: 2003.1.10)

무르만스크주의 총 기업수는 2000년에 16,476개이고 소기업수는 2000년 2,906개이다. 공업부문에서 활동 중인 기업수는 2000년 759개이다. 무르만스크주의 총 기업수 대비 공업관련 기업의 비율은 4.61%로 나타나고 있어 이 지역의 공업과 기업들이 활발한 성장 중에 있음을 나타내주고 있다.

2. 산업

1) 공업

무르만스크주가 속해있는 북부경제지역에서 차0지하는 몫은 지역총생산 기준으로 5.4%이다. 그리고 총 공업생산의 액수는 2000년 485억 8,500만 루블로 이것은 적지 않은 규모이다. 그런데 1990년대 무르만스크주는 러시아 경제위기시 어느 지역보다도 큰 타격을 받았었다. 많은 대기업들이 활동을 중지했는데 그 이유는 무르만스크주의 공업생산을 위한 원재료를 채굴에 의존하는바 채굴을 위한 정부재정지원이 중단되어 버린 것이었다. 그러나 그

후 대부분의 기업들이 사유화되고 외부의 민간투자를 유치하는데 성공하였다. 구조조정이 정리되고 다시 재도약을 하고 있는 무르만스크州의 공업은 성장탄력을 받을 것으로 예측되어 진다.

무르만스크주는 공업의 부문별 구조에서 비철금속이 가장 중요한 위치를 차지하고 있다. 그 외에도 발달된 공업부문이 많으며 예를 들면 전기전력, 금속가공, 식품공업, 화학공업 등이 있다.

무르만스크주는 공업에 필요한 원재료는 주로 자원접근성이 높아 자체조달하고 있고 생산된 제품은 대부분 러시아의 다른 지역은 물론 세계로 수출되어진다. 대외수출량이 총 생산량의 거의 80%에 이르고 있다. 이렇게 해외시장을 개척한 것도 해외투자 유치이후부터 크게 증가한 것이다.

무르만스크주의 총 공업생산량은 1999년 352억 6,200만 루블 대비 2000년은 37.78% 상승한 것으로 분석된다. 공업생산지수에 있어서는 1998년에 95, 1999년 108, 2000년에 109로 점진적인 상승으로 이어지고 있다. 총량에 비해 2000년의 지수에 비추어 실질적 가치의 상승은 크지 않은 것으로 평가된다.

무르만스크주의 공업(러시아 전체공업생산의 1.2%차지)의 부문별 구조를 살펴보면 비철금속이 37.7%를 차지하고 있고 식품공업 18.0%, 화학공업 14.3%를 차지하고 있어 무르만스크주에서 중요한 부문으로 자리 잡고 있다. 여타 부문의 비율을 표로 쉽게 보면 다음과 같다.

주요 공업생산부문별 생산비율

생산부문	무르만스크주 총공업생산 비율
전기전력	13.5%
연료공업	0.2%
철강업	9.3%
비철금속	37.7%
화학·석유화학	14.3%
기계제작·금속가공	4.5%
목재가공, 종이·펄프	0.3%
건재공업	0.8%
경공업	0.2%
식품공업	18.0%
비료,복합사료공업	0.7%
기타	0.5%

http://www.infostat.ru/epub.htm (검색일: 2003.1.10)

2) 농업

무르만스크주의 농업은 발전에 한계가 있어 왔으며 이것은 농업입지조건 중 자연적 조건에 기인한다. 즉 무르만스크주의 영토는 북극권내의 땅이기 때문이다. 이러한 자연적이고 기후적인 조건이 농업을 열악하게 만들었고 이 결과 농산품은 자체적 해결이 어려워 대부분 타 지역으로부터 수입에 의존하고 있다. 또한 열악한 농업상황은 상대적으로 공업에 투입하는 에너지를 강화시켜 공업생산을 높이는 계기가 되었다.

무르만스크주는 현재 농업기업이 30개 정도 있고 71개의 농장, 7,702개의 개인부업형가구 등이 농업에 종사하고 있다. 무르만스크주의 총 농업생산량은 2000년 11억 660만 루블이며 무르만스크주의 농업으로 활용될 수 있는 토지는 전 영토의 0.4%에도 미치지 못한다. 그 중에서 39.4%만 농업 경작지이며 이곳에서는 토마토, 오이, 고추, 감자 등의 채소가 재배되고 있다.

가축사육도 행해지고 있으며 목축, 양돈, 양금 등이 적은 규모로 행해지고 있다. 가축사육에서 수확되는 종류는 고기와 우유, 달걀 등이다. 표로 가축사육과 작물재배의 추이를 보면 다음과 같다.

농업생산량 추이

항목 \ 년도	1997	1998	1999	2000
총농업생산액	512.2	530.1	933.0	1106.6
작물관련 생산액	215.1	205.4	326.6	325.5
가축관련 생산액	297.1	324.7	606.4	781.1
농업생산 지수	99	89	113	104

http://www.infostat.ru/epub.htm (검색일: 2003.1.10)

3) 자원 등 기타

무르만스크주는 러시아의 유럽부분의 가장 북쪽에 위치하고 있으며 숲지대는 무르만스크주 면적의 65.6%에 달한다. 숲의 북부는 툰드라지대이고 남쪽은 타이거 지대로 전나무와 소나무가 주종을 이룬다. 무르만스크는 숲 지대가 차지하는 면적은 넓지만 산림보유고와 생산성의 수치는 크지 않은 편이다. 숲지대의 면적은 990만 헥타르이며 이 중 숲으로 덮힌 면적은 500만에 불과하고 밀도는 34.3%정도이다. 또한 그 분포 역시 매우 고르지 못하다는 것이 특징이다. 북쪽 타이거지역은 전나무와 소나무의 키가 20미터에도 이르지 못하며 그늘 지역이 많이 없고 나무들도 흩어져서 분포되어 있다.

무르만스크주의 수자원을 살펴보면 가장 큰 강으로 빠노이(Поной)강이 있다. 그 길이는 426km에 이르고 면적은 약 5,500㎢에 이른다. 이 지역의 또 다른 강으로는 길이 64km, 면적 2만 1,500㎢인 튤로마강이 있다. 이 강 유역에는 500개 이상의 호수가 있고 2개의 수력발전소가 있다.

크지 않은 강으로 36km의 니바강이 있으며 이 강의 유역에는 3개의 수력발전소가 있다. 칼리반도의 남서쪽에 위치한 호수로는 이만드라가 있고 그 깊이는 67 미터에 달하며 이 호수로 20개의 강의 지류가 유입된다.

무르만스크주는 다양한 광물이 풍부하며 특히 지구상의 화학원소의 25%가 이곳에서 발견된다. 이곳에서는 광석, 구리, 철, 니켈, 코발트, 티탄, 희귀금속, 도자기 원료, 운모, 천연보석 등이 발견되고 있고 히빈스키 인회석광산에서는 매년 천만 톤의 광물이 채굴된다. 또한 히빈스키 매장지에서는 러시아에서 발굴되는 인산비료 총 생산량의 75%에 달하는 막대한 양을 채굴하고 있다. 이 외 무르만스크주는 유색야금; 화학공업과 유리생산에 가장 이상적인 하석; 건축산업의 기초가 되는 시멘트; 자수정, 자석영 등 천연보석 등 수많은 광물을 보유하고 있다.

무르만스크주의 자원 중에서 간과할 수 없는 중요한 부문의 하나는 석유의 매장량이다. 러시아의 경제발전을 보장하는 가장 중요한 자원의 하나는 탄화수소원료 즉 천연자원과 증기응축 생성물인 석유 등이다. 이것들은 바렌쩨보해(Баренцево море)연안과 쉬또크만 가스석유매장지에 매장되어 있다. 특히 가스의 대부분이(93%) 이 두 유역에 분포되어있다. 무르만스크주와 인접한 바렌쩨보해 연안을 살펴볼 때 지리적으로 추정할 수 있는 탄화수소물의 잠재량은 312억 톤으로 평가되고 이중 30-40%는 석유로 생산될 수 있다.

이와 같이 무르만스크주의 천연자원은 이 지역의 공업 및 생산 잠재력의 근간이 되어 왔으며 이로 인하여 이 지역은 러시아연방의 전략적인 주요 지역에 속하고 있다.

V. 문화시스템

1. 지역정체성

1) 인구

2001년 현재 무르만스크주의 인구는 988,000명으로 도시인구는 약 91.7%, 농촌인구는 8.3%로 인구의 도시집중현상이 매우 두드러진다.

무르만스크주에서도 1990년을 기점으로 인구가 감소하기 시작하여, 2001년까지 무려 15.7%(185,000명)가 감소했다. 이는 주 자체의 인구자연감소 현상보다는 전출자수의 급증으로 인한 결과로 추정된다.

무르만스크주 인구변동 추이

연도	1990	1992	1993	1994	1995	1996	1997	1998	1999	2000	2001
인구수 (1,000명)	1,173	1,165	1,135	1,109	1,085	1,066	1,051	1,034	1,018	1,001	988

Россий ский статистический ежегодник. Госкомстат России. М., 2001. С. 82.

무르만스크주에서도 1993년부터 인구 사망률이 출생률을 상회하기 시작하여, 주의 인구상황에 악영향을 끼치게 된다. 그러나 러시아연방 타 지역에 비해 인구의 자연감소율은 높지 않은 편이다.

무르만스크주 출생자수, 사망자수, 자연증가율

연도	출생자수(명)	사망자수(명)	자연증가율(명)
1990	13,301	6,900	6,401
1992	9,587	8,604	983
1993	8,006	11,144	-3,138
1994	9,119	12,634	-3,515
1995	8,596	12,013	-3,417
996	8,656	10,554	-1,898
1997	8,023	9,234	-1,211
1998	8,188	8,823	-640
1999	7,525	10,049	-2,524
2000	8,020	10,805	-2,785

Россий ский статистический ежегодник. Госкомстат России. М., 2001. С. 110.

2000년 현재 무르만스크주의 경제활동인구는 전체 인구의 59%로 비교적 높은 편이다. 그러나 경제개혁 이래 1994년부터 실업률이 급등하기 시작하여, 1995년부터는 두 자리 수를 기록, 1998년에는 무려 20.1%에 달한다. 이러한 고실업 사태는 1998년을 기점으로 최근에는 다시 하향세를 기록하고 있다.

무르만스크주 경제활동인구(취업자, 실업자), 실업률

연도	경제활동인구 (1,000명)	취업자수 (1,000명)	실업자수 (1,000명)	실업률(%)
1992	639	603	35	5.5
1993	640	599	42	6.5
1994	603	549	55	9.1
1995	571	500	71	12.4
1996	578	493	85	14.7
1997	563	459	104	18.5
1998	558	441	118	21.1
1999	583	488	95	16.4
2000	583	509	75	12.8

Россий ский статистический ежегодник. Госкомстат России. М., 2001. С. 136.

2) 민족

2001년 현재 988,000명의 무르만스크주 인구 중에는 러시아인 86%, 우그라이나인 7%, 벨라루스인 3%, 따따르인 1% 등 매우 다양한 민족이 거주하고 있으며, 원주민은 싸암족(Саам)으로 주로 로보제르(Ловозер), 꼴스끼(Кольский), 꼬브도르(Ковдор)구(區)에 집중 거주하고 있다..

3) 교육

무르만스크주의 과학·기술 잠재력은 러시아연방 과학아카데미 산하 11개 연구소로 구성돼 있는 꼴스끼 과학센터로 대표된다. 무르만스크주에는 11개 연구소 외에 각 부처 산하 학술연구기관과 2개 대학 및 10여개의 타 지역 대학들의 분교가 개설되어 있다. 최근 무르만스크주에서 중점을 두고 있는 연구는 유럽지역 북빙양 생물자원의 생산성 추이, 북빙양의 생물자원 현황 및 합리적 이용방안, 역내 환경모니터링, 북극지역 생물자원의 다양성을 보존하기 위한 자연보호대책 수립, 북극지방의 안전하고 지속적인 개발을 위한 전략 수립, 바렌쯔해와 까라해 대륙붕에서의 원유·가스개발에 따른 환경영향 평가 및 환경탐사 등이다.

무르만스크주의 수생생물학은 활발한 탐사작업을 통해서 발전 할 수 있었다. 해마다 각 연구소는 백해, 바렌쯔해, 까라해, 랍쩨프해 및 노바야 제믈랴(Новая Земля), 슈삐쯔베르겐(Шпицберген)에서 국내외 연구단체와 공동으로 탐사활동을 벌인다.

무르만스크주의 각종 과학·기술 연구소는 대규모 러시아 및 해외 연구소와 실험실, 전문가들과 더불어 호혜원칙에 따라 적극적인 협력을 추구하고 있으며, 향후 사업적 동반자 관계를 확대·발전시킬 준비가 되어 있다.

2. 지역문화

1) 문화개괄

경제, 사회, 정치적인 면 이외에도 문명은 매우 중요한 인간 삶의 한 면을 포함하는데 그것이 문화이다. 문화 발전의 수준은 사회에서 창조된 정신적 가치의 양과 그것이 주민들에게 얼마나 잘 보급되어 있으며 또 사람들이 그것을 얼마나 깊이 누리느냐에 달려있다.

일반적으로 주의 문화수준을 평가할 때 그 주에 몇 개의 극장과 도서관, 미술관, 박물관, 콘서트 홀, 클럽, 문화궁전, 영화관, 어린이와 청소년의 창작 스튜디오가 있는지를 아는 것은 중요하다.

전체적으로는 러시아의 경제적 위기, 부분적으로는 문화의 물질적-기술적 지원의 위기와 관계된 어려운 상황에도 불구하고 무르만스크주 행정당국은 주에 존재하는 문화재들을 유지, 보존할 뿐만 아니라 지역 주민의 정신적 수준을 더 높이는 수단을 찾아냈다.

무르만스크시는 주의 문화와 예술의 중심지이다. 게다가 시의 문화 기관 중 많은 것이 20세기 전반기에 만들어진 것이다. 예를 들면 주 지지 박물관은 1926년에 세워졌고 이 박물관에는 매년 120,000명의 관람객이 그쳐간다. 주의 예술 박물관은 1989년에 문을 열었다.

이 곳 인형극장은 러시아에서도 가장 오래되었는데 1933년에 만들어졌다. 주의 드라마극장은 이보다 6년 정도 늦게 만들어졌다. 드라마 극장의 레퍼토리는 풍부하고 다양한 장르를 포함하고 있다. '북부 함대'극장은 재미있는 연극들을 주민들에게 제공하고 있고 음악애호가들을 위해서 무르만스크주 필하모니 건물에서 콘서트가 열리고 있다. 주에는 약 40개의 도서관과 주 학술 도서관이 있는데 2백만 권이 넘는 책을 소장하고 있다.

2) 문화시설

무르만스크주의 건축에는 옛 것과 새로운 것이 뒤섞여 있다. 집과 거리와 광장은 무르만스크주 주민들의 삶에 대해서 많은 것을 말하고 있고 이곳에서 건축 기념물과 예술, 역사 기념물을 만날 수 있다. 아름다움에 대한 감정은 항상 러시아인들에게 특별한 감정이었는데 건강한 예술적 멋과 예술 정신은 나무 무늬, 세공품, 물레 장식 그림, 뜨개 장식품, 뼈 세공품의 섬세한 그림, 나무 바구니의 레이스, 새, 말 등의 장난감에 구현되고 있다.

성 니꼴스끼 본산성당

이 복합 건축 기념물에는 성 니꼴스끼(Свято-Никольский) 성당, 뜨리폰 뻬첸스끼(Трифон Печенгский) 사원이 속해 있는데 이 두 사원 모두 1980년대에 세워졌으며 러시아 정교회에서 특별한 위치를 차지하고 있다.

구(區) 어린이 창작 궁전 '라쁠란디야(Лапландия)'

구 어린이 창작 궁전

구 어린이 창작 궁전 '라쁠란디야'의 산하에는 다음과 같은 문화 기관들이 있다. 예를 들면, 비즈니스 학교, 기후 관련 기관, 스포츠 센터, 미학센터, 발레 센터, 사회 교육 프로그램 센터, 어린이(4세에서 7세까지)의 조기 교육 센터, 기술 창작 센터, 교육 봉사 센터(이 곳에는 재능 있는 어린이를 위해서 구의 학교 '엘리트 에이(А-элит)'가 활동하고 있다.) 등이다.

어린이 극 센터

이 센터에는 연기기술을 배우는 어린이 극장 학교가 있고 성악, 피아노를 가르치고 있으며 유행 학교와 어린이들이 무용의 기본을 배울 수 있는 무용반이 있다.

구(區) 문화 궁전

구문화 궁전은 사람들에게 휴식과 연회를 제공하고 있으며, 이곳에는 경연극 앙상블, 드라마 극장, 서커스단체, 사진 스튜디오가 있고, 기악 앙상블, 노래와 무용 앙상블, 구전 문화 앙상블, 젊은이 무용 앙상블, 발레 앙상블 등이 활동하고 있다.

무르만스크주 드라마 극장

1939년에 창립된 이 극장의 건물은 아름답고 편안하며 좋은 음향시설을 갖추고 있다. 소규모의 연극을 위한 관객실이 있으며 현재 극장의 레퍼토리는 약 30개가 넘는데 드라마, 멜로드라마, 코미디 등의 장르를 포함하고 있다.

볼로그다주

Вологодская Область

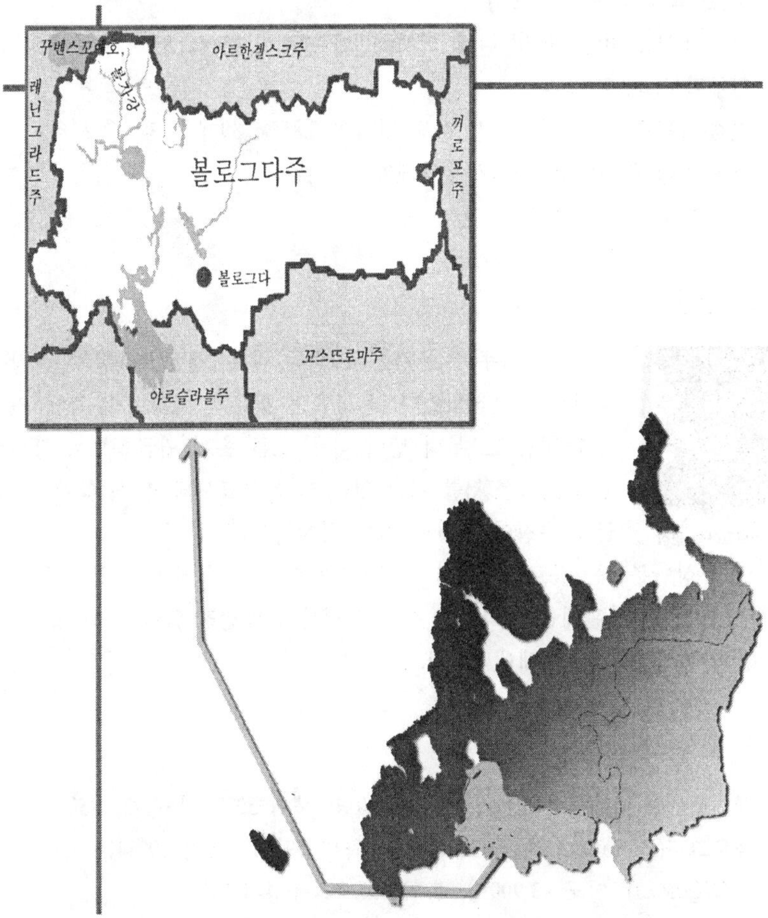

Ⅰ. 개황

1. 기초정보

주 성립일: 1937년 9월 23일
주도: 볼로그다(Вологда)
인구: 1,311,000명(2001년 현재: 러시아연방 전체의 0.90%, 89개 주체 중 42위)
인구밀도: 8.99명/㎢
면적: 145,700㎢(러시아연방 전체 면적의 0.85%; 89개 주체 중 27위)
소속지구: 북서연방지구; 북부경제지구
한국과의 시차: -6시간

2. 상징

볼로그다주 문장

볼로그다주의 문장은 19세기 후반 볼로그다현의 문장을 바탕으로 제작되었다. 문장에는 붉은색 바탕에 우측에 있는 은빛 구름으로부터 뻗어 나온 오른 손이 귀금속으로 장식된 황금구(黃金球)를 쥐고 있는 형상이 묘사돼 있다. 황금구에는 금빛 손잡이가 달린 칼이 꽂혀 있다.

방패 상단부에는 볼로그다현의 문장에서처럼 러시아 황제의 왕관이 묘사돼 있으며, 이 왕관에는 펄럭이는 푸른색 리본이 매달려 있다. 볼로그다주의 문장은 95년 9월 28일 채택되었다.

3. 주요도시

체레뽀베쯔(Череповец): 인구 324,800명; 북위 59°8′, 동경 37°55′
볼로그다(Вологда): 인구 303,500명; 북위 59°14′, 동경 39°54′
쏘꼴(Сокол): 인구 43,900명; 북위 59°28′, 동경 40°9′
벨리끼 우스쭈크(Великий Устюг): 인구 34,800명; 북위 60°46′, 동경 46°18′
(인구: 2002년 현재)

4. 주요 산업 및 농업

주의 주요 산업으로 제철업, 임업, 목재가공업, 제지업, 화학, 기계제작, 경공업, 식료품산업 등이 발달했으며, 농업부문은 낙농업, 가금, 곡물, 사료작물 재배, 감자, 야채재배 등이 발달했다.

Ⅱ. 자연환경

1. 지리적 위치와 구성

볼로그다주는 26개 행정구, 15개 시, 14개 도시형마을, 375개의 농촌마을로 구성되어 있으며, 러시아연방 유럽지역 북부에 위치해 러시아의 남부 및 서부와도 밀접하게 연관되어 있다. 볼로그다주의 강들은 발틱해, 카스피해 및 백해로 흘러들며, 비쩨그라(Вытегра)구에 있는 아뜰레까(Атлека)산은 발틱해, 카스피해 및 백해, 즉 대서양과 북빙양의 분수령이 위치하고 있다는 사실로 유명해졌다. 남북간 총연장은 385㎞이며, 동서간 총연장은 650㎞이다.

주는 모스크바와 쌍트 뻬쩨르부르크 등의 주요 산업도시 및 러시아연방의 북서부와 중부의 주요 지역들과 이웃함으로써 매우 유리한 지리적 입지를 갖추고 있다. 이 모든 지역은 볼로그다주를 통과하는 육로, 철도 및 수로에 의해서 상호 연결되어 있다.

볼로그다주는 아르한겔스크주, 끼로프주, 꼬스뜨로마주, 레닌그라드주, 노브고로트주, 뜨베리주, 야로슬라블주 및 까렐리야 공화국과 경계를 이룬다.

볼로그다주 영토는 대부분 해발 150 ~ 200m에 위치한 구릉진 평원을 이루고 있으며, 고지대와 저지대가 번갈아가면서 나타난다. 영토의 약 72%가 숲으로 덮여있으며, 11%는 소택지와 관목 숲을 이루고, 11%는 농경지이며, 농경지 중 800헥타르는 경작지, 467헥타르는 목초지이다.

꾸벤스꼬예(Кубенское)호, 오네가(Онега)호, 벨로예(Белое)호, 보제(Боже)호를 비롯한 4,000여개의 호수, 쑤호나(Сухона), 비쩨그라(Вытегра), 유크(Юк), 꼬브자(Ковжа)강 등 2,000여개의 강 및 저수지가 영토의 약 2.5%를 차지한다.

볼로그다주 하천 및 저수지에는 철갑상어, 송어, 연어, 곤들메기, 쥐노래미, 황어, 빙어, 잉어, 농어 및 꼬치고기 등 60여 종의 어류가 서식한다.

수도 볼고그다와 모스크바 간의 거리는 497㎞이다.

2. 기후조건

대륙성 온난기후대에 위치하며, 겨울은 길고 추우며, 여름은 비교적 짧다.

1월 평균기온: -14℃
7월 평균기온: 18℃
연강수량: 500㎜
식물 생장 기간: 105-115일
식생: 타이가
토양: 부식성 염분회색토, 소택지 토양
삼림분포도: 70%

3. 주요 유용광물

이탄, 건축자재 원료, 식용소금 등이 있다.
주요 산지:
이탄: 울롬스꼬예(Уломское), 제도보(Дедово) 평원.
석영: 뻬뜨랴예프ㄲ(Петряевск), 슬루드닌스ㄲ(Слуднинское), ㄲ라스노보르스ㄲ (Красноборск).

Ⅲ. 정치시스템

1. 역사

고고학 자료에 의하면 볼로그다 땅은 2만5천년 이상의 역사를 갖고 있다. 7미터 깊이에서 찾아낸 발견물에서 학자들은 원시의 사냥꾼들이 간빙기 시대에 이 지역에 출현했을 가능성에 대해 말한다. 기원전 7-5세기 중석기 시대의 무덤 발굴로 이 당시 주민은 고대유럽 그룹에 속한 것으로 확인된다. 바바옙스끄와 븨떼고르스끄 지역에 사는 약 1천명의 현대 벱스족은 최초 이 주민들의 먼 후손이다.

슬라브인들은 5-7세기에 이 지역에 거주하게 되었고 벨로오제로, 대(大) 우스뜍과 같은 도시를 건설하고 주민들로부터 토지경작에 대한 세금을 징수하였다. 서쪽으로부터는 슬로베인이, 남쪽으로부터는 고대 슬라브 민족의 식민지화가 진행되었으며, 이 시기에는 핀-우고르 종족의 융합이 일어났다.

볼로그다주의 고도(古都) 가운데 하나는 862년으로 처음 기록되는 벨로제르스끄이다. 1238년부터 150년간 벨로제르스끄 공국이 존재했으며, 그 후 모스크바 권력 아래로 들어갔고 러시아 국가의 한 향(уезд)이 되었다. 대략 12세기 중반에 유그 강 하구에 위치해 있어서 그 이름을 얻은 대 우스뜍 도시가 생겨났으며, 이 도시는 러시아의 북쪽 국경의 요새로서 건설되었고 러시아의 역사에 흥미로운 페이지에 적지 않게 등장한다. 12-13세기에 이 지역에는 기독교적인 식민지화가 시작되었으며 15세기경에는 정교회 거주지들의 전체적인 세트가 만들어진다.

모스크바 대공 바실리 2세는 15세기 중반에 폐위되었으며 볼로그다에서 피난처를 찾았고, 바로 이 도시의 지지로 바실리 2세는 다시 권력을 장악할 수 있었다. 볼로그다의 땅은 이반 4세의 정책에서 매우 중요한 의의를 가졌으며 그는 북부의 도시들을 자신의 직할영지로 편입시켰다. 그래서 볼로그다는 그의 구도에서는 백해, 우랄동쪽, 서시베리아, 유럽으로 통하는 '관문' 도시였다. 1565년 이반 뇌제를 위해 석재로 된 볼로그다 성채가 세워졌다.

16-17세기 볼로그다는 외국과의 무역에서 주요지역으로 부상했고, 네덜란드, 영국 상인들에게 적절한 교역 중계지로 매력을 가졌다. 그 다음에는 볼

로그다, 또트마, 우스뜍의 상인들은 교통의 교차지역에 볼로그다 현이 위치한 덕분에 네덜란드, 독일, 시베리아, 중국과 같은 외국와의 교역은 물론 국내유통에도 적극적으로 참여했다. 매년 계절에 따라 열리는 시장은 볼로그다 현 지역의 전통이 되었고, 여기에서는 아마, 타르, 식용기름, 물고기, 가죽, 야생동물, 모피, 곡물 등이 거래되었다. 1533년에는 최초의 영국주재 러시아 대사로 볼로그다 출신 상인인 오시프 그리고리예비치(Осип Григорьевич)가 파견되었다.

예까쩨리나 2세의 통치기간에는 오늘날의 볼로고드 주의 많은 도시가 건설되었는데, 븨떼그라(1773년), 끼릴로프(1776년), 체레뽀베쯔(1777년), 그랴조베쯔(1780년), 까드니꼬프(1780년), 니꼴스끄(1780년) 등이 여기에 속한다. 세 개의 지방으로 구성된 볼로그다 지구가 예까쩨리나 2세의 명령에 의해 1789년 1월 25일 구성되었고, 볼로그다는 1796년 현의 중심도시가 된다.

볼로그다와 같은 러시아 북부 유럽지역의 주민들은 사냥, 어업, 염전, 수지증류, 타르제조, 양초제조 등에 종사했다. 볼로그다 현은 기후와 토질로 인하여 고품질의 아마재배가 가능했다. 북부지방에서 곡물재배가 시작된 것은 겨우 12세기 들어서였다. 우스뜍 향의 끄라사비노 마을에 세워진 현에서 유명한 수공업 제조공장에는 동쪽의 지역들로부터 원료들이 들어왔다. 오늘날 끄라사비노 아마콤비나트는 볼로그다에서 중요한 섬유산업체이다.

볼로그다 지방은 산림자원이 풍부하여 목재 및 목재가공업이 널리 발전했다. 목재는 강을 따라서 운송되어 시장에서 나갔으며 볼로그다, 아르한겔스크, 뻬쩨르부르크, 러시아 남부지방과 외국으로까지 팔려나갔다. 19세기 말 강과 철도의 교차지역에 목재가공 중심지가 생겨났다. 소콜 마을에는 제지공장, 뻬차뜨끼노 마을에는 셀롤로이드 공장이 생겨났다. 소콜 및 수혼의 셀롤로이드-제지 콤비나트는 오늘날까지도 주요한 생산업체의 하나로 남아있다.

볼로그다는 지리적 이점을 이용하여 철도 건설에 박차를 가하였으며, 1872년에는 야로슬라브와 1898년에는 아르한겔스크와 철도가 연결되었고, 몇 년후 뻬제르부르크와 뱌뜨까와 연결되었다. 또한, 1862년 수혼에는 최초의 선박이 나타났다.

경제뿐만 아니라 문화도 발전하게 되었다. 러시아 문화의 역사에서 많은 페이지가 볼로그다의 이름과 연관된다. 시인 바뉴쉬꼬프(Батюшков)와 끄라소프(Красов), 작가-민주주의자 자소딤스키(Засодимский), 화가 뜌린(Тюрин)과 베레샤긴(Верещагин) 등이 생의 일부를 볼로그다에서 지냈다. 꼬뗼리꼬보 마을, 오늘날의 모자이스꼬예 마을에서는 세계 최초의 비행기 제작자인 모자이스키(А. Ф. Можай ский)가 일했다.

특별한 격렬함이 없이 이 지역은 1905년 혁명을 겪었다. 철도제작소 노동자들의 일주일 정도의 파업, 많지 않은 수의 시위 등이 눈에 띈다. 1906년 5월 1일 극우주의자들의 약탈행위, 중학교 학생 대열에 대한 사격, '국민의 전당' 소실, 자유주의 신문사 '북부의 땅'의 파괴와 같은 일련의 사건이 줄지어 발생되었다. 1917년 12월 6일 볼로그다에는 평화적으로 소비에트 정권이 들어섰다. 1918년 2월에는 뻬트로그라트를 포기한 11개 국가의 대사가 볼로그다에 모여 회담을 갖기도 했다.

1918년 러시아 북부에 개입이 시작되었고, 볼로그다로 아르한겔스크로부터 안딴따 군대가 진군해 들어왔다. 동년 9월에는 북부전선에서 볼로그다에 참모본부를 제4군단이 세워졌다. 이 본부는 무르만스크에서 우랄에 이르는 지역의 전선에서 작전을 지휘했다.

내전이후 1926년까지 기아와 붕괴의 기간이 연속되었다. 1926년부터 경제가 성장하기 시작했고 1934년 본격적인 생산을 하게 되는 목재가공용 설비생산 공장 '북부 콤뮨'의 건설이 시작되었다. 볼로그다는 1937년에 주의 중심의 지위를 획득했다. 이 시기에 아마 콤비나트의 건설이 시작되었고 타르공장, 디젤전기발전소, 가구공장이 가동하게 되었다. 거리에는 최초의 버스가 다니기 시작했다.

2차 세계대전은, 러시아의 다른 지역과 마찬가지로, 볼로그다의 발전에 차질을 가져왔다. 볼로그다 주에서만 수천의 군인들이 전선으로 떠났고, 잔류한 사람들은 헌신적으로 노동하면서 승리에 기여했다. 전쟁이 끝난 후 산업적 건설이 재개되었고 공장들이 다시 가동하게 되었으며 주택건설도 활발하게 전개되었다. 고등교육기관을 비롯한 교육기관이 점점 더 많이 문을 열게 되었다. 오래된 교육연구소에는 유제품관련 연구가 더해졌고, 이후 북서지역 기술연구소의 볼로그다 지부가 문을 열었다. 1967년에는 베어링 공장이, 이후 얼마 안 있어 광학기기 공장 및 전기기계 공장 건설이 시작되었다. 볼로그다라는 단어를 발음하면 곧바로 '볼로그다 식용유'와 '볼로그다 레이스'

단어들이 연상된다. 이들 특산품들은 오래전에 생겨났으며 오늘날까지 전통적인 방법으로 생산되고 있다.

2. 정치

1) 정치 일반

볼로그다주의 지위가 정해진 주헌법에 따라 주의 국가권력기관의 조직과 활동원칙, 주지사가 지휘하는 주정부, 주의 집행권력기관이 볼로그다주의 집행권력체계를 구성한다. 주정부와 주의 국가권력 집행기관은 주를 조직하고 운영을 실현한다. 주정부는 주지사가 주의회에 제출할 수 있도록 주예산, 주의 사회-경제발전계획을 개발하고 그 집행을 지원한다. 주민의 이해를 대표하여 중요한 문제들에 대해 결정하고 지역의 조화로운 발전을 보장한다. 주정부와 주 집행 국가권력기관의 활동목적은 볼로그다인의 풍요로운 삶을 지원하는 것이다.

이를 달성하기 위해 다음의 과제들이 우선적으로 해결되어야 한다. 예산편성 능력, 세금징수의 증대, 모든 수준의 예산에서 지불관련 체납금의 감소, 모든 가능한 자원을 이용하여 유리한 투자환경 조성, 모든 가능한 자원을 활용하여 투자 증대 보장, 투자자원의 빠른 비용 회수에 관한 계획안 지지, 주생산자들의 이익방어 지원, 경쟁력 있는 상품생산에의 협력, 새로운 시장의 개척, 주민의 효율적인 취업 여건 마련, 실업률 증대의 억제와 새로운 작업장소의 건설, 필수적인 수준에서 지역의 생명 안전보장체계의 지지와 그 발전, 사회적 하부구조의 유지 등이다.

주지사는 뽀즈갈레프(Позгалев В.Е.)로서 1996년 10월의 주지사 선거에서 80% 이상의 지지를 얻어 주지사로 선출되었다. 지역주민의 통일-화합을 강조하면서 그는 다양한 정치, 사회집단과 대화를 통해 문제를 해결하고자 한다. 뽀즈갈레프는 1999년 3월부터 주 영토내의 모든 사회, 정치집단과 <사회적 동의에 관하여>라는 조약의 체결을 추진했다. 또한 지역주민들의 삶의 질 향상, 투자환경 조성을 위한 잠재력을 적극 개발하고 있으며, 러시아연방내 다른 주체와의 관계를 강조한다. 1997년 7월에는 중앙정부와 권한분할에 관한 조약을 체결했으며, 지방 행정기관은 지역의 사회, 경제발전 문제에 대한 충분한 권한을 획득했다. 볼로그다주를 위한 적극적인 노력에 힘입어 뽀즈갈레프는 1999년 12월 19일 실시된 주지사 선거에서 지역 유권자의 약 80%가 그를 지지했다.

주의회 선거가 실시되고 주의 지위와 국가권력기관의 조직과 활동원칙을 정한 주헌법이 1995년 9월 채택된 이후 주의 최고 지도자는 주지사가 되었다. 주지사와 그가 구성하는 운영기관은 볼로그다주 집행권력체계를 구성한다. 주지사는 또한 러시아의 연방기관과의 관계에서 그리고 러시아연방의 다른 주체들의 국가권력기관들과의 관계에서 주를 대표한다.

2) 선거

(1) 볼로그다 주의회 의원선거

1999년 12월 19일 주의회 의원 절반을 뽑는 선거가 실시되었다. 등록된 유권자의 절반 정도가 투표에 참여했다. 15개 선거구에서 선거 성립되었고 2개의 선거구에서는 '모든 후보에 대한 반대'에 투표한 유권자의 수가 가장 많은 득표를 한 후보의 득표수보 많은 것으로 나타나 선거는 성립되지 않은 것으로 인정되었다. 두 선거구에서 재선거는 연방대통령 선거 때 진행되었고 동부 선거구에서는 골루베프(Голубев С.)가, 서부 선거구에서는 쇼힌(Шохин Н.)이 승리했다. 볼로그다주 의회는 구성될 수 있었다.

(2) 볼로그다 주지사 선거

볼로그다 주지사 선거에서는 현직 주지사인 뽀즈갈레프가 80%의 지지를 획득하여 자신의 직위를 유지할 수 있었다. 그에게는 1명의 경쟁자 까론노프(Кароннов С.)가 있었다. 그는 '러시아의 민주적 선택' 당 지부의 부지부장으로서, 약 10%의 지지를 획득했다.

(3) 러시아연방 국가두마의원 선거

볼로그다주에는 두개의 선거구가 있다. 볼로그다 선거구에서는 98,796표를 획득한 차이까(Чай ка В.В.)가 당선되었다. 그의 강력한 경쟁자였던 레쉬꼬바(Лешукова А.П.)는 72,547표를 획득했다. 체레뽀베짜 선거구에서는 오르골라이넨(А. А. Орголай нен)가 106,282표를 획득하여 49,117표를 획득한 경쟁자 뽀노마료프(А. М. Пономарев)를 제압했다.

(4) 러시아연방 대통령 선거

유권자의 약 70%가 투표에 참여했다.

후보명	득표율 (%)
뿌친	67
쥬가노프	19
야블린스끼	3.86
지리놉스끼	3
뚤레예프	1.81
빰필로바	1.26
기타 후보	1% 이하
모든 후보에 대한 반대	1.22

한편, 볼로그다 시에서는 유권자들의 투표성향이 조금 다르게 나타난다. 볼로그다주의 대표적인 두 도시에서 주요후보의 득표결과는 다음과 같다.

후보명	득표율(%)	
	볼로그다 시	체레뽀브짜 시
뿌친	54	69
쥬가노프	25	14.8
야블린스끼	7	6.4

Ⅳ. 경제 시스템

1. 경제개황

볼로그다주는 7개의 연방지구 중 북서연방지구에 속하고 12개의 러시아 경제지역 중 북부중앙경제지역에 속한다. 볼로그다주는 러시아에서 산업이 가장 발달한 지역 중의 하나이며 특히 공업부문에서는 러시아대비 볼로그다주의 공업생산비율이 2.1%를 차지할 만큼 그 수준이 높다.

볼로그다주의 1인당 공업생산량은 러시아중 3번째로 크다. 볼로그다주에서 생산된 제품들은 러시아에서 차지하는 비중이 매우 높으며 특히 다음의 제품들은 러시아대비 생산비중이 극히 높은 것들이다. (압연은 17%, 강철은 15.7%, 광물성비료는 11.7%, 베어링은 12.5%, 건축용 목재는 7.7%, 아마섬유제품은 1.2%.)

무엇보다도 볼로그다주를 대표하고 있는 것은 바로 철강업이다. 볼로그다주하면 곧 '철강업의 지역'이라고 여겨지고 있다. 2000년 통계로 철강업은 볼로그다주의 총 공업생산량에서 압도적인 66.3%를 차지하고 있다. 볼로그다주의 공업생산이 러시아에서 차지하는 비중이 2.1%로 아주 높은 역할을 하고 있는 것은 바로 철강업이 볼로그다주를 떠 받쳐주고 있기 때문이다. 게다가 철강업의 세계경기가 좋아 전년대비 1999년 106.7%, 2000년에 107%의 성장을 기록하고 있고 전망도 매우 밝아서 볼로그다주는 계속해서 철강업의 중심이며 특화된 지역으로 발전해 갈 것으로 전망된다.

전체적으로 볼 때 볼로그다주가 러시아경제에서 차지하는 경제비중은 아주 높다고 할 수 있다. 볼로그다주의 거시경제지표들을 살펴보면 대체로 러시아의 여타 주체 중에서 높은 비율을 전반적으로 차지하고 있다. 볼로그다주의 지역총생산은 러시아전체 대비 1.1%로 높게 나타나고 있고 공업생산량은 2.1%로 주목할 만한 성과를 거두고 있다. 게다가 농업도 매우 발전해 있어 러시아에서의 비중이 매우 높다. 표로 여타 부문의 러시아비중을 보면 다음과 같다.

2000년도 러시아 주요 경제지표에서 볼로그다주의 비중

주요 항목	러시아전체 대비 볼로그다주 비율
지역총생산	1.1%
공업생산량	2.1%
농업생산량	1.3%
소매유통	0.6%
자본투자	0.7%

http://www.infostat.ru/epub.htm (검색일: 2003.1.10)

볼로그다주의 지역총생산은 1998년 239억 1,300만 루블, 1999년 472억 7,900만 루블로 성장폭이 103.93%를 기록하고 있어 무려 2배 이상의 놀라운 성과를 거두고 있다. 1인당 지역총생산도 1998년 179만 3,000 루블에 비해 1999년은 355만 9,100 루블로 성장폭이 무려 98.80%로 괄목한 성과를 거두고 있다. 지역총생산 지수는 1997년에 99.2, 1998년에 95.7로 1998년에 지수화된 실질가치가 전년대비 약간 하락하였으나 1999년은 114.0으로 큰 폭으로 상승하여 높은 실질성장률을 입증하고 있다.

볼로그다주의 지역총생산의 주요 구성과 비율을 보면 공업부문이 월등히 높은 비율을 가지고 있다. 농업도 볼로그다주에 있어서는 중요한 산업인 만큼 10.1%의 비율을 가지고 있다. 여타 부문을 표로 보면 다음과 같다.

지역총생산의 주요 구성과 비율

주요 산업부문	지역총생산의 주요 구조의 비율
공업부문	55.5%
농업부문	10.1%
건설부문	5.0%
운송부문	4.4%
유통부문	6.4%

http://www.infostat.ru/epub.htm (검색일: 2003.1.10)

볼로그다주의 총 기업수는 1999년에 2만 0,773개, 2000년에 2만 2,469개로 8.16%증가하고 있고 소기업수는 1999년과 2000년 각각 4,879개와 6,019개로 23.37%증가하고 있다. 볼로그다주의 공업관련 기업수는 1999년에 1,262개, 2000년에 1,320개로 4.60% 증가하였다. 볼로그다주의 총 기업수 대비 공업관련 기업수는 2000년 5.87%를 차지하고 있어 볼로그다주의 공업이 매우 발달해 있음을 알 수 있다.

2. 산업

1) 공업

볼로그다주는 공업이 매우 발달되어 있는 지역이다. 러시아에서 차지하는 비중도 2.1%로 매우 높을 뿐만 아니라 러시아의 국민총생산에서 차지하는 비중도 55.5%로 절대적인 위치를 차지하고 있다.

볼로그다주의 총 기업 중 대기업과 중기업의 수는 1만 6,450개이다. 이것의 소유구조를 보면 국가기업이 3.0%이고 볼로그다주의 주정부 소유기업이 3,8%, 개인 소유기업이 88.2%이다.

볼로그다주의 총 공업생산량은 1999년과 2000년에 각각 539억 3,600만 루블과 876억 300만 루블로 62.42%의 가파른 상승세를 나타내고 있다. 공업생산지수는 1998년에 99.3, 1999년 109 그리고 2000년 110으로 나타나고 있어 총 공업생산의 실질가치도 점진적으로 상승하고 있는 것으로 파악된다.

볼로그다주의 산업 중 공업의 부문별 구조를 살펴보면 단연 철강업이 우위를 차지하고 있다. 볼로그다주는 실제 철강업 외에도 화학공업이 8.7%를 차지하고 있어 매우 중요한 공업부문으로 자리 잡고 있다. 그리고 전기전력부문과 목재가공, 종이·펄프, 식품공업도 러시아에서 볼로그다주의 위치를 높여주고 있는 부문들 중의 하나이다. 여타 부문들의 비중을 표로 보면 다음과 같다.

주요 공업생산부문별 생산비율

생산부문	볼로그다주 총공업생산 비율
전기전력	6.3%
철강업	66.3%
비철금속	0.2%
화학·석유화학	8.7%
기계제작·금속가공	3.5%
목재가공, 종이·펄프	6.3%
건재공업	0.8%
경공업	0.7%
식품공업	5.7%
기타	1.5%

http://www.infostat.ru/epub.htm (검색일: 2003.1.10)

철강제련의 지역-볼로그다주의 철강업은 체레뽀베쯔 시에 거의 집중되어 있다. 체레뽀베쯔시에 1955년에 철강업의 토대가 되는 철강콤비나트를 세웠으며 그 기업은 세계적으로 유명한 쎄베르스딸[1])이다. 특히 이 기업의 강철 압연의 제조는 매년 1200만 톤을 생산해내고 있으며 러시아에서는 물론이고 세계에서도 손꼽히고 있다.

이 기업에서 약 5만 1,000 명 정도가 일하며 이것은 체레뽀베쯔시의 총 고용의 74%에 해당된다. 이 기업은 약 70여 종류의 제품을 생산해내고 있으며 이것들의 대부분이 러시아와 세계 각국으로 수출되고 있다. 주요 생산제품을 보면 다음과 같다.

압연제품류(자동차 금속판, 선박용 강철, 도관용 금속판강철, 전기전력기계의 굴대용 금속판, 선반기계용 금속판 등); 해탄 ; 법랑질 용기; 금속가구

2) 농업

볼로그다주의 농업생산은 점차 안정세를 찾아가고 있다. 현재 러시아에서 우유와 고기 그리고 달걀의 생산에서는 가장 규모가 큰 지역 중의 하나이다. 볼로그다주의 농업생산량은 1999년과 2000년에 대단한 성장폭을 기록하고 있다. 1998년과 2000년의 농업생산량을 비교해 보면 148.03% 성장한 것으로 나타나고 있다. 그 외 농업생산량 중 가축사육과 작물재배에 의한 생산물도 큰 폭으로 상승하고 있으며 표로 보면 다음과 같다.

농업생산량 추이

항목 \ 년도	1997	1998	1999	2000
총농업생산액	3,678.5	3,982.5	8,376.5	9,877.9
작물관련 생산액	1,956.2	1,940.5	4,124.2	4,496.7
가축관련 생산액	1,722.3	2,042.0	4,252.3	5,381.2
농업생산 지수	101	89	115	103

http://www.infostat.ru/epub.htm (검색일: 2003.1.10)

볼로그다주의 작물재배를 위한 총 파종면적은 2000년 702.3헥타르이고 그 면적에 재배되는 식물의 구성은 다음과 같다.(2000년 기준, 단위: %)

1) OAO 'Северсталь'

곡물류- 24.3; 특용작물- 1.4; 감자와 채소 등- 6.2; 사료용 식물- 68.1 등이다.

3) 자원 등 기타

볼로그다주는 러시아의 북유럽부분에 위치하고 있는 적당한 대륙성기후 지역이다. 토양은 회백색토양이며 전체 면적은 14만 5,700㎢이다. 볼로그다주에서 농경지로 이용되고 있는 면적은 전체면적의 10%에 달하는 150만 헥타르에 달하고 있으며 농업이나 임업부문에서 토양의 역할이 중요한 만큼 볼로그다주에도 토양자원이 매우 큰 위치를 차지하고 있다.

볼로그다주에서는 아마 재배에 역량을 집중하고 있다. 매년 아마의 파종량을 늘림으로써 러시아의 아마재배의 중심지로 변해가고 있다.

볼로그다주의 숲은 전체 면적의 72%에 달한다. 숲의 대부분은 전나무류가 차지하고 있으며 이는 모래섞인 점토지에서 잘 서식하기 때문이다. 전체적인 숲의 면적은 1억 1,617만 2,000 헥타르이며 목재의 보유량은 1,515억 4,100만 ㎥로 매우 풍부한 산림자원을 가지고 있다.

볼로그다주의 면적에서 소택지가 차지하는 부분은 8.8%이며 1,323개의 강과 4,240개의 호수, 5개의 저수지 등 볼로그다주는 풍부한 수자원을 보유하고 있다. 이 지역에서 보유하는 수자원은 전체적으로 7억㎥로 알려져 있다.

광물자원의 측면에서 보면 볼로그다주는 비광석 자원이 매우 풍부한 것으로 알려져 있다. 예를 들어 모래, 자갈, 석고, 기와원료, 대리석, 석회암, 이탄, 효소침전물 등이 있다. 특히 이탄의 경우에는 2,000개가 넘는 매장지를 보유하고 있으며 1㎢당 매장량은 55억 톤이 넘는다.

금속가공산업을 위한 카보네이트 광층, 석고, 기와 점토, 내연성 점토 등의 세계적으로 알려진 지하자원의 매장지도 많이 분포되어 있으며 금속가공을 위한 백운석과 용제용 석회암 등의 보유량은 100년 이상의 활용보유량이 매장되어 있다.

11개 매장지에서 얻어지는 광천수의 보유량도 매우 높으며 이 광천수는 식용 및 의료용으로도 이용되고 있다.

이 외 가장 주목할 점은 이 지역에는 20억 톤 이상의 탄화수소액이 매장되어 있을 가능성이 짙어지고 있다는 것이다. 이는 석유채유 산업의 발전을 위한 중대한 계기가 될 수 있다.

볼로그다주의 기후적 여건상 식물과 동물계는 매우 풍부하다. 이 지역의 강과 저수지에는 60여종 이상의 어류가 분포되어 있으며 연어, 시베리아산 송어, 숭어 등 러시아 정부에 기록되어 있는 가치 있는 보호어종들이 많이 서식하고 있다. 전문가에 의하면 이 지역에 있는 어류의 보유고는 4만 톤에 이르고 있으며 매년 6천 톤이 증가하고 있는 것으로 알려져 있다.

이 지역에 서생하고 있는 포유동물의 수도 49종에 이르며 232종의 조류서식이 조사되어져 있다. 식물의 종류는 590여종 이상이며 특히 매우 희귀한 품종만 해도 37종이 있다. 이와 같이 볼로그다주는 수렵 및 어로경제를 위한 자원이 매우 풍부하여 전체적으로 이 용도를 위한 면적은 1천 400만 헥타르를 초과하고 있다.

V. 문화시스템

1. 지역정체성

1) 인구

볼로그다주의 인구는 1993년까지 꾸준한 증가세를 보인 후 1994년부터 점차 감소하기 시작하여, 2001년도에는 1993년 대비 3.4%(47,000명) 감소했다. 여기에는 타 지역과 마찬가지로 인구 사망률이 출생률에 비해 지나치게 높은 데서 기인한다. 볼로그다주의 인구 감소폭은 타 지역에 비해 그다지 크지 않지만, 어린이와 청소년층이 인구감소에 많은 비중을 차지함으로써 10~20년 후의 경제활동인구에 부정적인 영향을 끼칠 것으로 전망된다.

주 전체 인구 중 도시인구는 약 68%이며, 농촌인구는 약 32%로, 인구의 도시집중이 상당히 심한 편이다.

볼로그다주 인구변동 추이

연도	1990	1992	1993	1994	1995	1996	1997	1998	1999	2000	2001
인구수 (1,000명)	1355	1,358	1,358	1,356	1,350	1,345	1,339	1,334	1,328	1,319	1,311

Россий ский статистический ежегодник. Госкомстат России. М., 2001. С. 82.

볼로그다주 또한 러시아연방 다른 지역과 마찬가지로 출생률에 비해 사망률이 현저히 높은 상태이다. 특히 1990년 마지막으로 인구자연증가세를 기록한 이후 1991년부터 자연감소현상이 나타나기 시작하여, 최근에는 출생자수에 비해 사망자 수가 2배에 이르고 있다. 이는 볼로그다주의 전체 인구 감소에 절대적인 영향을 미치고 있다. 전입자 수가 전출자 수를 약간 상회함으로써 인구를 보전하고 있으나, 17.2%에 이르는 유아사망률은 향후 인구상황에 매우 부정적인 영향을 미칠 것으로 추정된다.

볼로그다주 출생자수, 사망자수, 자연증가율

연도	출생자수(명)	사망자수(명)	자연증가율(명)
1990	18,202	16,213	1,989
1992	13,919	17,813	-3,894

1993	12,165	20,834	-8,669
1994	11,976	22,513	-10,537
1995	11,651	21,870	-10,219
1996	11,262	21,043	-9,781
1997	11,081	19,757	-8,676
1998	10,976	19,225	-8,249
1999	10,491	20,987	-10,496
2000	11,346	20,728	-9,382

Российский статистический ежегодник. Госкомстат России. М., 2001. С. 110.

볼로그다주의 실업률은 1997년 경제위기를 기점으로 10%를 상회하는 고실업이 2~3년 지속된 후, 2000년 현재 전체 인구의 약 51%인 경제활동인구에, 실업률은 8.0%로 비교적 안정적이라 할 수 있다. 그러나 1990년대 초의 3~4%의 실업률에 도달하기 위해서는 경제활성화를 비롯한 다양한 조치가 조속히 마련되어야 하겠다.

볼로그다주 경제활동인구(취업자, 실업자), 실업률

연도	경제활동인구 (1,000명)	취업자수 (1,000명)	실업자수 (1,000명)	실업률(%)
1992	686	665	21	3.0
1993	662	634	28	4.2
1994	644	595	49	7.6
1995	669	610	59	8.8
1996	647	595	52	8.0
1997	625	559	65	10.5
1998	631	553	78	12.4
1999	672	594	77	11.5
2000	673	619	54	8.0

Российский статистический ежегодник. Госкомстат России. М., 2001. С. 136.

2) 민족

볼로그다주에는 100여 민족이 거주하고 있으며, 주민 모두 러시아어를 구사하고, 바바예프스크(Бабаевск) 및 비쩨그라(Вытегра)구(區)에는 핀·우고르어를 구사하는 훈족이 거주하고 있다. 전체 인구 1,311,000명 중에는 러시아인 96.5%, 벨라루스인 0.6%, 우끄라이나인 1.4%, 따따르인, 집시, 몰다비아인,

추바슈인, 아제르바이잔인, 그루지야인, 훈족 등이 각각 0.1%, 기타 민족이 0.8% 거주하고 있다.

3) 교육

2002년 현재 볼로그다주에는 5개 대학, 7개 사립대학교 분교. 30개 중등직업전문학교, 53개 초등직업전문학교, 811개 중등학교, 29개 고아원, 113개 보충교육기관, 7개 기숙학교, 760개 취학전아동교육기관 등이 운영되고 있다.

볼로그다주에는 매우 다양하고 안정된 교육제도가 운영되고 있으며, 총 31,800명의 교원이 활동하고 있고, 그 중 약 90%는 여성이다. 볼로그다주에서는 매년 1,400명의 전문교원이 배출되어 수요를 2배 정도 초과하지만, 여전히 주에는 교원부족현상을 보이고 있다.

볼로그다수에서는 고등직업교육을 받을 수 있다. 모든 대학에 대학원과정이 개설되어 있으며, 볼로그다 공과대학, 베레샤긴(Верещагин) 낙농 아카데미, 볼로그다 사범대학, 체레뽀베쯔(Череповец) 국립대학 및 모스크바 국립 법률아카데미 분교, 북서부 국가 공무원 아카데미 분교, 체레뽀베쯔 무선전자 공병학교, 볼로그다 경법대학 등에서 최고의 전문가를 양성하고 있다. 그 외에 중등전문가 양성 학교에서는 50여개 전문직에 대한 교육이 실행되고 있다.

최근에는 많은 학교에서 역사, 문화·예술, 향토지리, 고고학, 민속학, 문화인류학, 민속공예 등에 대한 관심을 보이고 있다.

볼로그다주는 국내외 많은 교육기관들과의 협력관계를 확대·강화하고 있다. 독일, 네덜란드, 미국, 영국, 프랑스 및 해외 여러 나라의 교육기관과 직접적인 교류관계를 맺고 있으며, 초중등학생 및 대학생, 교원들의 교류가 적극적으로 이루어지고 있다.

2. 지역문화

1) 문화일반

볼로그다주는 건축 기념물과 유적, 박물관과 도서관, 예술 수공품과 민속산업 등이 풍부하고 다양한 역사 문화적 전통을 가지고 있는 곳이다. 주의 여러 도시와 전통적인 장소들인 벨로제르스크, 벨리끼 우스뉴크, 볼로그다, 우스뚜즈나, 또찌마 등은 옛날부터 러시아의 예술중심지였으며 역사적으로 그 중요성을 인정받고 있고, 주의 박물관같은 역할을 하고 있다.

스빠스 쁘릴루츠끼와 끼릴로 벨로제르스끼 앙상블과 가장 유명한 페라뽄뜨 수도원이 주요건축 기념물인데 특히 페라뽄뜨 수도원은 러시아와 세계 예술역사의 한 페이지를 장식하고 있다. 이 수도원에 있는 프레스코화는 1502년에 디오니시와 그의 아들들이 그린 것인데 고대 루시의 기념물 중에서 그와 유사한 것을 찾을 수 없는 것이다.

15-17세기의 볼로그다의 많은 수도원들은 러시아 정부의 정치, 경제, 종교, 문화와 연관이 깊은 곳이다. 이러한 기념물들은 모스크바 예술이 놀랄 정도로 발전했다는 것을 증명하고 있을 뿐만 아니라 이 기념물들에는 지역 장인들의 독특한 특징이 구현되어있다. 이러한 기념물이 없다면 러시아 문화는 결코 완전하지 않을 것이다. 러시아 정교회에 의하면 러시아 성인의 거의 2/3가 볼로그다 땅에서 태어났고 자랐다. 주에는 연방 차원의 가치가 있는 234개의 기념물이 있는데 이들 대부분은 공식 박물관으로 지정되어 있다.

그 중 가장 큰 박물관들은 역사-건축, 예술 박물관 보호구역과 볼로그다 박물관, 끼릴로-벨로제르스크 박물관, 벨리끼-우스뉴크 박물관, 또뗌스꼬에와 체레뽀베쯔 박물관들이다. 박물관의 기본 소장품은 유물, 필사서적, 고 인쇄서적, 이콘화, 얼굴 자수, 회화, 건축물, 장식-실용 민속 예술품 등 70만 점으로 구성되어 있다.

예술 박물관 보호구역

고대 예술문화의 정체성은 전통적인 예술 산업에 나타나는데 그 중 많은 것이 오늘날까지 보존되어 있다. 예를 들면 러시아에서 가장 큰 레이스 공예품의 중심지인 볼로그다 레이스와 벨리끼 우스뉴크의 독특한 산업들, 세마고드의 나무껍질 공예, 은세공품 등이다.

약간 덜 유명한 민속산업들도 보존되어 발달하고 있는데 이것들이 가치가 덜한 것은 아니며, 에나멜 공예, 빛나는 당초무늬 천, 뜨개공예, 도자기 공예, 목각 세공품 등이 이에 속한다.

자연의 놀라운 아름다움과 다양하고 풍부한 기념물들, 예술적 환경의 훌륭한 구비, 전통적이고 독자적인 문화로 인해 볼로그다주는 '러시아의 북쪽 보호구역'이라고 불리기도 한다. 볼로그다주는 문화와 예술에서 발달된 인프라를 가지고 있다. 그 기본을 이루고 있는 것은 도서관과 박물관, 극장, 콘서트 홀, 음악- 예술의 교육 기관, 문화의 집과 클럽 등이다.

주의 도서관은 도서 문화의 전통을 잇고 있는데 이러한 전통은 수도원의 도서집필과 볼로그다 귀족의 서적 모임에서 유래한다. 주의 학문 도서관은 거의 50만 권의 서적을 소장하고 있는데 컴퓨터망과 출판 시설을 갖추고 있고, 자료를 디스크화 하고 있으며 국제 인디넷 시스템에 접속되어 있다.

볼로그다에는 어린이와 젊은이를 위한 드라마 극장, 인형극장 등 3개의 전문 국립 극장이 있는데, 극장들은 공연 무대와 다양한 레퍼토리를 가지며 주의 지방과 도시에서 객연을 하고 있다.

1991년부터 볼로그다에는 러시아의 극장 페스티벌 '역사의 목소리'가 개최되고 있다. 페스티벌의 기본적인 주제는 조국과 세계의 역사, 정치와 이념의 시류로부터 예술의 자유이다.

도시와 주의 사회, 문화적 삶은 옛날부터 활기찼는데, 이것은 음악예술 페스티벌, 민속 예술 페스티벌, 민중 축제, 유명한 구전 예술 집단과 어린이와 청소년 현대 민중 무용 앙상블 등의 다양한 문화행사가 열리는 것에서 잘 알 수 있다

예술 인텔리들이 보여주는 직업적이고 정신적인 높은 잠재력으로 인해 지역의 문화적 삶은 풍부하고 다양한 모습을 지니고 있다.

가장 유명한 시인들은 루쁘초프(Н. Рубцов), 야신(А. Яшин), 포끼나(О. Фокина)이며 작가들은 벨로프(В. Белов), 비꿀로프(С. Викулов), 예술가는 빤젤레예프, 부르마기니에, 뚜뚠잔, 꼬르바꼬프 등이다.

2) 문화 시설

볼로그다 주 문화는 자신만의 독특한 특징을 가지고 있는데 이 지역에서

는 많은 기념물과 전통들이 순수한 형태로 남아 있다. 기원전 6-5세기로 추정되는 가장 오래된 유물은 1993년에 뚜도제르 비쩨고르스크 지역의 고대 유적지에서 발견되었다. 이 유물들은 단순하고 고정된 형태를 보이고 있고 까렐리야와 필란드에서 '스뻬링스'문화로 잘 알려져 있다.

그렇지만 유물들이 항상 통일적인 형태를 보이는 것은 아니다. 여러 지역이 각자의 특징을 가지고 발전해왔기 때문에 문화적 차이가 확실히 나타나고 있다. 이곳에서 발견된 동물, 새, 고기의 세공품들은 석기 세공기술이 가장 발달된 기원전 3-2세기에 만들어졌다. 이러한 조형 유물들은 형태의 완전함과 잘 선택된 소재로 돋보이며, 여러 세대의 장인들의 경험에 의존하고 있다는 사실을 쉽게 알 수 있다.

필란드-위그르 족의 신화에서 곰들은 타이가 숲의 주인으로 생각되었다. 더 후기의 시기인 청동기 시대에 곰들은 재물의 형태로 표현되어 있는데, 네 발로 서 있고 고개를 숙이고 목, 낯, 꼬리, 발 등의 디테일이 잘 묘사되어 있다.

고대 문화의 주제와 모티브는 고대의 조각품, 뜨개의 기하학적 장식, 동물 장식에 변함없이 표현되어 오고 있다. 기독교의 보급 이후 볼로그다 지역은 러시아 정교의 커다란 중심지가 되었다. 페라뽄뜨 성모 탄생 수도원의 교회 벽화들은 세계적인 의미를 지니는 문화 기념물로 원형대로 보존되어 있다. 이 벽화들은 1502년에 유명한 모스크바 성상화가인 디오니시와 그의 아들들에 의해 그려진 것이다. 이 그림들은 생애 마지막에 창조된 기념비적인 작품들 중에 최후의 것으로 여겨지고 있다.

볼로그다에 있는 소피아 본산 성당의 그림은 러시아 문화의 '황금 유물'에 속하는데 17세기에 뛰어난 야로슬라블 성상화가인 드미뜨리 뺄레하노프에 의해 완성되었다. '최후의 심판'의 구성은 사원의 서쪽 벽면 모두를 차지하고 있고 이것은 밝은 색조와 부드러운 색의 대비로 그려져 있는데 당시의 새로운 미적 원칙을 표현하고 이전 세기의 예술적 전통들을 구현한 것으로 평가받고 있다.

볼로그다의 박물관에는 노보고르트와 로스또프, 수즈달과 모스크바의 장인들의 성상이 전시되어 있다. 그들 중에 가장 초기의 것은 희귀한 유물인 '성모 우밀레니에 똘그수까야'(14세기 작품), '옥좌에 있는 성모'(14세기), '베뜨호자베뜨나야 뜨로이차'(14세기) 등이다.

볼로그다 박물관 수집품의 기본은 지역 성상화가 센터에서 기증받은 작품들이다. 이것들은 15-17세기에 벨로제르스크, 벨리끼 우스뜌크, 볼로그다, 끼릴로-벨로제르스크 수도원, 또찌마, 우스뜌크 지역의 전통예술 센터에서 작업된 것이다.

도시 귀족예술은 17세기에 생겨났는데 부유한 사람들 사이에서 가장 인기가 있었던 초상화 장르가 이 때 최초로 나타났다. 상인 가브릴 페찌예프의 초상화가 당시 초상화 장르의 대표적인 예인데 그의 금전적인 투자로 볼로그다에 아르한겔 가브릴 사원이 세워졌다.

19세기의 훌륭한 고전주의자이며, 러시아 사실주의뿐만 아니라 세계 예술의 탁월한 전쟁화가인 베레샤긴은 볼로그다 주의 체레뽀브차 마을에서 태어났다. 베레샤긴은 조형예술에서 처음으로 전쟁은 국제 분쟁의 해결 수단이 될 수도 없고 되어서도 안 된다는 것을 그림으로 표현했다. 베레샤긴은 예술을 도덕적인 문제나 사회적인 삶과 구별하지 않았다.

20세기 초에 이 지역에서 조형 예술 애호가 그룹인 창조적인 인텔리겐챠의 통합이 있었는데 이 그룹의 대표자들은 보리소프, 마르뗀, 까린스까야이다. 이들은 뻬쩨르부르크의 예술가 연합인 '예술 세계'와 협력했고 볼로그다에서 함께 4번의 전시회를 가졌다.

현대 볼로그다 예술의 재생은 문화의 침체기였던 1930-40년대를 거쳐 이차 대전 후인 1950-60년대 말에 모스크바의 수리꼬프 예술대학 출신의 젊고 정력적인 화가들이 볼로그다로 오면서 시작되었다. 바스까꼬프, 꼬르바꼬프, 뚜뚠잔 등이 그들이다.

쌍트 뻬쩨르부르크 연방특별시
Санкт-Петербург

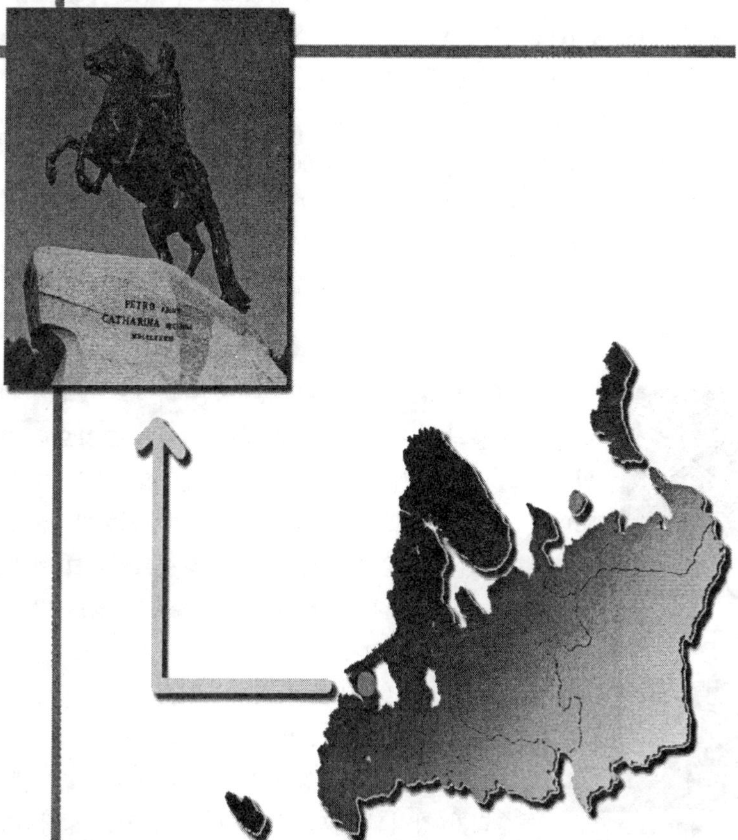

Ⅰ. 개황

1. 기초정보

시 성립일: 1991년 9월 6일

- 1924 - 1991년: 레닌그라드(Лениеград)
- 1914년 8월 18(31) - 1924년 1월 26일: 뻬뜨로그라드(Петроград)
- 1703년 5월 16(23)일 - 1914년: 쌍트 뻬쩨르부르크

인구: 4,628,000명(2001년 현재: 러시아연방 전체의 3.19%, 89개 주체 중 4위)

인구밀도: 7823.3명/㎢

면적: 600㎢(러시아연방 전체 면적의 0.00%; 89개 주체 중 89위)

소속지구: 북서연방지구; 북서부경제지구

한국과의 시차: -6시간

2. 상징

쌍트 뻬쩨르부르크시 문장

쌍트 뻬쩨르부르크시의 문장은 붉은 바탕의 방패에 바다와 하천에 사용되는 두 개의 은빛 닻이 십자가 모양으로 묘사돼 있고, 그 위에 왕의 홀(笏)이 놓여 있는 형상으로 그 구성이 로마와 성(聖) 뾰뜨르시(市)의 문장을 연상케한다. 쌍트 뻬쩨르부르크시의 문장은 1712년에 쌍트 뻬쩨르부르크 연대의 붉은 깃발에 최초로 나타나기 시작했다. 쌍트 뻬쩨르부르크시의 문장은 1991년 9월 6일 채택되었다.

쌍트 뻬쩨르부르크 시기

쌍트 뻬쩨르부르크 시기의 색상은 문장과 동일하며, 붉은색 장방형의 천에 바다와 하천에 사용되는 두 개의 은빛 닻이 십자가 모양으로 묘사돼 있고, 그 위에 쌍두독수리가 장식된 왕의 홀(笏)이 놓여 있는 형상이다. 쌍트 뻬쩨르부르크 시기는 1991년 9월 6일 채택되었다.

3. 주요도시

쌍트 뻬쩨르부르크(Санкт-Петербург): 인구 4,619,800명; 북위 59°56′, 동경 30°19′

꼴삐노(Колпино): 인구 143,600명; 북위 59°45′, 동경 30°36′
뿌슈낀(Пушкин): 인구 87,100명; 북위 59°46′, 동경 30°19′
뻬쩨르고프(Петергов): 인구 82,000명; 북위 59°53′, 동경 29°54′
끄론슈따트(Кронштадт): 인구 45,000명; 북위 60°0′, 동경 29°46′
로모노쏘프(Ломоносов): 인구 41,000명; 북위 59°54′, 동경 29°46′
쎄스뜨로레쯔크(Сестрорецк): 인구 34,000명; 북위 60°6′, 동경 29°58′
빠블로프스크(Павловск): 인구 25,000명; 북위 59°41′, 동경 30°26′
젤레노고르스크(Зеленогорск): 인구 13,000명; 북위 60°14′, 동경 29°47′
(인구: 2002년 현재)

4. 주요 산업

市의 주요 산업으로 고성능 기계제작 및 금속가공(에너지관련 기계제작, 전기공학, 무선공학, 공작대제작, 조선업, 기기제작), 경공업, 목재가공업 등이 발달했다.

Ⅱ. 자연환경

1. 지리적 위치와 구성

쌍트 뻬쩨르부르크시는 행정구역 분류상 13개의 도시행정구, 뻬쩨르부르크를 포함한 9개의 시(젤레노고르스크, 꼴삐노, 끄론쉬따드뜨, 로모노소프, 빠블롭스크, 푸쉬킨, 쎄스뜨로레쯔크), 17개의 도시형마을로 이루어지는데 발틱해의 핀란드만 동단에 위치하며, 시 중심부의 좌표는 북위 59°57′ 동경 30°19′이다.

쌍트 뻬쩨르부르크시는 러시아연방의 유럽관문으로써, 전략적 요충지이자, 유럽연합 각국과 가장 가까운 해양, 하천 및 육로의 교차지점에 위치하고 있다.

쌍트 뻬쩨르부르크시는 러시아연방에서 모스크바에 이어 두 번째 큰 도시로, 세계 각국의 공관과 각 기관의 대표부, 연방 각 부처의 대표부, 러시아연방 북서부지구 전권대표부가 있다.

쌍트 뻬쩨르부르크시와 유럽 주요 도시와의 거리는 다음과 같다:

도　시	거　리(㎞)		
	항공로	해양로	자동차도로
모스크바	610	-	664
런던	2,070	2,258	3,050
파리	2,120	-	3,070
베를린	1,310	-	2,030
헬싱키	300	320	383
빌뉴스	640	-	736
리가	480	724	545
딸린	310	350	330

2. 기후조건

해양성기후. 온난 다습한 여름과 추운 겨울이 특징이다.

1월 평균기온: -8℃

7월 평균기온: 18℃

연강수량: 620㎜

식물 생장 기간: 123일

이 지역에서는 5월 25 ~ 26일부터 7월 16 ~ 17일까지 백야현상이 일어나며, 이 기간에는 하루 중 19시간 정도 밝은 시간이 이어진다.

III. 정치시스템

1. 역사

쌍트-뻬쩨르부르크는 핀란드만으로 네바강이 합류하는 강변에 산재해 있다. 강, 섬, 다리의 수로는 뻬쩨르부르크는 세계에서 첫 번째 위치들 가운데 하나를 차지한다. 뻬쩨르부르크는 다리들의 박물관으로 불리며 도시에 다리는 300개 이상이다.

네바 삼각주에 있는 크지 않은 토끼섬에 1703년 뾰뜨르 I세는 새로운 러시아의 요새를 세웠다. 이 요새는 상뜨-뻬쩨르부르흐(Санкт-Питербурх)로 불려졌다. 1703년 뾰뜨르 I세가 스웨덴에서 탈환한 뒤 러시아 절대왕정의 새로운 수도, 즉 '유럽으로 열린 창(窓)'을 건설하기로 하고 뻬뜨로빠블롭스끄 요새를 세운 것이 도시의 기원이다. 서부유럽의 뛰어난 문물을 받아들여 러시아를 근대화하려는 의도가 있었다. 짜르는 새로운 수도건설을 위해 해마다 4만 명 이상의 농민을 강제로 동원하여 많은 희생자를 냈다. 1704년 방어선 건설이 시작되었고 뻬쩨르부르크의 첫번째 현지사였던 멘시꼬프는 뻬쩨르부르크를 러시아의 새로운 수도로 변화시키기로 결정했다. 1703년 5월 토끼섬에 트레즈니의 지휘아래 뻬뜨로빠블롭스끄 요새가 세워졌다. 뾰뜨르 대제는 귀족이나 상인, 수공업자도 강제로 이곳에 입주시키고, 1712년 자신의 수호성인(守護聖人)의 이름을 따서 '쌍트-뻬쩨르부르크'라 명명한다. 수도를 모스크바에서 이곳으로 옮기면서, 장대한 계획에 따라 도시건설이 진행되었고 서구문화를 받아들이는 창구가 되었다.

쌍트-뻬쩨르부르크는 18세기 후반 러시아 최대의 무역항으로서 무기, 금속, 조선, 섬유산업 등의 중심지가 된다. 1851년에는 모스크바와 연결되는 러시아 최초의 철도가 건설되었다. 자본주의의 발전과 철도망의 정비와 함께 인구도 급속히 증가하여 18세기 말에 22만이었던 인구가 1880년에는 84만, 1910년에는 190만, 1917년에는 230만으로 비약적인 늘어났다. 모스크바는 '러시아의 심장'이고, 쌍트-뻬쩨르부르크는 '러시아의 머리'라고 일컬어진 대로 러시아 서구주의(西歐主義) 운동의 선두에 있었으며, 학술, 문학, 음악, 연극, 발레 등에서 국내의 지도적 지위를 차지했다. 정치면에서도 1825년 데카

브리스트의 난 이래 절대왕정에 대한 혁명운동의 온상이 되었다.

19세기 말부터 20세기 초에 걸쳐 산업이 발달하면서 노동자가 급증했으나, 그들의 노동조건은 최악이었고 파업이 빈발했다. 20세기에 들어서면서 노동운동과 사회주의혁명운동의 무대가 되었다. 1905년 '피의 일요일' 사건으로 시작되는 혁명과 1917년의 2월 혁명, 10월 혁명이 결행되었고, 세계 최초로 사회주의혁명이 성공을 거두었다. 1917년 10월 혁명에서 볼셰비키가 적위군(赤衛軍)이나 뻬뜨로그라트 수비대 및 발트 함대의 병사와 협력하여 임시정부를 타도하고 레닌을 수반으로 하는 신정권을 수립했다. 1918년에는 수도가 모스크바로 이전되었다. 1924년 1월 레닌이 죽자, 제2차 전 연방 소비에트대회에서 도시의 이름을 레닌의 도시라는 뜻으로 '레닌그라드'로 변경할 것을 결의했다.

제2차 세계대전기간에 1941년 8월부터 29개월 동안 독일군의 포위 속에서 수십만 명이 아사(餓死)했다. 20만여 명의 시민이 의용군으로 자원하고 전시민이 도시 방어에 나섰으며, 영웅도시의 칭호를 받았다.

쌍트-뻬쩨르부르크는 러시아의 관문이자 육, 해, 공 교통의 요지이다. 철도는 모스크바-무르만스크-뻬름과 같은 국내의 여러 도시는 물론, 헬싱키-바르샤바-발트의 여러 나라들로 연결되는 12개의 노선이 방사상으로 뻗어 있다. 시내에는 1955년 지하철이 개통되었다. 모스크바 다음가는 공업, 문화, 학술의 도시로 서구적 색체가 짙다. 그리고 세계유산목록에 등록되어 있다. 1991년 8월 고르바쵸프의 개혁정책을 반대하던 보수파의 쿠데타가 실패한 후 시민들은 레닌그라드를 원래의 쌍트-뻬쩨르부르크로 환원시켰다. 1991년 옛 이름인 쌍트-뻬쩨르부르크를 되찾았으며 뻬쩨르부르크로 약칭되기도 한다.

도시 역사의 주요 발전단계

1705년 5월: 뾰뜨르 I세에 의한 쌍트-뻬쩨르부르크 건설

1703-1914년: 쌍트-뻬쩨르부르크

1914-1924년: 뻬뜨로그라트

1924-1991년: 레닌그라드

1991년 9월 6일: 옛 이름인 쌍트-뻬쩨르부르크로 전환

1712-1728년 및 1732-1918년: 러시아의 수도

1927-1931년: 레닌그라드주의 행정중심지

1931-1993년: 러시아 사회주의공화국 소속의 도시

1993-현재: 러시아연방의 주체, 연방시

2. 정치

1) 정치 일반

쌍트-뻬쩨르부르크 시는 1998년부터 러시아연방의 독자적인 주체이며 연방적 의미를 갖는다. 쌍트-뻬쩨르부르크 시의 국가권력체계를 구성하는 것은 입법(의회), 집행(주지사를 중심으로 하는 행정부), 사법(시의 헌법재판소, 치안판사)이다. 쌍트-뻬쩨르부르크 시의 국가권력기관은 주권재민과 권력기관들 사이의 독자성과 분립의 원칙위에 자신의 활동을 실현한다. 의회는 법인으로서 상설적으로 활동하는 쌍트-뻬쩨르부르크 시의 입법 국가권력기관이다. 여기에는 임기 4년으로 선출되는 50명의 의원들이 들어간다. 의회는 시의 헌법, 법률, 의회의 명령을 채택한다. 의회의 권한에는 예산의 승인과 집행 통제가 들어가며 또한 예산외 그리고 통화기금의 지출, 사회-경제 발전계획의 승인과 그 이행의 통제, 시민의 권리와 자유 준수의 통제 등이 들어간다. 시 의회는 자신의 구성원들 가운데서 의장, 두 명의 부의장을 선출하고 또한 위원회를 구성한다.

시의 행정부는 쌍트-뻬쩨르부르크 시의 집행 국가권력기관이다. 시 행정부를 구성하는 것은 주지사, 정부, 주지사의 사무국, 부문별 그리고 지여별 행정부의 기관들이다. 쌍트-뻬쩨르부르크의 주지사는 러시아연방 헌법과 법령을 기반으로 그리고 단독 책임제를 기반으로 행정부를 지휘한다. 주지사는 쌍트-뻬쩨르부르크와 러시아연방, 연방주체들 간의 조약에 서명하며, 러시아연방과 연방주체들의 국가권력기관들과의 관계에서 쌍트-뻬쩨르부르크 행정부를 대표한다. 쌍트-뻬쩨르부르크 행정부의 지역별 그리고 부분별 기관의 지도자를 임면한다.

쌍트-뻬쩨르부르크 정부는 쌍트-뻬쩨르부르크 행정부의 협의기관으로서 행정부의 권한에 관계되는 가장 중요한 문제들을 심의하기 위해 15명으로 구성되었다. 정부의 수반은 주지사이다. 주지사의 사무국은 법인으로서 쌍트

-뻬쩨르부르크 주지사와 정부의 조직적, 법적, 정보상의 그리고 물질적-기술적 지원활동을 한다.

쌍트-뻬쩨르부르크 행정부의 부문별 그리고 지역별 기관은 법인으로서 주지사가 제시한 법률에 의해 승인된다. 지역별로 도시는 20개의 행정지구로 분리되어 운영된다.

쌍트-뻬쩨르부르크 행정부는 시민의 준법성, 권리와 자유의 보장, 소유권과 공공질서의 보호, 쌍트-뻬쩨르부르크 지역에서 범죄와의 투쟁에 관한 정책과 시 예산안의 개발 및 그 집행을 실현한다. 또한 그 활동영역으로 들어가는 것은 도시의 사회-경제 발전계획의 개발과 실현, 쌍트-뻬쩨르부르크의 소유재산의 운영과 관리이다.

쌍트-뻬쩨르부르크의 사법 권력은 헌법재판소와 치안판사에 의해 대표된다. 사법 권력은 러시아연방 사업체계의 구성부분이므로 에는 연방법원과 쌍트-뻬쩨르부르크 법원이 활동한다. 쌍트-뻬쩨르부르크의 법원에는 시의 헌법재판소와 치안판사가 관련된다. 시의 헌법재판소는 시의 법률, 규범적 법규에 관한 문제를 심의한다. 치안판사는 일반적 사법권의 법원으로서 1심의 성격을 띠며 민사, 행정, 형사소송을 담당한다. 연방법원의 구성에는 시의 국가권력기관이 직접적으로 참여한다. 그래서 의회는 러시아연방의 최고중재재판소 소장에게 북서부 지구의 연방 중재재판소의 소장과 판사의 임명을 위한 후보를 제안한다. 이외에 의회는 도시의 재판소와 중재재판소의 소장, 부소장, 판사들의 임명에 동의한다.

2) 선거

1999년 12월 19일 러시아연방 국가두마의원 선거에서 쌍트-뻬쩨르부르크에는 여덟 개의 선거구가 있다. 총 유권자수는 3,713,110명으로서 투표율은 54.07%였다.

정당별 득표

정당	득표율(%)
단결	17.70
러시아공산당	14.15

우파연합	17.39
지리놉스끼 블록	4.22
조국-전러시아	15.73
야블로꼬	1.12

쌍트-뻬쩨르부르크 지사 선거는 2000년 5월 14일 성립되었다. 8명이 입후보 했고 한번에 걸쳐 투표가 진행되었다. 투표에는 유권자의 47.74%가 참여했고 모든 후보에 대한 반대에는 3.72%가 투표했다. 야꼬블레프(В. А. Яковлев)가 72.69%의 득표를 해서 쌍트-뻬쩨르부르크 지사로 당선되었다.

Ⅳ. 경제 시스템

1. 경제개황

쌍트 뻬쩨르부르크시는 7개의 연방지구 중 북서연방지구에 속하고 12개의 러시아 경제지역 중 북서부경제지역에 속한다. 쌍트 뻬쩨르부르크시는 러시아의 제 2의 도시이다. 예부터 핀란드만과 접해있어 '유럽으로 가는 창'이라 불리었다. 쌍트 뻬쩨르부르크시는 거의 모든 분야에서 중심지역할을 하고 있다. 즉 인구, 노동, 생활수준, 문화, 사회, 정치, 공업, 건설, 투자, 금융, 무역, 운송 등 어느 하나 리더로서의 역할을 하지 않는 것이 없다. 그리고 위치상 쌍트 뻬쩨르부르크시는 유럽에 맞닿아 있어 향후 모든 분야의 발전가능성이 가장 많은 지역으로 꼽히고 있고 이것은 경제적 투자처로서의 큰 장점이라 할 수 있다.

쌍트 뻬쩨르부르크시의 경제적 비중에 있어 오랫동안 중요한 부동의 자리를 맡고 있다. 쌍트 뻬쩨르부르크시의 경제적 성과는 농업을 제외하고는 거의 전 부문에서 높은 성과에 힘입어 견인차역할을 하고 있다. 1990년대 여러 번 닥쳐온 경제위기시 흔들림이 가장 적었고 다른 여타지역의 고정대 역할을 해왔었다.

러시아경제에서 차지하는 쌍트 뻬쩨르부르크시의 경제비중을 몇 개의 부문으로 나누어 살펴보면 다음과 같다.

2000년도 러시아 주요 경제지표에서 쌍트 뻬쩨르부르크시의 비중

주요 항목	러시아전체 대비 쌍트 뻬쩨르부르크시 비율
지역총생산	3.9%
공업생산량	3.1%
소매유통	3.7%
자본투자	3.0%

http://www.infostat.ru/epub.htm (검색일: 2003.1.10)

쌍트 뻬쩨르부르크시의 지역총생산은 1999년에 1,617억 4,900만 루블을 기록했으며 이것은 1998년의 920억 2,900만 루블에 비해 75.76% 상승한 것이

다. 1인당 지역총생산은 1998년과 1999년 각각 1,942만 2000천 루블과 3,433만 4,000천 루블로 그 상승비율은 76.78%이다. 쌍트 뻬쩨르부르크시의 지역총생산뿐만 아니라 1인당 지역총생산 역시 엄청난 성장을 보이고 있다.

지역총생산 지수에 있어서는 1997년 98.6, 1998년 94.7, 1999년 106.2로 나타나고 있어 1999년에 실질적 증가 면에서 적지 않은 성장을 했다. 쌍트 뻬쩨르부르크시의 지역총생산의 주요 구성과 비율을 파악해 보면 농업부문을 제외한 전 부문이 고루 발달되어 있다. 특히 쌍트 뻬쩨르부르크시의 공업발달은 러시아 경제의 중심축 중의 하나가 되고 있어 지역총생산의 구성에 있어서도 특히 높은 비중을 차지하고 있다. 여타 부문의 비중을 표로 보면 다음과 같다.

지역총생산의 주요 구성과 비율

주요 산업부문	지역총생산의 주요 구조의 비율
공업부문	29%
건설부문	5.5%
운송부문	11.3%
유통부문	19.4%

http://www.infostat.ru/epub.htm (검색일: 2003.1.10)

쌍트 뻬쩨르부르크시의 기업들은 시정부의 예산충당에 주요 위치를 차지하고 있고 고용창출효과를 가져와 실업을 줄이고 지역총생산을 높이는데 공헌하고 있다. 쌍트 뻬쩨르부르크시의 총 기업수는 2000년 21만 8,681개로 1999년 18만 9,453개에 비해 15.43% 증가하였고 소기업수는 1999년과 2000년 각각 10만 8,713개와 10만 9,165개로 4.15%증가하고 있다.

공업부문에서 휴업중인 기업이 아닌, 경제활동을 하고 있는 기업은 1999년에 1만 7,141개, 2000년은 1만 7,357개로 증가율이 1.26%에 그치고 있다. 쌍트 뻬쩨르부르크시의 총 기업수에서 공업관련기업이 차치하는 비율은 7.93%로 여타 주체들의 공업관련기업 비율보다 월등히 높다. 이것은 쌍트 뻬쩨르부르크시의 공업이 매우 활발히 활동하고 있는 것을 보여주고 있다.

2. 산업

1) 공업

쌍트 뻬쩨르부르크시의 공업은 러시아 총 공업생산량 대비 3.9%를 차지하고 있어 양적·질적으로 러시아 공업발전의 리더로서 면모를 가지고 있다. 쌍트 뻬쩨르부르크시의 총 공업생산량은 2000년 1,262억 3,400만 루블을 기록하고 있으며 이것은 1999년 991억 8,200만 루블에 비해 27.28% 상승한 것이다. 1997년부터의 성장추이를 보면 꾸준한 성장세를 나타내고 있다.

공업생산지수에 있어서 주목할 만한 것은 2000년의 공업생산지수가 127을 기록하고 있어 명목 총 공업생산량의 증가율 대비 실질가치의 비율차이가 거의 없이 아주 탄탄한 성장을 하고 있다는 것이다. 이것은 장기적 성장을 예고하고 있는 긍정적 전조로 받아들일 수 있다. 연도별 추이를 보면 다음과 같다.

총 공업생산량 추이

항목 \ 년도	1997	1998	1999	2000
총 공업생산량	37,381	46,038	99,182	126,234
공업생산 지수	107	99	106	127

http://www.infostat.ru/epub.htm (검색일: 2003.1.10)

쌍트 뻬쩨르부르크시가 지향하는 공업발전 방향은 과학기술집약과 관련이 큰 부문일 것, 예산을 확보할 수 있는 수입을 높일 수 있을 것, 그리고 고용을 늘릴 수 있을 것 등이 공업정책이라 할 수 있다. 이것과 관련해서 쌍트 뻬쩨르부르크시의 공업부문 중 전통적으로 발달해 있는 부문은 기계제작·금속가공부문과 식품공업이다.

이 부문들은 다른 부문들을 견인·발전시키고 기초가 되는 성향이 있어 쌍트 뻬쩨르부르크시가 다른 지역의 산업리더로서의 역할을 할 수 있는 구조를 갖추고 있다고 할 수 있다. 이 부문들은 각각 쌍트 뻬쩨르부르크시의 공업에서 차지하는 비중이 35.6%와 34.8%이다.

쌍트 뻬쩨르부르크시는 전기전력부문의 훌륭한 인프라도 갖추고 있어 이 부문의 비중과 성장도 중요한 것으로 다루어지고 있다. 쌍트 뻬쩨르부르크시의 여타 주요 공업생산부문별 생산비율을 보면 다음과 같다.

주요 공업생산부문별 생산비율

생산부문	쌍트 뻬쩨르부르크시 총공업생산 비율
전기전력	7.9%
철강업	2.6%
비철금속	1.9%
화학·석유화학	2.9%
기계제작·금속가공	35.6%
목재가공, 종이·펄프	3.0%
건재공업	2.7%
경공업	2.4%
식품공업	34.8%
기타	6.2%

http://www.infostat.ru/epub.htm (검색일: 2003.1.10)

쌍트 뻬쩨르부르크시의 공입에서 가장 비중이 높고 정책적으로 지원을 아끼지 않는 부문은 기계제작·금속가공이다. 기계제작·금속가공부문은 예산확보와 고용창출에도 중요한 부문이면서도 동시에 다른 여타 부문의 견인차역할을 하고 있다. 이런 의미에서 쌍트 뻬쩨르부르크시의 기계제작·금속가공부문을 몇 개의 소부문구조로 나누어 볼 수 있으며 전기- 기계제작, 전력-기계제작, 운송-기계제작, 농업-기계제작, 공공용 기계제작, 정밀가공-기계제작 등이다. 이 부문에는 대표격인 7개의 대기업들이 이 지역에서 활동하고 있다.[1]

이 부문에서 이 기업들이 차지하는 비중은 2000년 러시아의 기계제작·금속가공부문의 37%에 해당되고 이 중 전기-기계 제작이 8%, 전력-기계 제작이 7%, 농업-기계 제작이 5%, 운송-기계 제작이 6%, 공공용 기계 제작이 7%, 그리고 정밀가공-기계 제작은 3% 등을 차지하고 있다.

쌍트 뻬쩨르부르크시에서 중요한 또 하나의 부문은 식품공업이다. 이 부문에서 활동하는 대기업만 해도 72개 기업이 있으며 여기에는 규모면에서 세계적인 기업들이 여러 개 있다. 이 부문이 차지하는 비중은 2000년 러시아 식품공업의 18.2%에 해당된다.[2]

1) 쌍트 뻬쩨르부르크시의 기계제작, 금속가공 부문을 리드하는 기업에는 세계적으로 유명한 기업들이 많으며 대표적인 7개 기업을 들면 다음과 같다. ОАО 'Ижорские заводы', ОАО 'Ленинградский металлический завод', ОАО 'Невский завод', ОАО 'Электросила', ОАО 'Кировский завод', ОАО 'Компрессор', ОАО 'Буммаш' 등이 있다.

2) 농업

쌍트 뻬쩨르부르크시는 농업활동이 거의 없으며 통계에 잡히지 않고 있다.

3) 자원 등 기타

쌍트 뻬쩨르부르크시는 남부 타이가지역에 위치하고 있어서 식물계의 대부분이 소나무와 전나무 숲으로 이루어져 있다. 그러나 남부지역은 사시나무와 자작나무 지대가 있는 농경지가 위치하고 있다. 쌍트 뻬쩨르부르크시의 동부지역은 늪지대 숲이 매우 다양한 종류를 나타내며 분포하여 있다. 이 지역의 식물계를 살펴보면 약용식물이 많이 분포하고 있고 그 종류는 33종에 달하고 있다. 식목지대는 3만 8,000헥타르이고 그 중 13만 헥타르를 73개의 공원이 차지하고 있다.

쌍트 뻬쩨르부르크시의 자원을 고찰하는데 있어서 가장 큰 위치를 차지하는 것 중의 하나는 수자원이다. 이 지역의 수자원은 육상의 담수뿐만 아니라 지하수도 포함된다. 육상의 담수는 호수 등에 모이게 되며 대표적으로 라도가호, 네바강, 네바만, 핀란드만이 그것이다. 전체적으로 쌍트 뻬쩨르부르크시와 그 주변 통치지역들을 합하여 볼 때 69개의 강이 흐르며 순수히 쌍트 뻬쩨르부르크시에서 흐르는 것만 해도 40여개의 강 또는 지류 등이 있다. 이들의 총 길이는 217.5km에 달한다.

쌍트 뻬쩨르부르크시의 지하자원은 기타 다른 지역에 비교해 볼 때 열악한 편이다. 그렇지만 이 지역에도 석유, 가스 증축액, 보오크사이트, 이탄의 매장지는 분포되어 있다. 습기있는 이탄의 경우에는 매장량이 175억 톤m^3에 이르고 있으며 건조한 이탄의 경우는 20억 톤에 해당하는 양을 보유하고 있다. 또한 핀란드 만에 접한 이 지역의 지리학적 특성상 망간광의 매장 역시 예측되고 있다.

쌍트 뻬쩨르부르크시의 변두리 지역에는 많은 중요 동물계가 나타나고 있다. 다람쥐를 비롯하여 족제비, 두더지, 고슴도치, 담비, 멧돼지, 늑대 등이

---

2) 예를 들면 다음과 같다. ОАО 'Самсон', ОАО 'Петмол', ЗАО 'Полюстрово', ЗАО 'Кондитерская фабрика им. Крупской ', ЗАО 'Парнас-М', ОАО 'Балтика' 등이 있다.

서생하고 있으며 타 지역에서 온 미국해달 같은 기타 동물들도 함께 분포되어 있다. 이러한 동물들을 모두 합하여 50여 종의 짐승들이 지속적으로 서식하고 있고 시 경계 부근에는 120여 종의 새들이 서식하고 있다.

위의 자연적인 조건과 역사 및 가공적 건축물 등으로 인하여 이 도시는 휴양과 관광의 도시로 만들어지고 있으며 이것은 시정부의 재정에 중요한 토대가 되고 있다.

V. 문화시스템

1. 지역정체성

1) 인구

쌍트 뻬쩨르부르크시의 인구는 러시아연방 대부분 주체에서와 마찬가지로 심각한 인구감소 추세를 보이고 있으며, 2001년 현재 4,628,000명으로 1990년 대비 7.47% (374,000명) 감소했다. 이는 근본적으로 사망률이 출생률을 2배 이상 상회하는 높은 자연감소율에서 비롯된다. 전입자에 의해 일부 인구감소현상을 보전하고 있다.

쌍트 뻬쩨르부르크시 인구변동 추이

연도	1990	1992	1993	1994	1995	1996	1997	1998	1999	2000	2001
인구수 (1,000명)	5,002	4,971	4,919	4,850	4,805	4,769	4,746	4,716	4,696	4,661	4,628

Российский статистический ежегодник. Госкомстат России. М., 2001. С. 82.

아래 표에서 볼 수 있듯이 쌍트 뻬쩨르부르크시의 사망자수는 출생자수를 훨씬 상회한다. 이는 시의 인구감소현상을 촉진하는 주요인으로 작용하고 있다.

쌍트 뻬쩨르부르크시 출생자수, 사망자수, 자연증가율

연도	출생자수(명)	사망자수(명)	자연증가율(명)
1990	54,322	61,534	-7,212
1992	37,796	67,181	-29,385
1993	32,336	85,687	-53,351
1994	34,563	83,647	-49,084
1995	33,841	76,723	-42,882
1996	31,551	68,022	-36,471
1997	31,482	63,764	-32,282
1998	31,235	65,031	-33,796
1999	29,438	72,463	-43,025
2000	31,970	76,396	-44,426

Российский статистический ежегодник. Госкомстат России. М., 2001. С.111.

200년 현재 쌍트 뻬쩨르부르크시의 경제활동인구는 2,417,000명으로 시 전체인구의 약 51.85%이다. 그 중 취업인구는 2,265000명으로 경제활동인구의 약 93.7%가 취업상태에 있고, 약 6.3%가 실직 상태이다. 이는 비교적 낮은 실업률로, 1990년대 중반 이후 지속된 두 자리 수의 고실업 사태가 어느 정도 완화된 결과이다.

쌍트 뻬쩨르부르크시 경제활동인구(취업자, 실업자), 실업률

연도	경제활동인구 (1,000명)	취업자수 (1,000명)	실업자수 (1,000명)	실업률(%)
1992	2,644	2,445	199	7.5
1993	2,551	2,347	205	8.0
1994	2,417	2,179	238	9.9
1995	2,441	2,183	258	10.6
1996	2,396	2,150	246	10.3
1997	2,346	2,114	232	9.9
1998	2,316	2,055	261	11.3
1999	2,426	2,158	268	11.0
2000	2,417	2,265	152	6.3

Россий ский статистический ежегодник. Госкомстат России. М., 2001. С. 136.

2) 민족

쌍트 뻬쩨르부르크시에는 100여 민족이 거주하고 있으며, 94년 현재 러시아인 91.8%, 우끄라이나인 2.3%, 벨라루스인 1.5%, 유태인 1.3%, 따따르인 0.8%, 아르메니아인 0.3%, 그루지야인 0.2%, 아제르바이잔인 0.2%, 추바슈인 0.1% 핀족 0.1%, 폴란드인 0.1%, 그 외의 소수민족들로 구성되어 있다. 대부분의 연방주체에서와 마찬가지로 러시아인이 절대다수를 차지하고 있다.

3) 교육

러시아연방 전체 과학·교육 잠재력의 약 15%를 차지하고 있는 쌍트 뻬쩨르부르크시에는 817개 중등학교, 95개 직업전문학교, 79개 국립 중급특수전문학교, 47개(21개 대학 포함) 고등교육기관 및 6개 분교, 10개 고등군사학교가 운영되고 있다.

시에서는 과학·교육 잠재력을 보다 효율적으로 활용하기 위해서 1998년 9월에 주지사 직속의 과학·기술 위원회를 설립했다.

1999년에는 쌍트 뻬쩨르부르크 행정부가 소로스 재단의 지원하에 '정밀과학 교육지원 프로그램'의 실행에 착수했다.

그 결과 최초로 러시아과학아카데미 산하 이오페(Иоффе) 물리·공학연구소에 의해서 통합교육망을 통한 단일 과학기술 전문가 양성제도가 설립되었다.

또한 교육과정 및 교육감독 과정에 정보기술을 개발, 도입하고, 각급 교육기관의 국제 전산망 접속을 보장하는 인프라 구축을 '북서지구 교육 정보환경' 프로그램이 구축되었다.

본 프로그램의 일환으로 '쌍트 뻬쩨르부르크 전산학교'가 설립되었으며, 쌍트 뻬쩨르부르크 국립 항공 기기제작 아카데미에 가상현실 센터 및 쌍트 뻬쩨르부르크 국립전자기술대학에 정보신기술 센터 '레찌(ЛЭТИ)'가 설립되었다.

과학·교육 발전을 촉진하는 시 조례를 제정, 채택하기 위해서 '과학에 관한 법률'과 '쌍트 뻬쩨르부르크 전문 교육에 관한 법률' 및 '발명활동에 관한 법률'이 채택되었다.

2. 지역문화

1) 문화개괄

네바 강 어귀의 늪지대에 건설된 쌍트 뻬쩨르부르크는 서구에서 수용한 러시아적 모더니티의 결과물이라고 할 수 있다. 서구적인 근대성을 체험하면서 뾰뜨르 대제에 의해 건설된 이 도시는 모스크바와는 달리 '인공 대 자연', '서구 대 러시아', '옛 것 대 새로운 것' 이라는 문화적 대립체계를 바탕으로 형성된다. 뻬쩨르부르그는 런던과 파리, 베를린, 암스텔담 등과 같은 18세기의 국제적 도시로 성장할 수 있는 러시아의 대외 창구같은 역할을 맡고 있었다.

'나무와 종소리'의 모스크바와는 달리 뻬쩨르부르크를 상징하는 것은 물과 돌이다. 이들은 순환과 모순적인 상호작용 속에서 뻬쩨르부르크 풍경의 상징적인 그물을 만들어내고 있다. 물이 이 도시의 늪지대를 전체적으로 포괄하는 자연의 이미지라면 돌은 이 자연력에 대항하여 1703년부터 뾰뜨르 대제가 건축을 시작한 이 도시의 인공적인 이미지 전체를 상징적으로 나타낸다. '러시아의 암스텔담', '러시아의 베니스', '북방의 팔미라'(아테네 문화를 받아들인 북방의 고대 도시)라는 별칭처럼 뻬쩨르부르크는 유럽을 향한 문으로 건설되었고 모스크바처럼 러시아 정교적인 '성 과 속'의 대립체계가 아니라 자연과 인공의 대립으로 규정될 수 있을 것이다.

크렘린을 중심으로 하는 원환의 모스크바의 이미지가 이콘과 같은 성상화와 자작나무의 목조 문화로 상징된다면 베르사이유 궁전처럼 뻬뻬르부르크의 이미지는 돌의 석조 건축 문화와 관련된 기하학의 도시이다. 또 제3의 로마임을 자처했던 모스크바가 비잔틴의 수도 콘스탄티노플을 지향했다면 뻬쩨르부르크는 로마의 성 베드로 성당을 자신의 모델로 삼는다. 베드로는 돌이라는 의미이며 러시아어로 뾰뜨르가 된다.

뻬쩨르부르크는 성스러운 베드로의 도시라는 뜻이며 뾰뜨르가 세운 돌의 도시는 자기 이름의 체현이 된다. 그러나 인공으로서의 돌의 도시는 네바강의 홍수와 범람에 위협받는 종말론적인 불길함을 동시에 내포하고 있었다. 그것은 인공에 대한 자연의 복수라고 간주되었다. 실제로 물에 의해 도시가 파괴될 것이라는 불길한 전조들이 1725년과 1824년 그리고 1924년의 대 홍수로 나타났다. 뻬쩨르부르크에 대한 또 하나의 중요한 사실은 안개 속에서 잿빛으로 변해가면서 저녁노을에서 백야로 탈진해가는 빛과 빛들의 환각이다.

대낮의 햇빛보다도 한 밤의 신비에 더욱 경도되고 있는 모호한 의미들의 생성작용도 여기서 시작된다. 이는 고골의 환상적인 리얼리즘이 생성되는 기반이며 오십 만델쉬땀이 말하는 '뻬쩨르부르크 인플루엔자에 의한 섬망상태'이고 안드레이 벨리이의 '그림자 소묘'가 이루어지는 공간이다. 광기에 의한 종말과 자연의 복수라는 생각은 공포와 외경심을 낳고 태양 광선의 변신은 환상과 신기루를 낳게 한다. 이 도시의 풍경 속에서 고정적이고 안정적인 것은 아무 것도 존재하지 않는다. 이러한 분위기 속에서 푸쉬킨, 고골, 도스토예프스키, 블록, 벨리이, 삘냐 등의 뻬쩨르부르크에 대한 작품들이 탄생했다고 해도 과언이 아니다.

2) 문화시설

네프스끼 대로

뻬쩨르부르크의 중심거리는 네프스끼 대로이다. 청동 기마상이 서 있는 원로원 광장의 심장부에서부터 뻗어나가는 3개의 방사선 도로 중 알렉산드르 네프스끼 수도원까지 이어지는 뻬쩨르부르크의 대 동맥이다.

이 대동맥을 중심으로 네오 바로크 풍의 까잔 성모 사원, 로코코양식의 미하일로프스끼 궁정, 신고전주의 양식인 알렉산드린스끼 극장과 쌀띠꼬프 쉬드린 공공도서관, 백화점이 좌우로 늘어서 있고 '모이까' 샛강, 예까쩨리나 운하, 폰딴까 샛강이 여기를 가로지른다. 프랑스와 독일, 영국 등지에서 수입된 최첨단 유행의 의상실, 고급 음식점과 식료품 가게들도 이곳에 모여 있다.

또한 문학 카페가 위치하고 있는 이 네프스끼 대로는 예술가의 거리이기도 한데 고골의 「초상화」(1834)에 나오는 주인공 차르뜨꼬프와 같은 초상화가들의 호객 행위도 이제는 빼놓을 수 없는 뻬쩨르부르크 노변 풍경 중의 하나이다. 이 네프스끼 대로의 문학 공간과 관련하여 간과할 수 없는 작가는 바로 니꼴라이 고골(1809-1852)이다. 그의 작품 「코」(1834)와 「외투」(1839)는 이미 잘 알려진 대로 네프스끼의 현실 공간을 상징적으로 도해한 '환상적 리얼리즘'의 그로테스크한 모델이다.

환성적인 것은 인과적인 자연의 법칙과 초자연의 무(無)시공간적 법칙 사이에서 일어나는 머뭇거림이자 고골이 자주 사용하는 '그럴 수도 있을', '세상 어딘가에는 이런 일도...' 와 같은 수식어처럼 개연성과 핍진을 기초로 하는 몽상의 사변적 형태이다. 이같이 네프스끼 대로의 풍경을 문학화하고 있는 고골의 일관된 주제는 뻬쩨르부르크 삶의 괴기하고 혼돈스러우며 무질서한 허위와 기만인데, 여기서 파생하는 모사와 같은 무 실재의 환영과 꿈이 고골의 환상적 공간을 채우는 내용물이다. 고골의 환멸과 환유가 지니는 연관성의 근원도 이 네프스스끼 공간의 모더니티에서 찾아야한다.

3) 문학

(1) 고골

위에서 언급한 것처럼 뻬쩨르부르크와 인연이 있는 작가로는 고골을 들 수 있다. 러시아 문학에서 산문이 꽃피기 시작한 것은 니꼴라이 바실리예비치 고골(1809-1852)부터이다. 푸쉬킨과 레르몬또프가 뛰어난 산문작품들을 썼지만 시인으로 더 유명한데 비해 고골은 산문 작가이다. 그의 독특한 재능은 이미 초기 작품에서 나타났다. 푸쉬킨이 아름답고 시적인 면에 보다 많은 주의를 기울인데 비하여 고골은 생활 속에서 추악하고 천박하며 우스꽝스러운 것들에 예리하게 주목하면서 이를 확대시켜 묘사하고 있다.

「지깐까 근교 마을의 야회」는 언어의 풍부함, 미묘한 재치, 아름다운 자연묘사가 훌륭하다. 제 2 작품집 「미르고로드」(1835)로 그는 작가로서의 기반을 굳혔다. 중편 소설 「아라베스크」에서는 뻬쩨르부르크 시민생활을 쓰디쓴 풍자로 묘사하였다.

뻬쩨르부르크 소설의 계열에 속하는 「외투」는 가난한 말단 관리가 겨우 마련한 외투를 노상강도에게 빼앗긴 후 절망한 나머지 죽어서 망령이 된다는 이야기이다. 이 작품은 무권리하고 학대받는 사람들을 옹호하는 것으로 독자들의 커다란 동정을 불러 일으켰다. 이후 도스토예프스키는 "우리 모두는 고골의 외투에서 나왔다"라고 말했다. 고골은 소설 외에 희곡도 썼는데 「검찰관」은 그의 대표작으로 그리보예도프의 「지혜의 슬픔」과 더불어 러시아 희곡 가운데 최고작 중의 하나이다. 이것은 한 젊은이가 도박으로 무일푼이 되자 돈도 못 내고 여관에 묵고 있는데 그를 이 도시를 방문한 암행 감찰관인 줄로 착각한 시장과 시의 유지들이 소란을 피우는 이야기로 당시 관료정치의 부패상을 그린 작품이다.

고골은 이 희곡에 대해 "내가 알고 있는 러시아의 모든 죄악상을 한데 묶어서 폭소를 자아내게 할 결심이었다."라고 말했다. 「검찰관」의 상연은 러시아 연극사상 공전의 성공을 거두었다.

고골의 대표작은 「죽은 혼」이라고 할 수 있는데 고골은 1836년부터 로마에 머물면서 이 대표작을 집필했다. 작가는 단테의 「신곡」을 모방하여 3부작으로 쓰려고 구상했지만 오늘날에 남이 있는 것은 제 1부와 제 2부의 단장(斷章)이다. 제 1부는 주인공 치치꼬프가 죽은 농노를 사들이고자 지주들의 영지를 편력하는 이야기이다.

치치꼬프는 인구조사 후에도 사망한 농노가 다음 해 인구조사 때까지 남아서 납세상 부담이 된다는 것에 착안하여 이러한 농노를 헐값에 매수하여 저당잡히고 은행에서 대출을 받아내려 한다.

이 작품의 주요한 내용은 차례차례 등장하는 무지와 탐욕, 횡포, 무기력의 화신과도 같은 인물들의 창조와 그들의 탁월한 성격묘사이다. 고골의 예술적 천재성은 부정적인 형상창조에 있어서 어느 누구와도 비교될 수 없는 역량을 발휘하였다.

(2) 도스토예프스키

고골 다음으로 뻬쩨르부르크와 깊은 관련이 있는 작가는 도스토예프스키이다. 인간 혼과 고뇌의 예술적 표현자로서 도스토예프스키(1821-81)는 세계문학 속에 비교할 수 없는 지위를 차지하고 있다.

그의 초기 작품 「가난한 사람들」(1845), 「백야」(1848)등에서는 도시 뒷골목에 사는 빈민의 심리를 비상한 정도로 예리하게 전개하였다. 그 기조를 이루는 것은 이러한 불행한 사람들에 대한 작자의 인간적 동정이다.

흔히 도스토예프스키를 고뇌의 찬미자라고 한다. 독자의 마음을 사로잡는 것은 모든 악을 용서하는 사랑과 모든 죄를 속죄하는 가르침이라기보다는 주인공의 격심한 고뇌이다. 그러나 도스토예프스키가 인간의 고뇌를 그리려 한 것은 이를 찬미하고자 한 것이 아니라 그것을 인간내면의 가장 근본적인 문제로 보았기 때문이다. 이런 인간 내면의 모순적인 면의 묘사 이외에도 그가 매번 도시의 뒷골목과 지하실과 천정의 골방 사람들에게 주의를 기울이게 된 것은 사람들에 대한 깊은 애정의 발로이다. 특히 부당하게 고통 받는 어린이를 그리는 그의 필치는 강력한 항의가 스며있다.

도스토예프스키의 최후의 대작 「까라마조프가의 형제들」(1879-80)속에는 시베리아에서 돌아온 그의 기본적인 주제와 사상이 집약되어 있다. 이 작품은 까라마조프 가문, 즉 아버지 표도르, 장남 드미뜨리, 차남 이반, 삼남 알료샤 그리고 표도르가 백치 여자의 몸에서 얻은 스메르쟈꼬프 등이 갈등을 일으키면서 전개되는 이야기이다.

작품은 스메르쟈꼬프가 아버지 표도르를 살해하는 장면을 정점으로 알료샤를 제외한 모든 인물들이 파멸을 맞게 되고 '신이 없으면 모든 것이 허용된다'는 무신론자 이반에 대한 온순한 알료샤의 기독교적인 사랑의 승리를 그려나가고 있다.

도스토예프스키의 소설은 많은 인물군과 복잡한 사건 체계, 짧은 시간 내에 휘몰아치는 긴박한 행동과 예상 못한 사건들의 연속, 다양한 문체와 장르의 결합 등을 특징으로 하고 있다.

(3) 모더니즘

① 상징주의

도스토예프스키 이후 뻬쩨르부르크를 중심으로 활동하면서 러시아 문학의 은세기를 연 유파는 상징주의자들이다. 상징주의는 1890년대에 형성되었으며 20세기 초 10년간 가장 큰 발전을 이룩했다. 이 시기에 새로운 사조의 미학적 원리를 기술한 선언문인 메레쉬꼬프스끼의 논문 「현대 러시아 문학의 쇠퇴 원인과 새로운 사조에 대하여」, 발몬트의 논문 「상징주의 시의 기본적인 언어」 등이 등장했다. 메레쉬꼬프스끼는 문학의 쇠퇴 원인을 사실주의의 우위에서 찾았으며 문학의 미래를 신적 관념주의와 관련시켰고 신비주의적 내용, 상징, 예술적 인상의 확대를 새로운 예술의 토대로 선언했다.

1894-95년에 '러시아 상징주의자들'의 작품 선집이 출판되었으며 자신들의 문학 활동의 첫 시기부터 러시아 상징주의의 대표자로 인정받고 있었던 브류소프가 출판에 적극적으로 참여했다.

상징주의는 브류소프, 발몬트, 솔로구프, 메레쉬꼬프스끼, 기삐우스, 블록, 벨리이 등과 같은 시인들의 작품 속에서 지속적으로 발전했다. 상징주의의 대표적 시인인 블록은 1898-1904년에 「아름다운 부인에 대한 시들」을 창작했다. 조국, 인간, 시인의 사회적 사명은 블록 작품의 중심적 주제였다. 세계에 대한 인식과 시적 언어에서의 공통성이 상징주의 시인들을 하나로 결합했다. 순수하고, 자유로운 예술에 대한 열망과 더불어 상징주의자들은 자기도취에까지 이르는 개인주의, 신비주의 세계를 찬양했으며 '불가항력적인 천재'와 니체의 '초인'사상은 이들의 정신세계와 유사했다. "원한다. 그러나 나는 사람들을 사랑할 힘이 없다. 나는 사람들 사이에서 낯선 이방인이다"(메레쉬꼬프스끼), "나에게는 이 세상에 존재하지 않는 무엇인가가 필요하다"(기삐우스), "우주의 종말의 날이 다가오고 있다. 단지 꿈의 세계만이 영원할 뿐이다."(브류소프).

상징주의자들은 현실적인 사건들을 무형상, 색깔, 음악성을 통해 지각했다.

② 아끄메이즘

1910년에 예술 인텔리겐치아 진영에서 상징주의와 그 생명력을 둘러싼 논쟁이 제기되었다. 구밀료프는 “상징주의는 발전을 다하고 이제 쇠퇴하고 있다”라고 했다.

상징주의를 대체하는 새로운 문학 경향을 구밀료프는 아끄메이즘(그리스어로 아끄메는 정점을 의미한다) 혹은 아다미즘(성경의 아담에서 유래)이라고 불렀는데 그 의미는 ‘생활에 대한 웅장하고 확고한 그리고 명백한 견해’라는 것이다. 구밀료프는 상징주의자들이 ‘미지의 영역’, 신비주의와 신학에 지나치게 경도되어 있음에 불만을 갖고 있었다.

상징주의의 애매함과는 달리 아끄메이즘주의자들은 현실적인 지상의 존재에 대한 숭배와 ‘삶에 대한 견고하고 명료한 시각’을 선언했다.

구밀료프의 문학 유산의 예술적 가치는 지대하다. 그는 강한 개성의 찬미자였으며 그의 작품에는 이국적이며 역사적인 주제들이 주를 이루었다. 그는 명백하고 정확한 특징을 지닌 시의 형태가 발전하는데 큰 역할을 담당했다.

아끄메이즘주의자의 한 명인 아흐마또바의 시 작품은 아끄메이즘 시에서 특별한 위치를 차지하고 있다. 그녀의 작품은 전체적으로 푸쉬킨의 전통을 이어받고 있으며 니꼴라이 표도르비치 아넨스끼(856-1900)의 영향을 크게 받고 성장했다. 아넨스끼는 상징주의자 전 세대에 속하며 복잡하고 모순에 가득 찬 시인이었다.

아흐마또바의 작품들은 주고 조용한 서정시로 그것은 자신에게 침잠하여 섬세하고 성실한 심리묘사로 충만해 있고 때로는 애수를 띠고 있기도 하다. 그녀의 시는 고도의 기교와 언어의 내적인 풍부함, 특이한 형상성, 극도의 간결함을 특징으로 하고 있다. 파시즘에 대한 2차 세계대전 시기에 아흐마또바의 시에는 민중적, 애국적인 테마가 삽입되었다. 그때 그녀의 활동은 새롭고 풍요로운 단계를 맞이하였고 이는 그녀가 죽을 때까지 계속되었다.

③ 미래주의

러시아 모더니즘의 경향인 아끄메이즘과 더불어 미래주의가 탄생했다. 미래주의 분파 가운데 입체미래파가 후에 가장 큰 명성을 얻었으며 부를류끄. 흘레브니꼬프, 끄루촌니흐, 까멘스끼, 마야꼬프스끼 등과 같은 시인들이 포함되었다. 미래주의의 다양한 형태 가운데 세베랴닌의 자아 미래주의파가 존재했다. '원심 분리기'라는 명칭의 미래주의 분파에서 아셰예프와 빠스쩨르나크 등과 같은 시인들이 자신의 독자적인 창작의 길을 걷기 시작했다.

미래주의는 독립된 형식의 혁명과 시적 언어의 절대적 자유를 선언했다. 1912년 '대중의 취미에 따귀를'이라는 미래주의자들의 선언문에서 자신들이 '동시대의 증기선'에서 푸쉬킨, 도스토예프스키, 톨스토이를 폐기 처분할 것이라고 주장했다.

미래주의 시인 중에 가장 유명한 인물 중의 한 명은 마야꼬프스끼인데 1912년에 그의 최초의 시집이 출판되었다. 처음부터 마야꼬프스끼는 미래주의 시인 가운데서 두드러졌으며 미래주의에 자신의 주제를 보충했다고 할 수 있다.

그는 항상 '모든 옛것'에 반대했을 뿐 아니라 사회 영역에서 새로운 것의 건설을 주장했다. '살찐 왕실'에 대한 완강한 거부, 인간에 대한 인도주의적인 믿음 등이 「바지 입은 구름」, 「전쟁과 평화」, 「인간」 등과 같은 그의 시에서 표현되었다. 1915년에 출판된 「바지 입은 구름」이라는 시의 주제를 마야꼬프스끼는 '타도하라'라는 4번의 외침으로 정의했다. 즉 '당신의 사랑을 타도하라', '당신의 예술을 타도하라', '당신의 구체제를 타도하라', '당신의 종교를 타도하라'.

4) 미술

(1) 예술세계

뻬쩨르부르크에서 1890년대에 생겨난 '예술세계'라는 예술 연합의 출현은 예술가들의 사상적, 예술적 추구와 깊은 관련을 맺고 있다. '예술애호가들', '예술세계' 등과 같은 젊은이들의 모임에서부터 거대한 예술문화 현상이 나타났다. 공후 떼니쎄보이의 재정적 지원으로 1899년에 출판된 잡지는 이 모임에 명칭을 부여해주었고 그 후 세로프가 재정적으로 출판을 지원했다.

화가 베누아, 소모프, 도부진스끼, 박스트, 란세리, 음악 평론가 누벨, 평론가이며 상징주의와 가까웠던 필로소포프, 뛰어난 조직력을 지닌 배우요, 예술 활동가인 쟈길레프 등이 '예술 세계'에 소속되어 활동했다. 쟈길레프는 러시아의 사회와 문화영역에서 중요성을 가지는 미술전시회 조직에 적극적인 영향력을 행사했다.

핀란드와 스칸디나비아반도의 미술가들의 예술이 큰 관심을 불러일으켰는데 1898년 쟈길레프가 조직한 러시아와 핀란드 화가 전시회는 미래의 '예술 세계'의 강령을 시사해주고 있다.

'예술세계'의 화가들은 아카데미즘의 상류풍과 이동전람회파의 사실주의 경향 모두를 거부하고 새로운 미학 원리들을 선언했다. 예술에서 새로운 방법을 모색하려는 계획과 예술을 통해 삶을 변화시키려는 노력은 직접적으로 이 협회에 소속되지 않았던 예술가들을 결합시켜주는 역할을 했다. '예술세계'는 건축과 조각, 시, 오페라와 발레, 예술평론과 예술학을 포괄하는 광범위한 문화와 미학운동이었다.

20세기 초 러시아 문화에서 이러한 연합회는 중요한 계몽주의적 역할을 했다. 이 연합회는 스따소프의 주관성과 편견으로 인해 이동전람회파 시대에 잊혀지거나 잘못 해석된 18-19세기 초의 위대한 예술 현상들을 과소평가하는 것에 반기를 들었다.

'예술세계'의 화가들은 로꼬또프, 레비쯔키, 끼쁘렌스키, 베네치아노프, 톨스토이 와 같은 화가들에게 예술의 문을 열어 주었다. 약 2000점의 작품이 전시된 따브리치스키 궁전에서 1905년 베누아와 쟈길레프에 의해 조직된 초상화 전시회는 큰 문화적 의의를 가진다. 개개의 작가들의 작품에 대한 연구, 옛 뻬쩨르부르크의 건축에 대한 논문들, 베누아, 그라바라와 다른 예술가들의 러시아 예술사에 대한 연구들은 러시아 예술에서 사상적, 예술적 개념을 창출해 냈다.

'예술세계'에 속한 화가들의 미술 작품은 지나간 시대, 특히 18세기에 관심을 기울였으며 복고적 경향을 강하게 띠고 있었다. 이들 단체에서는 러시아를 유럽화한 문화의 설립자인 뾰뜨르 1세에 대한 숭배, 이러한 문화 중심지인 뻬쩨르부르크에 대한 숭배, 그리고 러시아 역사에서 뻬쩨르부르크시대의 가장 완벽한 표현자인 푸쉬킨에 대한 숭배가 꽃을 피웠다.

'예술세계'에 속한 미술가들에게 가장 뛰어난 분야는 예술의 종합성을 잘 보여주는 연극, 무대 미술이었다. 푸쉬킨의 청동기마상에 대한 베누아의 삽화, 레프 톨스토이의 소설 「하지 무라트」에 대한 란세리의 삽화 등 예술극장에서 공연된 연극의성공은 소비에트 시기 예술발전의 토대가 되었다.

1905-17년 사이 혁명으로 이어지는 시대의 조형예술에서 창조적인 표현을 추구하는 다양한 근대적 흐름이 나타났다.

(2) 푸른 장미파

우선 러시아의 1905년 혁명이 실패하고 반 유물론적이고 반사실주의 경향을 띤 미술잡지 '금빛 양털'(1906-1909년)이 주최한 1907년의 푸른 장미전이 대단한 호평을 받았다. 이 푸른장미파는 상징주의 화가인 보리스 무사또프의 영향을 크게 받았으며 '제 2의 러시아 상징주의 미술운동'이라고 일컫는다. 상징주의와 신비주의의 장식성을 존중하는 푸른장미파의 영적으로 녹아내리는 그림은 부정확하고 불안한 느낌을 불러일으킨다. 몽상과 아침 잠, 모성, 탄생은 이들이 좋아하는 주제이다. 상징주의자들의 정신적 개념과 연관되어 있는 이미지로서의 푸른색은 이들 그림의 지배적인 색조이다. 푸른장미파는 '언어로 설명 할 수 없는 미묘하고 포착 할 수 없는 감정, 숨겨져 있고 복잡한 내면의 감정의 세계로의 몰입'을 자신들의 창조적 과제로 정했다. 개성이 강한 이 파의 화가들은 이후 각자 자신들의 길을 갔는데 꾸즈니초프와 사리얀은 고갱과 마티스처럼 동양에 주의를 기울였다.

(3) 다이아몬드 잭파

다이아몬드 잭파는 자고 나면 하나씩 생기는 미술유파의 고상한 척하는 이름에 반대하여 라리오노프가 제안한 거리의 속어이며 사기꾼을 뜻하는 '다이아몬드 잭'을 이름으로 채택했다. 렌뚤로프는 "당신네 화가들이 너무 많은 건방진 이름을 생각해 내었다. 그래서 그 대항으로 우리는 더 나쁜 것이 더 좋다고 결정했다. 사실 어떤 것이 '사기꾼'보다 더 나쁠 수 있겠는가?"라고 말했다.

우아함, 섬세함 그리고 당시 많은 화가들이 가지고 있었던 정신주의에 반대하여 이들은 대상과 현상의 물질성을 표현하려고 하였다. 이들은 프랑스의 후기 인상주의 거장 세잔느의 영향을 강하게 받아서 '러시아의 세잔느파'로 불린다. 그래서 이 파의 작품 속에서는 세잔느가 좋아하는 장르인 정물화와 풍경화가 중심적인 위치를 차지하고 있다. 이파에 속한 화가들은 꼰찰로프스끼, 마쉬꼬프, 렌뚤로프 등이다.

(4) 당나귀 꼬리파

라리오노프와 곤차로프는 '다이아몬드 잭'파에서 탈퇴하여 이들보다 훨씬 급진적인 젊은 모더니즘 작가들을 규합하여 1912년 '당나귀 꼬리'파로 명명되는 전람회를 열었다. 당나귀 꼬리파는 러시아의 원시주의라고도 불리는데 라리오노프의 견해에 따르면 '다이아몬드 잭'파는 서구 미술에 너무 집착하여 러시아 예술 전통을 제대로 평가하지 못했다. '당나귀 꼬리'파에 가입한 미술가들은 유럽 학파의 미술전통과 러시아 자수와 목판화와 성상화의 훌륭함을 결합시켰다.

(5) 광선주의

1910년대 초에 라리오노프는 광선주의로 나아가게 되는데 이것은 최초의 비구상 회화 중의 하나였다. 광선주의라는 팜플렛에서 라리오노프는 다음과 같이 말하고 있다 "광선주의는 예술가의 의지에 의해 나누어진 여러 가지 대상과 형태의 빛의 교차에서 발생하는 공간적인 형태를 의미 한다". 부부로서 라리오노프와 같이 활동한 곤차로프의 작품에는 약간 다른 동기들이 나타나는데 몇 개의 그녀 작품들의 주제에서는 폴 고갱과 반 고흐의 그림들과의 유사성이 느껴진다. 그리고 곤차로프는 러시아 구비문학의 전통에 대단한 관심을 기울였다.

(6) 초월(절대)주의

다른 많은 아방가르드의 거장과는 달리 깐찌미르 말레비치는 체계적인 예술 교육을 받지 않았다.

말레비치의 인생에서 아주 중요한 사건이 있는데 그것은 흘레브니꼬프, 마뚜신의 미래주의 오페라인 '태양에 대한 승리'를 함께 제작한 것이다. 이 오페라의 시연은 1913년 12월 뻬쩨르부르크에서 있었는데 이 오페라에서 보여 진 그림들은 새로운 스타일을 결정하는 첫 걸음이었고 이 스타일은 후에 수쁘리마띠즘, 즉 초월주의(국내에서는 번역상의 잘못으로 절대주의라고 알고 있음)라는 이름을 얻었다.

이러한 초월주의 성격은 1915년 겨울에 뻬쩨르부르크에서 있었던 미래주의 전시회에서 말레비치에 의해 보여 진 일련의 그림 속에 잘 나타나 있다.

이 그림들 중에는 말레비치의 유명한 그림 '검은 사각형'이 있었다.

말레비치, 깐딘스끼, 뾰뜨로프-보드낀, 팔끄, 샤갈, 필로노프 등과 같은 아방가르드 예술의 위대한 예술가들의 작품 속에는 창조적인 표현을 추구하려는 열정이 반영되어있다. 그들은 각자 독자적으로 주변세계의 구체적인 현실을 묘사하고자 한 것이 아니라 세계구조 속에서 이상을 구현코자했다.

5) 음악

(1) 다르고미스끼

다르고미스끼는 1813년 2월 모스크바 남쪽에 위치한 뚤라의 귀족 집안에서 태어났다. 4세 때 뻬쩨르부르크로 이사한 뒤 피아노와 바이올린 레슨을 받으며 자란 그는 이미 10대 후반에 피아노 바이올린 연주 솜씨가 뻬쩨르부르크에 알려질 정도로 뛰어난 음악적 재질을 보였다. 1834년 글린까를 만나면서 작곡에 전념했고 1841년에 최초의 오페라 '에스메랄드'를 완성했다. 이 작품은 빅토르 위고의 원작에 바탕을 둔 것이었다.

1855년 작곡한 '루살까'는 러시아의 민담을 소재로 한 오페라이다. 이 작품에서 그는 극적 구성과 희극적 요소를 가미하고 서창(레시타티보)에 러시아어의 억양을 강하게 살렸는데 이러한 기법은 국민 음악파의 발라끼레프, 뀌이 등에 영향을 주었다.

(2) 발라끼레프

발라끼레프는 니제고로트의 가난한 집안에서 태어났다. 어머니의 정성어린 음악 지도를 받으며 자랐고 고향에 있던 개인 관현악단을 지휘했다. 18세 때 피아니스트로 뻬쩨르부르크에 데뷔한 그는 1855년 글린까를 만나면서 본격적으로 음악 활동에 나섰다.

그의 음악적 업적으로는 작곡분야에서보다 '발레끼레프 그룹'이라고 불리는 국민 음악파 5인 그룹(발레끼레프, 뀌이, 보로딘, 무소르그스끄, 림스끼-꼬르사꼬프)의 리더로서 능력 있는 젊은 음악가들을 발굴하고 그들의 음악적 재능이 꽃피우도록 도와주었다. 발레끼레프는 뻬쩨르부르크 음악원의 아카데미즘적 음악에 대한 대안으로 1862년에 자유음악학교를 만들어서 음악교육의 대중화를 시도했다.

(3) 무소르그스끼

프스꼬프주의 또로뻬츠에서 태어나 어려서 어머니에게 피아노를 배웠고 1849년 뻬쩨르부르크에서 게르케에게 개인지도를 받았다. 군복무 중 당시 의무 장교로 있던 보로딘을 만난 후 1857년 다르고미스끼, 뀨이, 스따소프 등을 만나면서 본격적으로 음악가의 길을 걸었다. 1874년 공연된 '보리스 고두노프'는 큰 반향을 일으켜 20여 차례나 공연되는 기록을 남겼다. 러시아인의 정서를 가장 잘 나타낸 가장 러시아적인 작곡가로 평가받고 있다.

아르한겔스크주

Архангельская Область

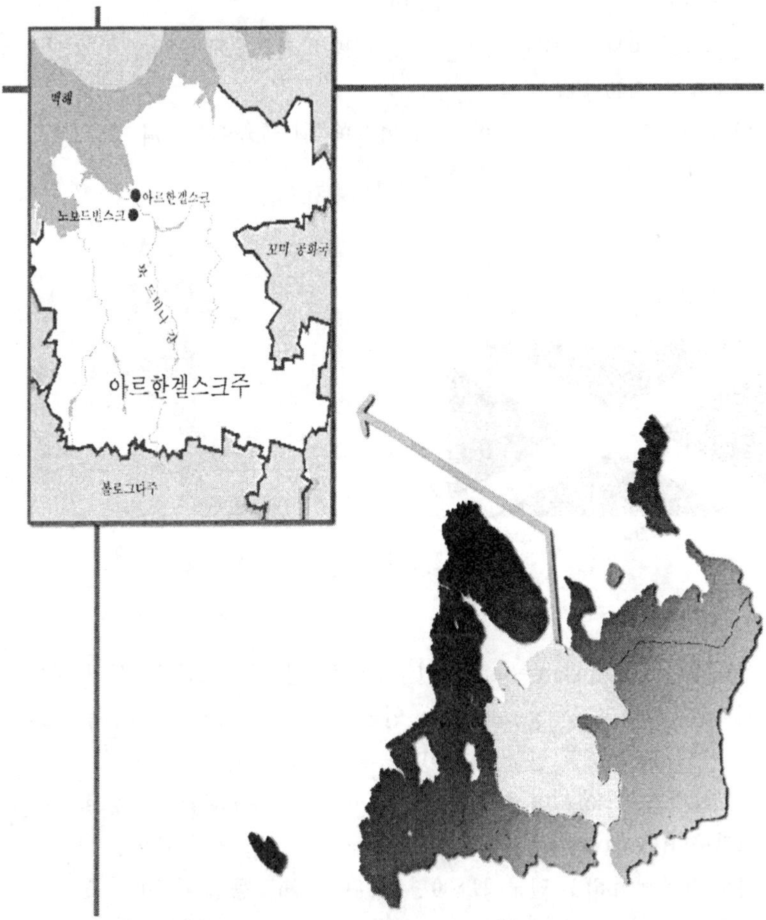

Ⅰ. 개황

1. 기초정보

주 성립일: 1937년 9월 23일
주도: 아르한겔스크(Архангельск)
인구: 1,397,000명(2001년 현재: 러시아연방 전체의 0.96%; 89개 주체 중 39위)
인구밀도: 3.40명/㎢
면적: 410,700㎢(러시아연방 전체 면적의 2.41%; 89개 주체 중 13위)
소속지구: 북서연방지구; 북부경제지구
한국과의 시차: -6시간

2. 상징

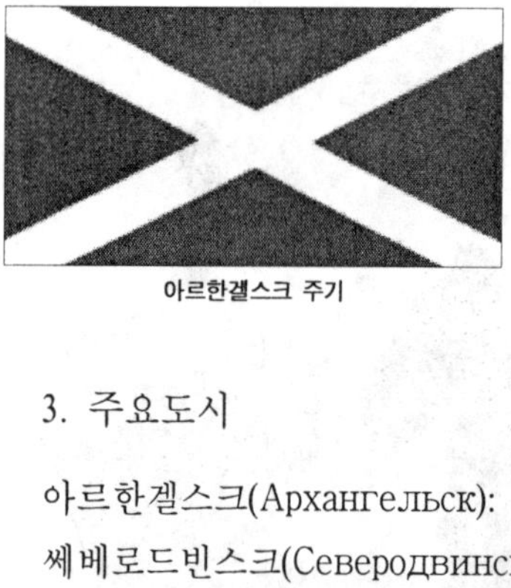
아르한겔스크 주기

3. 주요도시

아르한겔스크(Архангельск): 인구 355,500명; 북위 64°32′, 동경 40°32′
쎄베로드빈스크(Северодвинск): 인구 223,500명; 북위 64°34′, 동경 39°49′
꼬뜰라스(Котлас): 인구 64,400명; 북위 61°16′, 동경 46°39′
노보드빈스크(Новодвинск): 인구 47,700명; 북위 64°25′, 동경 40°49′
꼬랴주마(Коряжма): 인구 43,000명; 북위 61°19′, 동경 47°8′
미르니(Мирный): 인구 29,800명; 북위 62°46′, 동경 40°20′
벨스크(Вельск): 인구 25,500명; 북위 61°4′, 동경 42°7′
냔도마(Няндома): 인구 25,000명; 북위 61°41′, 동경 40°13′
오네가(Онега): 인구 24,100명; 북위 63°55′, 동경 38°5′
(인구: 2002년 현재)

4. 주요 산업 및 농업

주의 주요 산업으로 임업(목재가공, 제지공업, 목재수출업), 어업 등이 발달했으며, 농업부문은 낙농업, 사습사육, 야채, 감자재배, 사냥, 모피용 동물 사육업 등이 발달했다.

Ⅱ. 자연환경

1. 지리적 위치와 구성

아르한겔스크주는 20개 행정구, 14개 시, 38개 도시형마을, 240개의 농촌마을로 구성되어 있으며, 러시아연방 유럽지역 북부에 위치하고 있다. 주에 연해 있는 3,000㎞의 해안은 백해, 바렌쯔해, 까라해 등 3개 북극해의 차가운 물이 둘러싸고 있다.

키로프주, 볼로그다주, 까렐리야 공화국, 꼬미 공화국과 경계를 두고 있다.

주요 하천으로는 북 드비나(Северная Двина), 뻬초라(Печора), 오네가(Онега), 메젠(Мезень)강 등이 있으며 전체적으로는 총연장 275,000㎞에 달하는 70,000여개의 크고 작은 강이 흐른다.

아르한겔스크주에는 산림자원이 매우 풍부하다. 숲은 약 230,000㎢에 이르며, 주로 중 전나무 55.7%, 소나무 26.6%, 자작나무 16.3%, 사시나무 1.1% 등으로 구성되어 있다.

수도 아르한겔스크와 모스크바 간의 거리는 1133㎞이다.

2. 기후

대륙성기후에서 대륙성 혹한기후로 전이되고 있음(러시아의 유럽 지역에서 가장 혹독함)

1월 평균기온:-12℃ ~ -18℃

7월 평균기온:8℃ ~ 16℃

연강수량: 300 ~ 500㎜

식물 생장 기간: 60일(북동 지역 네네쯔 자치구), 70 ~ 80일(백해 연안), 90 ~ 105일(남부와 중앙 지역)

토양: 타이가 토양, 염분회색토

삼림분포도: 52%

3. 주요 유용광물

아르한겔스크주는 자원이 매우 풍부하다. 이미 원유, 가스 및 보크사이트의 채굴이 시작되었으며, 다이아몬드 채굴 준비가 한창이다. 또한 석회암, 백운석, 석고, 건축용 석재, 시멘트 원료, 요드수(水) 등의 광물자원이 탐사되었다.

주요 산지:

원유, 가스, 콘덴사이트: 주의 동북부 지역 및 네네쯔 자치구 73개 산지.

보크사이트: 쁠레쎄쯔크구(區)의 익신스크(Икшинск).

다이아몬드: 아르한겔스크시 90㎞ 북쪽지역, 로모노쏘프(Ломоносов) 광산(매장량세계 3위).

그밖에도 주에서는 다양한 광물자원 및 건축자재 등이 탐사, 개발되고 있다.

Ⅲ. 정치시스템

1. 역사

아르한겔스크는 400여년 전 이반뇌제에 의해 건설되었다 당시 도시는 풍부한 산물로 유명했고 루시 국가의 유럽 나라들과의 교역의 중심지였다. 아르한겔스크의 건설까지 오랫동안 '뿌르-나볼록' 곶에는 노브고로트인들이 세운 미하일-아르한겔스크 남자 수도원이 있었다. 1583년 짜르는 자신의 군대를 드비나 강에 보내 거대한 도시를 세우게 하였다. 처음에 도시는 '노븨 홀모고르'라고 불렀다. 여기, 즉 푸르-나볼록 곶에서부터 북부 드비나의 삼각주가 시작되며, 이는 하천의 지류로 분산되고 백해로 흘러 들어간다.

아르한겔스크는 서쪽으로 진출하는 러시아의 첫 무역항으로서 첫 번째 바다의 관문이다. 북부의 전 지역에서 아르한겔스크처럼 과거에 유명했던 도시는 없다. 아르한겔스크로는 러시아의 여러 도시에서 많은 상인들이 모여들었다. 모든 유럽국가들로부터는 아르한겔스크로 해로(海路)가 이어졌다. 외국상인들은 자신들의 배에 무수한 상품(암스테르담 공단, 베니스 빌로드, 런던 나사, 단찌히 모포)을 싣고 와서는 아마, 해포석, 굵은 밧줄, 밀랍, 마스트용 목재 등을 실어갔다. 좌브 지역(현재 뽀뽀프 거리와 로기노프 거리가 시작되는 지점)에는 외국인들이 자신의 집과 창고를 지었다. 도시가 건설된 지 정확히 100년 후 도시의 주요한 특징이 된 것은 러시아와 유럽의 모든 상인들에게 알려진 대형 가게였다.

1693년 젊은 짜르 뾰뜨르 I세는 아르한겔스크를 방문했다. 그는 솔롬발스끄 조선소를 세웠으며 이 조선소에서 만든 최초의 배가 1694년에 바다로 띄어졌다. 이해에 뾰뜨 I세는 아르한겔스크를 두번째로 방문하여 도시에 주요 수출품목에 대한 국가독점 무역기관을 설치했다. 이는 1719년까지 존속되었다. 1701년 5월에 뾰뜨르 I세의 명령에 따라 노보드빈스크 요새가 세워졌다. 이 요새는 바다 쪽에서 오는 재난으로부터 아르한겔스크 도시를 보호하기 위해 솔롬발보다 낮은 지역에 건설되기 시작했다. 6월 25일 이 요새에서 스웨덴 함대와의 전투가 치러졌으며, 이는 스웨덴과의 전투에서 러시아가 거둔 첫 번째 승리였다. 1702년 뾰뜨르 I세는 아르한겔스크를 지역의 행정중심지로 정했으며, 6년 후에는 현의 중심도시가 되었다. 바로 그가 도시의 문장을 승인했다. 대형 가게로부터 멀리 떨어지지 않은 곳에 지역의 발전에 큰 기여를 한 것을 기념하는 뾰뜨르 I세의 기념상이 세워졌으며 이동상은 19세기 후반기에 러시아의 뛰어난 조각가 안또꼴스끼의 작품이다.

수세기동안 아르한겔스크에서 바닷짐승(물개, 고래 등), 어획 등의 생산활동에 과감한 주민들이 북쪽으로, 북극해로 떠났다. 이들 덕분에 꼴구예프, 바이가치, 노바야 제믈랴, 그루만트와 같은 섬들이 개척되었다. 아르한겔스크가 북극으로 가는 관문으로 불리는 것은 우연이 아니다. 바로 여기에서 루사라노프, 시비랴꼬프, 세도프의 탐험대가 장비를 갖추고 북극탐사에 나섰다. 여기에서는 북해 연구에 이용될 목적으로 최초의 교육탐사선인 '페르세이'가 건조되었고, 그 이후 카라해 탐사가 처음으로 시작되었다. 북극 정찰을 위한 첫 번째 비행은 북극 항공로를 개척하는 계기가 되었다. 1932년 쇄빙선 시비랴코프가 역사상 최초로 백해에서 베링해에 이르는 북해 항로를 지나갔다. 이것이 최초의 떠다니는 연구소 역할을 하면서, 여기에서부터 파나닌, 쉬미트, 비제, 사모일로비치, 보로닌 등의 마지막 탐사대의 활동이 끝을 맺게 된다.

2차 세계대전기간에 아르한겔스크에는 백해의 전투함대가 그 기지를 두고 있었다. 제1차 세계대전 때와 마찬가지로 아르한겔스크는 유럽과 미국으로부터 원조물자가 들어오는 주요 항구가 되었다. 아르한겔스크에 그리고 솔로베츠 섬에는 해군함대의 유명한 유소년 학교가 운영되었다. 적기의 공격으로 방어하고 적의 특수부대를 섬멸하기 위해 아르한겔스크주로부터 전선을 위해 중요한 물자들, 즉 나무, 박격포, 화염방사기, 프로펠러가 달린 썰매 등이 보내졌다.

약 40킬로미터 정도 아르한겔스크는 북부 드비나 강의 양쪽 강변을 따라 펼쳐져 있으며, 섬들에는 이 강의 삼각주가 위치해 있다. 12개의 큰 섬들 가운데 가장 유명한 것은 솔롬발이다. 그 명칭은 카렐어 '솔렌바(соленба)'에서 나왔으며 질퍽이는 또는 습지가 많은 섬이라는 뜻을 갖는다.

2. 정치

1) 정치 일반

아르한겔스크주 지사는 예프레모프(А. А. Ефремов)이다. 그는 1988년 아르한겔스크 주의 집행위원회 부위원장으로 임명되었으며 1996년 3월에는 러시아연방 대통령 명령으로 주 행정수반으로 임명되었다. 이와 함께 모스크바에서 아르한겔스크주 대표부를 지휘했다. 예프레모프는 1996년 12월 22일 역사상 최초로 실시된 민주선거에서 아르한겔스크주의 첫 번째 주지사로 당선되었다.

아르한겔스크주 헌법에 따르면 주의 입법권력은 주의회가 실현한다. 주의회의 의원들은 아르한겔스크 주의 39개 선거구에서 선출된다.

2) 선거

2000년 3월 26일 실시된 러시아연방 대통령선거에는 아르한겔스크주 유권자의 69.1%가 참여했다. 뿌친이 과반수이상의 득표를 했다.

후보명	득표율(%)
뿌친	59.8
쥬가노프	20.3
야블린스끼	6.2
지리놉스끼	3.7
뚤레예프	2.8
찌또프	1.6
기타 후보	2.7
모두에 대한 반대	2.1

1999년 12월 19일 실시된 러시아연방 국가두마의원 선거의 투표결과는 다음과 같다.

정당별 득표

정당	득표율(%)
단결	27.55
러시아공산당	15.32

우파연합	10.77
지리놉스끼 블록	9.16
조국-전러시아	7.67
야블로꼬	6.8

지역구 선거를 보면 아르한겔스크 선거구에서는 삐스꾸노프(А. А. Пискунов)를 선출했다. 그는 러시아연방 정부기구의 부지도자로서 조국-전러시아 소속으로 출마했다. 그는 28.6%의 득표를 했다. 꼬틀라스끄 선거구에서는 북부 철도관리 책임자인 쁘레듸바일로프(В. М. Предыбайлов)를 선출했다. 그는 단결당 소속이었다.

아르한겔스크 주지사 선거는 두 번에 걸쳐 진행되었다. 1차 투표는 2000년 12월 3일 성립되었다. 그 결과 아르한겔스크 주지사인 예프레모프와 뽀모르스끄 국립대학의 학과장인 말라꼬프(Н. Малаков)가 최다득표를 한 것으로 나타났다. 예프레모프는 49.64%, 말라꼬프는 34.24%를 획득했다. 유권자의 45.62%가 투표에 참여했다. 모든 후보에 대한 반대에는 12.17%가 투표했다.

동년 12월 17일 결선투표가 진행되었고 예프레모프가 당선되었다. 유권자 58.48%가 그에게 투표했다. 말라꼬프는 31.60%를 획득했다. 투표에는 유권자의 36.40%가 참여했고 모든 후보에 대한 반대에는 8.87%가 참여했다.

아르한겔스크주 헌법에 따르면 주에서 입법(대의)권력을 실현하는 것은 주의회로서, 그 선거는 39개의 선거구별로 진행된다. 1996년 6월 16일의 선거, 그리고 1996년 12월 8일의 보궐선거의 결과 제2기 주의회는 구성될 수 있었다.

Ⅳ. 경제 시스템

1. 경제개황

아르한겔스크주는 7개의 연방지구 중 북서연방지구에 속하고 12개의 러시아 경제지역 중 북부경제지역에 속한다. 아르한겔스크주는 전 산업이 고르게 발달되어 있다. 공업과 농업, 그리고 운송, 소매유통과 자본투자 등 각각 중요한 비중을 차지하고 있다. 그 중에서도 아르한겔스크주의 전통산업으로 입지를 갖추고 있는 부문인 목재벌목과 가공, 그리고 종이·펄프산업이 상대적 우위와 긍정적 전망을 가지고 있다.[1)]

아르한겔스크주에서 2000년에 등록된 총 기업수는 2만 26개이며 이것은 1999년 대비 6.60% 상승한 것이다. 이 기업들은 대부분이 민간소유의 기업이며 각 분야에서 민간소유기업이 차지하는 비중을 보면 다음과 같다.

농업부문-91%; 무역-88%; 건설-80%; 중개활동-79%; 공업-70%; 운송-54%; 대기업과 중기업 중 56%가 혼합형태이고 16%가 국영기업, 그리고 6%가 공기업, 21%가 민간소유기업이다. 나머지 0.7%정도는 비영리기업이나 조합과 같은 사회기업이다.

아르한겔스크주의 러시아대비 경제비중은 평균정도에 이르고 있으며 특히 공업의 발달이 두드러지고 있다. 몇 개의 주요 거시경제지표를 비교하면 다음과 같다.

2000년도 러시아 주요 경제지표에서 아르한겔스크주의 비중

주요 항목	러시아전체 대비 아르한겔스크주 비율
지역총생산	0.9%
공업생산량	1.0%
농업생산량	0.7%
소매유통	0.7%
자본투자	0.8%

http://www.infostat.ru/epub.htm (검색일: 2003.1.10)

1) 이 부문에는 세계적으로 이름난 기업들이 있으며 대표적인 것은 다음과 같다. АО "Архангельский целлюлозно-бумажный комбинат", АО "Котласский целлюлозно-бумажный комбинат", АО "Соломбальский целлюлозно-бумажный комбинат", АО Соломбальский ЛДК.

아르한겔스크주의 지역총생산은 러시아대비 비중이 0.9%이며 총량은 1999년 389억 9,400만 루블이다. 이것은 1998년 대비 70.36% 상승한 것으로 놀라운 성장을 하고 있다. 1인당 지역총생산은 2,654만 1,000루블이고 지수는 1999년 111.4로 실질적인 성장이 명목 지역총생산의 성장을 뒷받침해 주고 있다.

아르한겔스크주의 지역총생산의 주요 구성과 비율을 보면 공업이 39.6%로 단연 비중이 크다. 여타 부문을 표로 보면 다음과 같다.

지역총생산의 주요 구성과 비율

주요 산업부문	지역총생산의 주요 구조의 비율
공업부문	39.6%
농업부문	6.5%
건설부문	3.9%
운송부문	9.4%
유통부문	8.6%

http://www.infostat.ru/epub.htm (검색일: 2003.1.10)

2. 산업

1) 공업

아르한겔스크주의 총 공업생산량은 1999년과 2000년에 각각 271억 8,500만 루블과 428억 2,100만 루블을 기록해 증가율은 57.52%를 나타내었다. 이 성장의 주역은 목재벌목산업과 목재가공 산업으로, 발전요인은 자연적으로 형성된 산림자원의 혜택에서 찾을 수 있다. 이 산업의 특징은 원료지향형 입지성을 띠고 있고 집적성이 강한 부문이므로 대부분 복합체를 이루고 있다는 것이다. 아르한겔스크주의 목재복합체는 러시아에서 가장 큰 규모를 이루고 있다.[2)]

아르한겔스크주의 목재산업에서 생산된 품목들은 실로 다양하다. 그 대표적 품목과 비율을 보면 목재섬유가 8%, 건축용 목재가 7%, 그리고 펄프제품

2) 대표적인 것을 들면 다음과 같다. AO ‘Светлозерсклес’, AO ‘Луковецкий леспромхоз’, AO ‘Двинлес’, AO ‘Усть-Покшеньгский леспромхоз’, AO ‘Онегалес.

이 33% 등이다. 그 외 카르톤이나 일반지도 생산되고 있다. 이 제품을 생산해내는 주요 도시들은 아르한겔스크, 오네크, 꼬뜰라스, 쏠롬발스크, 노보드빈스크 등이다.

아르한겔스크주는 목재가공 외에도 여러 산업이 발달되어 있으며 경공업도 중요한 산업으로 여겨지고 있다. 경공업에 속한 대기업과 중기업만 해도 현재 20개 기업이상으로 이들은 여러 품목생산에 몰두하고 있다.[3)]

아르한겔스크주의 1999년과 2000년 총 공업생산량은 각각 271억 8,500만 루블과 428억 2,100만 루블이고 지수는 1997년부터 2000년까지 각각 100.3, 103, 122, 130을 나타내고 있어 실질성장이 러시아의 어느 지역보다 높게 나타나고 있다. 이것은 아르한겔스크주의 공업성장이 상승기에 있음을 나타내고 있고 전망 또한 매우 밝다고 평가할 수 있다.

아르한겔스크주 공업(러시아 전체공업생산의 1.0%차지)의 부문별 구조를 살펴보면 몇 가지 산업들이 두드러지고 있으며 그것은 목재가공, 연료공업, 기계제작과 전기전력 등의 산업이다. 그 비율을 표로 살펴보면 다음과 같다.

주요 공업생산부문별 생산비율

생산부문	아르한겔스크주 총공업생산 비율
전기전력	7.2%
연료공업	15.0%
철강업	0.1%
비철금속	0.3%
화학·석유화학	0.1%
기계제작·금속가공	14.6%
목재가공, 종이·펄프	50.9%
건재공업	1.3%
경공업	1.3%
식품공업	6.9%
기타	2.3%

http://www.infostat.ru/epub.htm (검색일: 2003.1.10)

3) 대표적인 기업을 들면 다음과 같다. - АО 'Союз', АО 'Северянка', - АО 'Архангельский промкомбинат', - АО 'Чай ка', ЗАО 'НХП"Беломорские узоры', ТОО 'Холмогорская резьба по кости им. М. Ломоносова'.

2) 농업

아르한겔스크주의 농업도 공업 못지않게 발달되어 있는 산업이다. 농업생산량은 1999년과 2000년에 각각 439억 2,600만 루블과 512억 9,400만 루블로 증가율이 16.77%에 이르고 있다. 이 중 작물과 가축사육의 비중을 표로 쉽게 보면 다음과 같다.

농업생산량 추이

항목 \ 년도	1997	1998	1999	2000
총농업생산액	2,303.8	2,546.2	4,392.6	5,129.4
작물관련 생산액	1,371.2	1,622.9	2,718.1	3,121.1
가축관련 생산액	932.6	923.3	1,674.5	2,006.3
농업생산 지수	90	104	97	101

http://www.infostat.ru/epub.htm (검색일: 2003.1.10)

그리고 가축사육과 작물재배를 통해 생산되는 품목들과 각각의 양을 살펴보면 다음과 같다.

곡물-만 600톤; 감자-46만 톤; 채소-8만 9,600 톤; 가축과 닭-만 7,100 톤(도살 후 측정) 우유-17만 3,100 톤 등이다.

아르한겔스크주의 농업이 더 발전되기 위한 방안이 몇 가지 제시되고 있다.

- 소의 종자 중에 홀모고르 종의 사육을 더욱 늘려 우유와 고기를 얻는 낙농생산의 효율을 높여야 한다. 홀모고르 종의 소는 면역에 강하고 생산성이 높아 낙농에 적합한 종자라 할 수 있다.
- 아르한겔스크주에서 대표적 농업주체인 농공복합체와 그의 터전인 농공단지의 효율성을 높이기 위해 자본유치를 적극적으로 추진해야 한다. 농공복합체는 농업과 공업이 상호 관련된 생산작업을 업으로 하고 있으며 그리하여 농기계부품산업, 농 건재산업, 농기계표준화작업 등 농공 시너지효과를 높일 수 있는 부문에서 자본의 한계생산력을 높여 줄 수 있다.
- 아르한겔스크주의 작물재배에 있어서 총 파종면적이 2000년 현재 215만 6,000 헥타르인바 이것은 농경지대비 파종면적의 활용이 낮은 편이다. 각각의 토지에는 적합한 재배작물이 있으므로 연구기관의 자문과 경험을 활용하여 파종면적과 토지생산성을 높여야 한다. 특히 곡물재배의 파종이 더 확대

될 필요가 있다. 2000년 파종종류에 따른 면적비율을 보면 다음과 같다. 곡물-7.8%; 감자와 채소-14.0%; 사료용 식물-78.2%이며 이것으로 보아 사료용 작물재배에 편중되어져 있다.

3) 자원 등 기타

아르한겔스크주의 기후는 적당한 대륙성기후로 시원한 여름과 춥고 긴 겨울을 나타낸다. 이 지역의 토양은 회백색토양이 절대적 우위를 차지하고 있다.

아르한겔스크주의 북서지역은 툰드라지역에 속해 있다. 지역적 특성상 나무가 드물거나 심지어는 전혀 없는 지역들도 있다. 하지만 전체적으로 아르한겔스크는 영토의 절반정도가 숲으로 이루어져 있으며 이들 숲지대는 대부분 북부와 중부타이거 지역의 경계에 걸쳐서 전개되어 있다. 주종을 이루는 나무는 전나무, 소나무, 낙엽송, 전나무 등이다.

숲지대에는 곰, 사슴, 여우 등 포유동물을 비롯하여 매, 자고새 등의 새들이 서식하고 있다. 또한 이들 동물들을 보호하기 위하여 금벌구역도 지정되어 있으며 1974년 건축된 2만 8,900 헥타르 규모의 솔로베츠 금벌박물관도 있다.

아르한겔스크주의 연안부분은 3개의 북극해(Белое, Баренцевое, Карскkoe море)에 둘러싸여 있다. 일레크쓰강을 제외한 모든 강들은 북레도비트대양의 연안에 접해있다. 이들 중 규모가 거대한 것으로는 북부 드비나, 오네가, 메젠, 페초라 등이 있다. 전체적으로 아르한겔스크주내에는 2,500개의 호수가 있고 가장 큰 호수는 라차, 켄호수, 코쉬호수 등이다.

위의 수자원 이외 이 지역은 유용광물자원도 풍부하다. 바다의 연안에 위치한 지리적 특성상 다이아몬드, 석유, 보오크사이트, 가스 및 증축액, 건축자재의 원료, 카르보네이트원료, 세공 및 건축용돌, 담수 및 미네랄 수 등 수많은 매장지가 발견되고 있다.

V. 문화시스템

1. 지역정체성

1) 인구

2001년 현재 아르한겔스크주의 인구는 1,397,000명으로, 1990년(1,520,000명)을 기점으로 꾸준히 감소하기 시작했다. 그 결과 2001년 인구는 1990년 대비 8.38%(132,000명)이 감소했다. 아르한겔스크주의 도농간 인구분포는 74%와 26%로 인구의 도시집중현상이 두드러진다.

아르한겔스크주의 인구감소현상은 무엇보다 낮은 출생률에 비해 높은 사망률에 의한 인구자연감소와 주로부터 타 지역으로 떠나는 인구 전출에 기인한 바 크다.

아르한겔스크주 인구변동 추이

연도	1990	1992	1993	1994	1995	1996	1997	1998	1999	2000	2001
인구수 (1,000명)	1,520	1,517	1,510	1,497	1,485	1,473	1,460	1,446	1,432	1,414	1,397

Россий ский статистический ежегодник. Госкомстат России. М., 2001. С. 82.

아르한겔스크주의 인구자연증가율은 1990년을 계기로 자연감소추세로 전환되었다. 이 시기는 주의 전체인구가 감소하기 시작한 시기로, 출생자수에 비해 사망자수가 웃돌기 시작하여, 최근에는 그 수가 거의 두 배에 이르러 주의 인구감소에 악영향을 미치는 요인이 되고 있다.

아르한겔스크주 출생자수, 사망자수, 자연증가율

연도	출생자수(명)	사망자수(명)	자연증가율(명)
1990	20,299	15,069	5,230
1992	15,365	17,729	-2,364
1993	13,317	21,643	-8,326
1994	13,487	23,505	-10,018
1995	12,673	21,693	-9,020
1996	12,373	20,198	-7,825
1997	11,990	19,010	-7,020

1998	12,345	18,532	-6,187
1999	11,337	21,779	-10,442
2000	11,609	22,009	-10,400

Россий ский статистический ежегодник. Госкомстат России. М., 2001. С. 109.

2000년 현재 아르한겔스크주의 경제활동인구는 전체 인구 대비 52.12% (737,000명)이다. 그 중 취업인구는 646,000명으로 87.65%, 즉 실업률은 12.25%로 매우 높은 편에 속한다. 이러한 고실업 사태는 1990년대 중반 이후 지속되고 있으며, 경제상황이 크게 개선되지 않는 한 당분간 지속될 전망이다.

아르한겔스크주 경제활동인구(취업자, 실업자), 실업률

연도	경제활동인구 (1,000명)	취업자수 (1,000명)	실업자수 (1,000명)	실업률(%)
1992	820	780	40	4.9
1993	806	757	49	6.1
1994	768	694	74	9.6
1995	772	688	84	10.9
1996	765	673	92	12.0
1997*	714	626	88	12.3
1998	705	601	104	14.8
1999	733	625	108	14.7
2000	737	646	91	12.3

* 1996년까지의 수치는 네네쯔 자치구의 수치를 포함한 것이고, 1997년부터는 아르한겔스크주만의 수치임.

Россий ский статистический ежегодник. Госкомстат России. М., 2001. С.136.

2) 민족

2001년 현재 1,397,000명의 아르한겔스크주의 인구는 러시아인 92.1%, 우끄라이나인 3.4%, 벨라루스인 1.3%, 독일인 0.5%, 꼬미족 0.5%, 기타 민족(따따르인, 추바슈인, 모르도바인, 까자크인, 유태인, 기타) 2.2%로 구성되어, 러시아인이 절대다수를 차지하고 있다. 정치·사회적으로 안정돼 있어, 민족문제는 거의 발생하지 않는다.

3) 교육

아르한겔스크주는 자연과학 육성에 많은 관심을 기울이고 있다. 주에서는 1994년 각종 아카데미, 부문별 고등교육기관, 학술연구소, 국영기업체 및 주식회사 등이 통합하여 '아르한겔스크 과학센터'가 설립되어, 6개 분야에 대한 다양한 연구가 시행되고 있다.

주요 연구 분야는 다양한 분야를 포괄하는 토양학, 지진파와 지각 이동을 연구하는 지질구조학 등이다. 이와 관련하여, 주에서는 지진과 지각변동이 끼치는 영향을 고려하여 이 분야에 많은 관심을 할애하고 있다.

아르한겔스크주에서 장려하는 학문으로 판(Plate) 구조를 연구하는 지질학, 광물자원 및 기타 천연자원 연구 등을 들 수 있다.

아르한겔스크주에는 단일 에코시스템이 설립되어, 북부지역의 환경을 감독하고 있다.

또한 아르한겔스크주에서는 숲에 관한 학문을 장려함으로써, 타이가 숲의 성장과 생산성에 향상을 위해 노력하고 있다.

의생물학 분야는 북부지역 소수민족들의 건강문제에 대한 인식을 확산하는 데 기여하고 있다. "북부지역 주민들의 건강"이라는 지역 프로그램의 일환으로 일부 연구프로젝트가 시행중에 있다. 특히 모자 보건에 대한 관심이 지대하며, 병·의원 및 요양원의 시설 및 의료원들의 자질 향상에 만전을 기하고 있다.

아르한겔스크주에서는 인문학 분야에 북부지역 주민들의 사회·경제 및 사회·문화 발전에 대한 연구를 포함시켜 장려하고 있다.

공학분야에서는 잠수함 핵폐기물의 재활용 문제와 지하암반 및 대륙붕 시추기술 개발을 위한 다양한 프로젝트를 시행중이다.

아르한겔스크주에서는 과학·기술 진보를 위한 첫 걸음으로 나토 회원국들과의 협력을 통한 경험 및 제반 기술의 교류를 활성화하고 있다. 이는 아르한겔스크주의 현대화 및 21세기 새로운 질적 도약을 위한 좋은 계기가 될 것이다.

2. 지역문화

1) 문화개괄

아르한겔스크의 문화적 전통은 러시아의 다른 지역과 달리 진실로 러시아적이다. 따따르 몽고의 침략을 겪지 않은 이 지방은 북빙양의 조상으로부터 오는 전통이 그대로 유지되고 있고 이러한 전통은 예술가, 조각가, 민속 의복, 뜨개, 나무 공예품, 금속 세공품, 도자기를 포함하는 고대 러시아 장식실용 예술 속에 반영되어있다.

이 모든 유물들은 아르한겔스크주 조형예술 박물관에서 볼 수 있는데 이 박물관은 러시아의 예술 박물관 중 가장 큰 것 중의 하나이다. 이 박물관의 수집품은 기원전 14세기부터 오늘날까지의 러시아 예술품 삼 만점 정도가 된다.

역시 아르한겔스크주 지지 박물관에는 독특한 예술품 이 십 만점이 보관되어 있다. 이곳에는 고대부터 오늘날까지 북방 민족의 고고학과 인류학, 지역의 역사와 문화에 관계된 유물들이 보관되어 있는데 북극지방의 풍속, 조선학, 고대 러시아의 장식실용 예술, 고전(古錢)에 관계된 유물 등이 이에 해당한다.

박물관의 유물만이 이 지역의 역사에 대해 말하고 있는 것은 아니다. 아르한겔스크에는 60여 년 동안 국립 아카데미 러시아 북방 민족 합창단이 존재하고 있는데 이것은 전통적인 합창단이 아니라 극장의 일종이다. 이 합창단의 가수들, 무용단원, 음악가들이 함께 무대 위에서, 자기 민족의 삶에 관한 이야기를 흥미 있는 의식과 노래, 음악 속에서 재현해내고 있다. 이미 4년 동안 현대 민중음악 앙상블 '백해(Белое море)'가 도시의 주민들을 즐겁게 하고 있는데, 이 앙상블은 그 음악가들이 현대 음악의 다양한 면을 러시아 민속악기로 표현하고자하는 것으로 잘 알려져 있다.

조예 깊은 음악 애호가들도 아르한겔스크 국립 실내오케스트라의 연주를 들으면 실망하지 않을 것이다. 이 실내 오케스트라는 아마추어로 시작해서 전문 악단으로 성장했으며 지금은 바로크와 클래식 작품들을 연주하고 있다.

2) 문화시설

아르한겔스크 인형극장

이 극장의 토대는 어린이들의 문화적 삶을 활성화시키는 극장을 건립한다는 취지를 가진 레닌그라드 출신의 젊은 배우 그룹이었다. 쮸즈(ТЮЗ, 젊은 관객을 위한 극장)의 배우인 엔겔가르트(А. Энгельгардт)의 지도아래 인형극장은 라디스(Р. Ландис)의 희극인 리스를 상연했다. 그 이후에 이 극장은 국립극장이라는 명칭을 얻게 되었고 엔겔가르드는 초대 극장장이 되었다.

이 극장의 레퍼토리에는 푸쉬킨의 동화와 끄를로프의 우화, 러시아와 외국의 민화들뿐만이 아니라 마르샥(С. Маршак), 쉬바르츠(Е. Шварц), 게르네트(Н. Гернет) 등의 현대 작가들의 연극도 있다.

2차대전 시기에 극장은 어른들을 위해서 활동하기 시작해서 풍자 경연극(輕演劇)을 보여주기도 했다. 극장의 창립 세대는 1960년대까지 힘들게 활동했는데 70년대 초에 전문적으로 준비된 젊은 배우들이 오면서 변화가 일어났다.

이 시기부터 극장의 상연 장르의 폭이 확대되었다. 또 극장은 '극장의 밤', 관객과의 만남, 어린이 집의 교사들을 위한 세미나, 부모들과의 만남, 대학생들의 축제 등을 개최하고 있다.

아르한겔스크주 지지박물관

박물관은 1837년에 창립되었다. 박물관의 전시실은 이 층 건물에 나누어져 있다. 주요 전시실에는 자연관과 5개의 역사 전시관이 있고, 복합 전시관 건물에는 '손님 마당'과 네 개의 전시실 음악실, 강의실, 민속 예술품 판매소가 있다.

가장 흥미 있는 수집품은 북방 민족의 고고유물과 민속유물이며 고대부터 현재까지 지역의 문화와 역사 수집품, 조선술에 관한 유물, 고대 장식실용 예술품, 고전(古錢), 진정한 학술적 가치가 있는 수집품 등이다.

아르한겔스크주 조형예술 박물관

아르한겔스크 조형예술 박물관은 러시아의 가장 큰 예술 박물관 중의 하나이다. 박물관은 1960년대에 세워졌다. 그 수집품의 기본은 아르한겔스크

조형 예술 박물관의 그림

지지 박물관의 예술 수집품에서 온 것들인데 이것들은 주로 지역 예술가들의 작품이며, 고대 러시아 예술 수집품과 1916년 러시아 제국 아카데미가 준 예술품과 1930년 국립 러시아 박물관에 의해 주어진 예술품들을 약간 포함하고 있다.

당시의 박물관의 수집품은 약 500점을 헤아렸는데 지금 박물관의 수집품은 삼 만점을 헤아리고 있으며 이것들은 14세기부터 오늘날까지 창조된 러시아의 예술작품들이다. 고대 북쪽의 그림, 목조 조각품, 고대 러시아의 장식실용 예술품으로 이루어진 박물관의 수집품에는 북방 민족 예술의 유물이 많이 있는데, 이것들은 민속의 상, 뜨개, 천, 목조 세공품, 금속 예술품, 도자기 등이다. 이 박물관의 18세기와 20세기 초의 러시아 예술 수집품은 거의 모든 유명한 예술가들의 작품을 포함하고 있다.

가장 오래된 북쪽지방 예술가들인 보리소프(A. A. Борисов) 와 비사호프(С. Г. Писахов)의 작품들이 특별한 위치를 점하고 있다. 현대 예술은 아르한겔스크를 포함해서 매우 여러 가지 경향의 예술가들의 작품들에 의해서 대표되고 있다. 박물관은 현대 러시아 북쪽의 뼈 세공품의 가장 훌륭한 작품들을 소장하고 있다.

18-19세기의 건축 기념물과 조형 예술 박물관의 수집품을 바탕으로 1994년에 국립박물관 협회인 '러시아 북방의 예술문화 (Художественная культура Русского Севера)'가 창립되었고 박물관 건물이 위치하고 있는 지역은 보존구역 '고대 아르한겔스크'라는 명칭을 얻었다.

아르한겔스크 조형 예술 박물관은 러시아와 현대 예술품을 보관하고 있을 뿐만 아니라 지역의 예술적 삶의 중심지이기도 하다.

프스꼬프주
Псковская Область

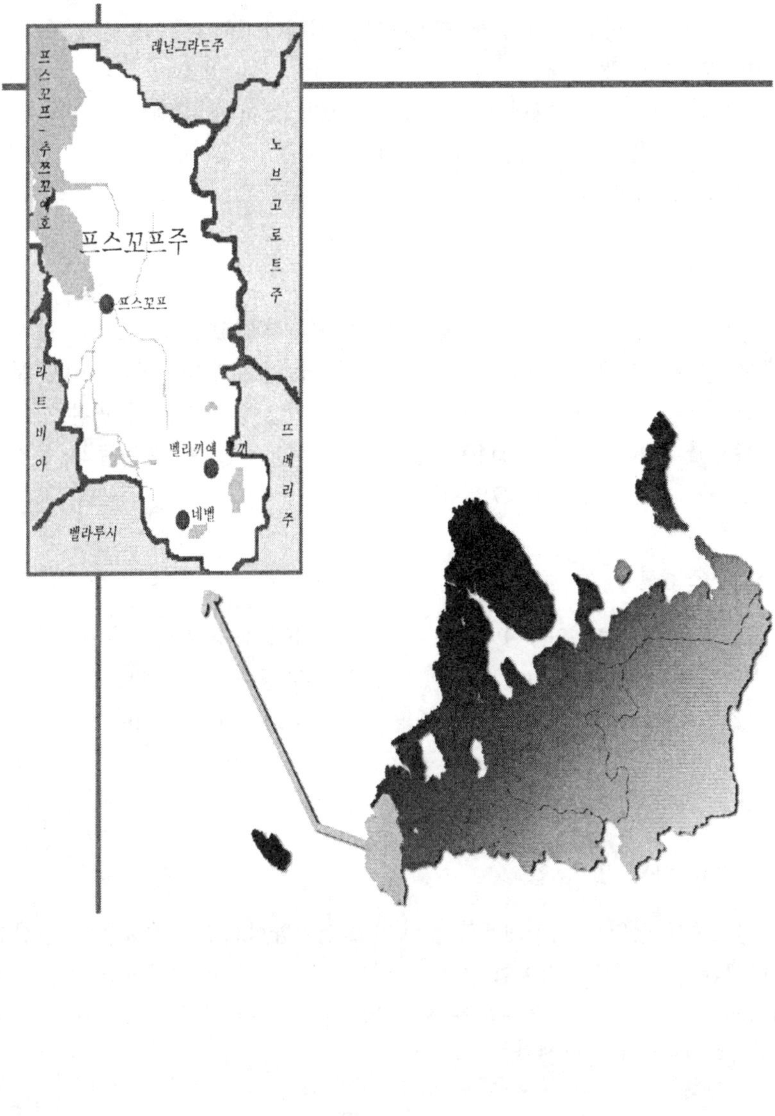

Ⅰ. 개황

1. 기초정보

주 성립일: 1944년 8월 23일
주도: 프스꼬프(Псков)
인구: 790,000명(2001년 현재: 러시아연방 전체의 0.54%; 89개 주체 중 62위)
인구밀도: 14.28명/㎢
면적: 55,300㎢(러시아연방 전체 면적의 0.32%; 89개 주체 중 51위)
소속지구: 북서연방지구; 북서부경제지구
한국과의 시차: -6시간

2. 상징

프스꼬프주 문장

프스꼬프주 문장은 청색 바탕에 걷고 있는 표범이 묘사된 것으로 은빛 구름으로부터 걸어 나오고 있는 형상이다. 문장 위에는 황제의 왕관이 씌워져 있으며, 안드레이 리본으로 엮인 황금빛 참나무 잎이 둘러싸여 있다. 프스꼬프주의 문장은 1995년 2월 27일 채택되었다.

3. 주요도시

프스꼬프(Псков): 인구 198,700명; 북위 57°49′, 동경 28°20′
벨리끼예 루끼(Великие Луки): 인구 115,500명; 북위 56°20′, 동경 30°31′
오스드로프(Остров): 인구 28,400명; 북위 57°21′, 동경 28°19′
네벨(Невель): 인구 20,100명; 북위 56°1′, 동경 29°58′
(인구: 2002년 현재)

4. 주요 산업 및 농업

주의 주요 산업으로 기계제작, 금속가공(전기공학, 섬유, 식료품, 이탄산업 설비생산, 무선공학), 경공업, 식료품 산업, 목재가공업, 이탄산업, 건축자재업 등이 발달했으며, 농업부문은 주로 낙농업, 아마재배업이 발달했다. 북부 지역에는 어업이 발달했다.

II. 자연환경

1. 지리적 위치와 구성

프스꼬프주는 24개 행정구(區), 14개 시, 13개 도시형마을, 247개의 농촌마을로 구성되어 있으며, 러시아연방 북서부에 위치하고, 남북간 총연장은 380㎞, 동서간 총연장은 689㎞에 이른다.

프스꼬프주는 국내외 많은 지역 및 국가들과 경계를 이루는 지경학적 특성을 지닌다. 국내적으로는 노브고로트주, 레닌그라드주, 뜨베리주, 스몰렌스크주와 경계를 이루며, 국외로는 에스토니아, 라트비아, 벨라루시 등과 경계를 이룬다.

프스꼬프주는 교통인프라가 잘 발달 되어 있으며, 철도는 약 1,100㎞에 이르며, '쌍트 뻬쩨르부르크-빌뉴스-깔리닌그라트', '쌍트 뻬쩨르부르크-오제싸-리가', '쌍트 뻬쩨르부르크-리보프, 모스크바-리가' 노선이 주를 통과한다. 자동차 도로는 1998년 현재 10,012㎞에 이르며, 그 중 763㎞는 국도이다. 주를 통과하는 노선은 '쌍트 뻬쩨르부르크-끼예프, 모스크바-리가', '쌍트 뻬쩨르부르크-빌뉴스', '쌍트 뻬쩨르부르크-리가' 등 다양하다.

주에는 돈강과 그 지류를 포함한 600개 이상의 하천과 유럽에서 가장 큰 규모의 프스꼬프-추쯔꼬예(Псковско-Чудское)호를 비롯한 3,700개 정도의 호수가 있다. 프스꼬프주는 남부 타이가 지대 및 혼합림 지대에 위치하며, 러시아연방 중 가장 환경 친화적인 지역으로 꼽힌다.

수도 프스꼬프와 모스크바 간의 거리는 689㎞이다.

2.기후조건

온난기후대, 대륙성기후, 해양성기후
1월 평균기온: -7℃
7월 평균기온: 17℃
연강수량: 650㎜
식물 생장 기간: 125 ~ 135일
식생: 혼합림 지대

토양: 주로 염분회색토, 소택지 토양
삼림분포도: 38%

3. 주요 유용광물
이탄, 석회암, 백운석, 이회암, 석고, 점토, 모래 등이 있다.
주요 산지:
이탄: 뽈리스또프스꼬예(Полистовское).

Ⅲ. 정치시스템

1. 역사

고고학적 자료에 의하면 최초 거주지는 10세기 중반 또는 10세기 3/4분기 벨리까야 강과 프스꼬프 강 사이에 있는 곳에서 발생했으며, 여기에서 고대 슬라브 민족이 살았다. 러시아 연대기에 최초로 프스꼬프가 오래된 도시로서 기록된 것은 903년경이다. 이 도시-국가는 중세의 슬라브족 국가로서 난공불락의 요새였고 오래전부터 북서부에서 러시아의 패권을 보호했다. 프스꼬프 지역은 남에서 북으로 좁게 뻗혀진 벨리까야 강 유역에 자리 잡았다. 수로는 프스꼬프의 중요한 교역로였고 유럽의 나라들과의 관계를 지원했다. 벨리까야 강은 프스꼬프 호수로 유입되어 추드스끄 호수로 합쳐지며 더 나아가 나르바 강을 따라 발트해로 흘러나간다. 벨리까야 강을 따라서 12개의 크지 않은 요새가 건설되었으며 무역선단의 안전을 보호했다. 12-13세기에 도시는 노브고로트 봉건국가에 소속되었다.

프스꼬프는 리보니아 한국과 리트비아 대공국에 대한 러시아 민족의 투쟁에서 전초기지였다. 26번의 포위를 견디어냈다. 1240년에 리보니아 한국의 기사단에 의해 점령당했고, 2년 후 알렉산드르 넵스끼가 지휘하는 노브고로트인과 프스꼬프인으로 구성된 군대에 의해 해방되었다. 주요한 국경도시로서 프스꼬프는 14세기에 석재로 된 성채들에 둘러싸여 있었다. 1581-1582년 레본스크 전쟁시기에 쁘꼬프는 스테판 바토리(Стефана Батория)가 지휘하는 폴란드 군대의 반년에 걸친 포위를 견뎌냈다.

14-17세기에 프스꼬프는 대규모 수공업 및 교역도시로서 고대 러시아 문화의 중심들 가운데 하나였다. 프스꼬프에서는 연대기, 자작나무 껍질에 쓴 증서, 이콘, 석재 건축물 등이 만들어졌다. 16세기에 프스꼬프는 강력한 방어기지로 변모했다. 당시 루시국가에는 석재 성벽으로 모든 거주지역을 둘러싼 두개의 요새, 즉 프스꼬프와 스몰렌스크만이 있었다. 프스꼬프 요새는 이 시기 무렵 40개 정도의 망루 탑을 가지고 있었으며 그 성벽의 길이가 9킬로미터에 달했다.

18세기 초부터 프스꼬프는 대외무역에서 주도적인 역할을 상실하게 된다.

북방전쟁에서 러시아가 승리한 후 국경선이 옮겨지면서 군사방어적인 의의도 또한 줄어든다. 1708년 인게르만-란드에 소속되었으며 1717년에는 뻬쩨르부르크 현, 1727년에는 노브고로트현 소속으로 들어갔다. 1777년부터는 프스꼬프 관구(이후 현)의 중심이 되었다.

19세기 말 프스꼬프에는 41개의 교회, 3개의 수도원, 35개의 교육기관, 55개의 공장이 있었다.

1914-1918년 제1차 세계대전기간동안 프스꼬프에는 북부전선 참모본부가 설치되었다. 여기에서 1917년 봄 러시아 제국의 마지막 황제 니콜라이 II세가 퇴위 당했다. 1927년 7월부터 프스꼬프는 레닌그라드주에 들어가는 구의 중심이 되었고, 1944년 8월 23일부터는 프스꼬프주의 중심이 되었다. 2차 세계대전기간에 도시는 1941년 7월 9일부터 1944년 7월 23일까지 독일군에 의해 점령당했으며, 사실상 전체가 파괴되었다. 도시가 해방된 후 주거용 건물의 단지 6%만이 남아 있었다. 1967년 2월 16일 프스꼬프주는 2차 세계대전기간동안 독일-파시스트 점령군에 대항하여 빨치산 활동에 용감하고 적극적으로 참여하고, 국민경제 발전에 기여한 공로로 레닌훈장을 받았다. 사회주의 체제에서의 지난 70년의 역사를 마치고, 현재 러시아연방의 주의 지위를 갖고 있다.

2. 정치

1) 정치 일반

프스꼬프주에서 최고 집행권력기관은 주행정부이다. 주행정부의 수반은 미하일로프(E. Э. Михай лов)이다. 프스꼬프주에서 최고 입법권력기관은 주의회이다. 주의회의 의장은 쉬마또프(Ю. А. Шматов)이다. 쉬마또프는 1991년 11월에 프스꼬프주의 부지사로 임명되어 주민의 사회보장문제를 담당했다. 그는 1994년 1월 29일에는 주의회 의원으로 선출되었고 1994년 4월 7일 주의회의 의장으로 선출되었다. 1998년 3월 29일 주의회 의원으로 당선되었고 동년 4월 10일 주의회 의장으로 다시 선출되었다.

2) 선거

러시아연방 대통령 선거가 2000년 3월 26일 실시되었다. 뿌친이 60%를 넘는 득표율을 보였다.

후보별 득표

후보명	득표율(%)
뿌친	62.55
쥬가노프	25.65
야블린스끼	2.70.
지리놉스끼	2.69
뚤레예프	2.27
모두 후보에 대한 반대	1.05

1999년 12월 19일에 실시된 러시아연방 국가두마의원 선거에서 프스꼬프주에는 한 개의 선거구가 있다. 유권자는 627,031명으로서 66.19%의 투표율을 보였다. 단결당이 38.28%의 득표율을 보여 최다득표를 했고, 러시아공산당과 조국-전러시아가 그 뒤를 이었다. 후보별 투표에서는 꾸즈네쪼프(М. В. Кузнецов)가 35.26%의 득표율로 당선되었다.

프스꼬프주 행정수반 선거가 7명의 입후보자들이 경쟁하는 가운데 1996년 10월 20일 실시되었다. 선거결과 당선자가 결정되지는 않았고, 최다득표한 2명, 뚜마노프(В. Н. Туманов)와 미하일로프를 대상으로 1996년 11월 3일 결선투표가 진행되었다. 결선투표에서는 자유민주당 소속의 미하일로프가 당선되었다. 1963년생인 미하일로프는 2000년 11월 12일의 주 행정수반 선거에서 재선했다.

2000년 11월 12일 프스꼬프 주지사 선거가 실시되었다. 13명이 입후보했고 투표는 한번 실시되었다. 유권자의 25% 이상이 참여하면 투표가 성립된 것으로 인정되며 최다득표를 한 후보가 당선된다. 투표에는 유권자의 54.12%가 참여했으며, 미하일로프가 28.01%의 득표율로 프스꼬프 주지사로 선출되었다.

1998년 3월 29일 주의회의 의원선거가 실시되었다. 모두 198명이 입후보했고 이 가운데 투표용지에는 172명의 후보가 포함되었다. 투표율은 46.7%였다. 투표결과 22명의 의원이 선출되었다.

Ⅳ. 경제 시스템

1. 경제개황

프스꼬프주는 7개의 연방지구 중 북서연방지구에 속하고 12개의 러시아 경제지역 중 북서부경제지역에 속한다. 프스꼬프주는 영토와 경제관계에서 3개의 국가가 맞닿아 있고 세관지역이 3개나 있는 곳이다. 그 국가는 에스토니아, 백러시아, 라트비아이다. 그래서 여러 국가의 영사관과 무역 대표부가 상주하고 있고 외국투자의 관심이 가장 큰 지역 중의 하나이기도 하다. 프스꼬프주의 기업들은 외국과의 합작기업이 많고 이 합작한 파트너국가는 약 37개국에 이르고 있다. 여기에는 미국, 독일, 일본은 물론이고 한국의 회사들도 투자하고 있다.

프스꼬프주는 농업이 발달한 지역이다. 농업은 전통적으로 천혜의 기름진 토양과 따뜻한 기후의 덕택으로 풍부한 생산량을 기록하여 왔다. 작물재배와 가축사육 모두 발달되어 있으며 주요한 생산품은 아마재배, 우유, 고기, 채소와 감자 등이다. 농업은 프스꼬프주의 주민들의 생활을 위한 자체수요를 충당하고도 남아 많은 양을 인근 대도시로 공급하고 있다. 물론 인근에 있는 쌍트 뻬쩨르부르크 연방특별시에 가장 많이 수출하고 있다.

러시아경제에서 차지하는 프스꼬프주의 경제비중은 농업을 제외하면 크지는 않은 편이다. 러시아경제에서 프스꼬프주의 비중을 파악하기 위해 몇 개의 주요 거시경제지표를 비교하면 다음과 같다.

2000년도 러시아 주요 경제지표에서 프스꼬프주의 비중

주요 항목	러시아전체 대비 프스꼬프주 비율
지역총생산	0.3%
공업생산량	0.2%
농업생산량	0.7%
소매유통	0.3%
자본투자	0.2%

http://www.infostat.ru/epub.htm (검색일: 2003.1.10)

프스꼬프주의 지역총생산은 1999년에 115억 4,900만 루블을 기록해서 1998년의 64억9,000만 루블보다 77.95% 상승한 것으로 나타나고 있고 1인당

지역총생산은 1998년과 1999년 각각 79억 5,100만 루블과 143억 1,300만 루블을 달성해서 약 80.02%의 증가율을 나타내고 있다.

프스꼬프주의 지역총생산의 주요 구성과 비율을 보면 공업부문과 농업부문이 높은 비율을 차지하고 있다. 여타 부문의 비율을 보면 다음과 같다.

지역총생산의 주요 구성과 비율

주요 산업부문	지역총생산의 주요 구조의 비율
공업부문	19.2%
농업부문	22.2%
건설부문	4.5%
운송부문	8.4%
유통부문	11.3%

http://www.infostat.ru/epub.htm (검색일: 2003.1.10)

프스꼬프주의 총 기업수는 2000년 1만 4,608개이고 소기업수는 2000년 2,844개이다. 공업활동 기업수는 2000년 960개로 총 기업수대비 6.57%를 기록하고 있다. 공업활동 기업수의 비율이 여타 지역에 비해 높은 편임을 q여주는 이 수치는 2000년을 전후해 기계제작과 금속가공부문의 수출활성화로 인해 이 공업부문으로 기업들이 시장진입을 한 결과로 나타난 것이다.

2. 산업

1) 공업

프스꼬프주의 공업은 대체로 발달해 있는 편이며 주도적 부문은 기계제작·금속가공, 식료품공업, 그리고 전기전력부문이다. 이것은 전통적으로 이 부문이 발달되어 온 것이 아니라 페레스트로이카 이후 지리적으로 위치성이 좋아 외국인투자가 유입되었던 것에 기인하고 있다. 특히 프스꼬프주에 시장경제의 전환 후에 프스꼬프주로 많은 투자가 유입되었다.

실제로 공업 특히 기계제작·금속가공과 철강업, 전기전력의 생산을 하기 위한 입지조건은 무척 좋은 편이다. 무엇보다 인근 국가로 운송하기 위한 비용이 어디보다도 적게 들고 있다. 넓은 영토를 가진 러시아에서 운송비가 적게 든다는 것은 경쟁력 확보의 주요 요인이다.

프스꼬프주는 인근 지역에서 원료가 풍부해 원료지향형 입지로서 손색이 없다. 각종 광물성 자원이 풍부해서 원료집약적 공업이 매우 유리하다. 이러한 조건을 잘 갖춘 주요 공업도시로는 프스꼬프, 오스뜨로프, 네벨, 빌리끼예 루끼 등이 있다.

프스꼬프주의 공업생산량은 1999년과 2000년에 각각 59억 4,600만 루블과 83억 600만 루블로 그 상승률은 39.70%를 기록하고 있다. 공업생산지수에 있어서는 1998년 102, 1999년 120, 2000년에 111로 나타나 실질적으로 성장속도가 매우 높다. 프스꼬프주의 공업의 부문별 구조를 살펴보면 기계제작·금속가공과 식품공업이 발달해 있다. 공업구조와 여타 부문의 비율을 표로 살펴보면 다음과 같다.

주요 공업생산부문별 생산비율

생산부문	프스꼬프주 총공업생산 비율
전기전력	13.9%
연료공업	3.5%
철강업	2.3%
비철금속	0.4%
화학·석유화학	0.8%
기계제작·금속가공	28.8%
목재가공, 종이·펄프	4.6%
건재공업	4.4%
경공업	5.6%
식품공업	30.2%
비료,복합사료공업	3.1%
기타	2.4%

http://www.infostat.ru/epub.htm (검색일: 2003.1.10)

2) 농업

프스꼬프주의 농업은 러시아에서 손에 꼽힐 정도의 규모를 가지고 있다. 농업이 번성하게 된 것은 프스꼬프주의 토양이 매우 기름지고 기후가 온화한 것에서 찾을 수 있다. 동식물의 생산이 고루 발달되어 있으며 구체적인 주 생산품은 곡물, 식용근대, 해바라기, 사료용 식물, 감자 등이다. 특히 감자와 과일을 포함한 채소는 프스꼬프주의 거의 전 지역에서 재배되고 있다. 또 곡물과 감자를 가공해서 여러 기업들이 알콜성 음료, 녹말 등을 만들고 있다.

프스꼬프주의 가축사육은 주로 고기와 우유를 얻기 위한 낙농이 중심이 되고 있다. 이 외 돼지와 닭도 다량 사육하고 있다. 2000년 가축 중에서 소는 19만 8,400 마리가 사육되고 있고 그 중 암소는 12만 300 마리가 사육되고 있다. 돼지는 2000년 8만 3,600마리가 사육되고 이것은 엄청난 규모라고 할 수 있다.

프스꼬프주의 파종면적을 보면 2000년 57만 5,600 헥타르이며 그 구성비율을 보면 프스꼬프주의 농업 현황을 이해하는 데 도움이 될 것이다.

곡물재배- 17.3%; 특용작물-1.9%; 감자, 채소 등-8.7%; 사료용 식물-72.1% 등이다.

특히 사료용 식물의 재배가 많은 것은 그 만큼 가축사육이 활성화 되어있다는 것을 의미한다. 프스꼬프주의 총 농업생산량을 비롯한 가축사육과 작물재배의 생산량을 표로 보면 다음과 같다.

농업생산량 추이

항목 \ 년도	1997	1998	1999	2000
총농업생산액	2,347.6	2,130.3	4,602.8	5,428.1
작물관련 생산액	1,191.1	1,101.9	2,602.1	3,039.9
가축관련 생산액	1,156.5	1,028.1	2,000.7	2,388.2
농업생산 지수	93	77	115	100.2

http://www.infostat.ru/epub.htm (검색일: 2003.1.10)

3) 자원 등 기타

프스꼬프주는 러시아의 동유럽부분 평지에 자리잡고 있다. 그 면적은 5만 5,300㎢이며 대부분의 영토는 평지이다. 기후는 적당한 대륙성기후로 강수량은 550-650mm이다.

이 지역은 수자원이 매우 풍부하다. 프스꼬프주의 영토에는 600개의 강과 3,700개의 호수가 있으며 전체적인 면적은 3,261㎢이다. 프스꼬프주의 강들 중에는 세계적으로 큰 규모인 소로찌, 체레하, 프스꼬바 江 등이 있다.

프스꼬프주는 남부 타이거지역으로 혼합림이 전개되어 있다. 이 지역의 산림지역은 245만 헥타르이며 전 면적의 40%를 차지한다. 산림의 주종을 이루는 것은 소나무, 전나무, 자작나무 등으로 활엽수종이 45%, 침엽수종이 35% 정도의 비율로 분포되어 있다. 이들 산림자원은 총 보유량은 2억 5,000만㎥ 정도이다. 이 외 프스꼬프주의 숲지대에는 버섯, 각종 열매, 약용재료 등이 매우 풍부하다.

이 지역에 서생 하는 야생동물들은 21종이 있으며 해리, 담비, 수달, 해달 등 희귀한 동물들을 비롯하여 사슴, 멧돼지, 토끼, 다람쥐 등 여러 동물과 각종 조류, 빙어 및 개구리, 숭어, 연어, 송어 등의 다양한 어류 등의 동물자원도 풍부하다.

프스꼬프주의 대표적인 자원으로 다양한 지하자원을 들 수 있다. 이미 발견되어진 이탄의 매장량도 3억 톤에 달한다. 하지만 이탄의 채굴은 3,000여 개의 발견지중의 겨우 350개의 매장지에서만 진행되고 있다. 이 지역의 이탄은 매년 3만 톤이 채굴되고 있다.

이탄을 제외하고 특히 주목할 만한 광물로는 주형 및 유리가루, 불용해성 및 가용해성 점토, 광염료 재료, 호소침전물 등이 있다. 이 중 호소침전물은 그 적용의 범위가 매우 넓어서 의학용에서부터 건축자재 생산에 이르기까지 두루 사용된다.

프스꼬프주에서 얻어지는 광천수는 외과용뿐만 아니라 내복용으로 쓰여 양방향 치료를 가능하게 하고 총 8개의 매장지에서 생산되는 광천수는 년 500만㎥에 달한다.

이와 같이 프스꼬프주에는 수자원, 산림자원, 동식물자원, 광물자원 등이 풍부하고 특히 이탄과 광천수는 이 지역에서 중요한 위치를 차지하고 있다.

V. 문화시스템

1. 지역정체성

1) 인구

2001년 현재 프스꼬프주의 인구는 790,000명으로, 그 중 도시인구는 66.8%, 농촌인구는 33.2%이다. 프스꼬프주 또한 러시아연방 대부분 지역에서와 마찬가지로 1990년(844,000명) 이후 꾸준한 감소세를 보이고 있다. 2001년 인구는 1990년 대비 6.39%(54,000명) 감소했다. 이는 낮은 출생률에 높은 사망률로 인한 인구자연감소율이 기인한 바 크다. 그러나 아직은 전입자수가 전출자수에 비해 다소 많은 관계로(2000년 +899명), 인구감소현상이 어느 정도 완화되고 있다.

프스꼬프주 인구변동 추이

연도	1990	1992	1993	1994	1995	1996	1997	1998	1999	2000	2001
인구수 (1,000명)	844	840	839	836	834	831	826	819	811	801	790

러시아통계연감(Россий ский статистический ежегодник) 2001. P. 82.

프스코프주의 인구자연증가율은 이미 1970년대부터 마이너스 양상을 띠기 시작해서 1990년대 말부터는 사망률이 출생률의 3배를 상회하기 시작했다. 이는 전체 인구수의 감소에 절대적인 요인으로 작용한다. 그럼에도 불구하고 전체 인구수의 감소현상이 심하지 않은 이유는 전입자가 전출자에 비해 훨씬 많기 때문이다.

프스꼬프주 출생자수, 사망자수, 자연증가율

연도	출생자수(명)	사망자수(명)	자연증가율(명)
1990	10,040	12,730	-2,690
1992	7,821	13,951	-3,979
1993	6,741	17,105	-6,130
1994	6,661	18,888	-10,364
1995	6,434	17,347	-12,227
1996	6,315	16,203	-10,913

1997	6,164	15,930	-9,888
1998	6,077	15,555	-9,478
1999	5,622	17,231	-11,609
2000	5,795	17,524	-11,729

러시아통계연감(Россий ский статистический ежегодник) 2001. P. 111.

2000년 현재 프스꼬프주의 경제활동인구는 전체 인구의 47.72%에 불과하다. 게다가 취업인구는 경제활동인구의 87.4%에 그쳐 높은 실업률을 보이고 있다. 이러한 고실업 사태는 1990년대 초 경제개혁 초반부터 지속되어 최근까지 이어지고 있다.

프스꼬프주 경제활동인구(취업자, 실업자), 실업률

연도	경제활동인구 (1,000명)	취업자수 (1,000명)	실업자수 (1,000명)	실업률(%)
1992	419	398	21	5.1
1993	412	380	32	7.9
1994	382	334	47	12.4
1995	368	323	45	12.2
1996	376	324	52	13.7
1997	349	299	50	14.2
1998	362	304	57	15.9
1999	397	344	53	13.3
2000	377	330	47	12.6

러시아통계연감(Россий ский статистический ежегодник) 2001. P. 136.

2) 민족

프스꼬프주에는 약 100여 민족이 거주하고 있으며, 러시아인이 94% 이상으로 절대다수를 차지하고 있고, 기타 민족은 6% 정도에 불과하다. 따라서 정치·사회적으로 매우 안정된 상태이며, 민족 간 분쟁은 거의 나타나지 않고 있다.

3) 교육

최근 프스꼬프주는 교육망 개선과 발전 및 주민들의 교육 받을 권리 보장 등에 많은 관심을 기울이고 있다. 2002년 1월 1일 현재 프스꼬프주에는 241개 취학전 아동교육기관, 462개의 중등학교, 9개 고아원, 57개 보충교육기관, 17개 야간학교, 29개의 초급직업전문학교, 29개 중급직업전문학교와 9개 고등교육기관 및 분교가 운영되고 있다.

2001년 모든 유형의 중등학교에서는 93,164명의 학생이 수학했으며, 초등직업전문학교에서는 10,884명의 학생이 65개 전문분야에 대한 교육을 받았다. 2001년 직업전문교육분야의 과제는 졸업생들의 전문성 향상을 위한 교육여건 개선이었으며, 각 교육기관에서는 학생들에게 다양한 수준과 다양한 분야에 대한 교육을 제공하기 위한 노력을 기울였다.

2001년 현재 중등직업전문학교에서는 18개 국립 및 2개 사립학교에서 10,969명의 학생이 46개 전문분야에 대한 교육을 받았다.

고등직업전문교육에는 11개 국립고등교육기관과 8개 사립교육기관 등 총 19개 고등교육기관이 참여했다.

2001년 4,988명의 대학생이 증가하여, 총 대학생 수는 20,987명(국립 17,562명, 사립 3,422명)에 달했다.

2. 지역문화

1)문화 개괄

프스꼬프주 풍부한 문화와 전통을 가지며 전설이 많은 곳이다. 이미 14세기에 프스꼬프에서는 연대기와 자작나무 증서, 성상, 석조 건축물이 널리 확산되었다. 프스꼬프의 명승고적들은 여러 시대의 문화적 유산이며 역사 기념물이다.

프스꼬프주는 문화와 예술의 문제에 특별한 관심을 기울이고 있다. 주와 연방차원에서 의미가 있는 여러 기념물들이 관심을 끄는데, 이러한 기념물들은 새로운 세대의 정신문화를 발전시키고, 지역에 대한 사랑을 키우고, 지역의 역사에 대한 긍지를 느끼게 만들고 있다. 이 때문에 건축 기념물을 보존하고 재건축하며, 러시아 문화의 정신적 풍부함을 고양시키는 문제가 매우 중요한 문제로 부각되고 있다.

최근에 155개의 주요 문화 역사적 유물에 대한 대대적인 수리와 재건축이 있었다. 3000개가 넘는 기념물이 정부의 보호 하에 있다. 주에는 문화 역사적인 유물의 보호를 위한 더 실질적인 작업을 위해서 유물 보존 국제기구 프스꼬프 지부인 '이꼬모스(ИКОМОС)'가 창립되었다. 주의 문화 행정 위원회와 북서 지방의 가장 좋은 학교 중의 하나인 프스꼬프 국립 교육 대학이 함께 프스꼬프주의 자연, 역사 -문화 유물목록을 만들었다.

주의 행정부 산하에 문화 위원회가 만들어 졌는데, 4년이 지나면서 이 위원회의 기본적인 과제는 프스꼬프주에서 지방의 문화 정책을 만들고 집행하는 것이다. 이것을 위해서 다음과 같은 프로그램이 받아들여지고 실현되었는데 예를 들면, '프스꼬프주의 문화 보존과 발전', '프스꼬프주의 영화 전통과 그 향상' '지역 도서관 망의 발전 계획' 등이 그것이다.

지방에서 유일하게 문화적 센터 역할을 했던 지역 문화의 집이 실질적으로 문을 닫은 상태에서 도서관만이 역할을 대신하고 있다. 이 도서관의 보존을 위해서 관청간의 도서관 위원회가 구성되었다. 지역의 출판 전시회가 전통적인 사업으로 정착되고 있고, 지역의 도서관을 위한 새로운 장소가 마련되고 있다.

뻬초르스크 지역의 도서관 건물이 수년 동안의 재건을 통해 완성되었다. 프스꼬프주 일반 학문 도서관에 법률정보와 인터넷 대중 센터가 문을 열었다. 앞으로 이러한 센터는 프스꼬프 주의 벨리끼예 루끼, 뻬초르, 데도비치 지역에서도 문을 열 것이다. 분과 기능의 법률적 근거의 중요성을 인식하고 도서관은 '도서관 이용과 보존'에 관한 법률, '프스꼬프 주의 역사 문화 기념물의 국가적 보존과 이용에 관한 법률'을 제정했다. 문화에 대한 프스꼬프주의 법령 계획안도 만들고 있다.

프스꼬프주의 행정위원회와 러시아연방의 문화부 사이에 국가 문화 정책의 실현을 위한 힘을 결집하기 위해 협력 동의서가 작성되었다. 그 외에도 프스꼬프주와 모스크바 행정부의 문화위원회 사이에 동의가 체결되었다. 프스꼬프주의 역사, 문화, 건축 유물들로 인해 이 지역 문화를 좀더 잘 알고자 하는 사람들이 점차 늘어나고 있다.

이러한 문화사업의 일환으로 이즈보르스크(Изборск)에 복합 음악 건물이 지어져서 문을 열었고, 이미 미니 호텔도 문을 열었고, 이즈보르스크 성의 가장 오래된 탑인 루꼬프까의 재건축 작업도 완성되고 있다. 소피야 꼬발레

프스까야(Софья Ковалевская) 와 그도프스크(Гдовск), 오스뜨로프스끼 박물관에서의 보수작업도 완성되었다. 전문 예술의 면에서 지역 심포니 오케스트라의 창립은 의미 있는 사건인데 1999년에 이 오케스트라의 5주년 기념식이 열렸다. 프스꼬프의 드라마 극장에는 '아카데미'라는 명칭이 붙여져 있으며 프스꼬프에 러시아 작곡가 연합 대표부가 문을 열고 있다.

프스꼬프의 독립적인 문화 집단을 지지하고 지역에서 창작 수준을 더 높이기 위해서 '마을 클럽'이라는 총체적인 프로그램이 만들어져 가동 중이다. 지역과 마을의 문화 기관의 콩쿠르가 '올해의 클럽', '올해의 관리자'란 이름으로 매년 개최되고 있다.

이제 '황금의 샘들', '살아라, 샘', '프스꼬프의 진주들'. '마을의 별들'과 같은 페스티벌들은 전통이 되었다. 예술과 직업교육의 영역에서 지역의 문화정책을 실현할 목적으로 주 행정부가 매년 문화위원회 장학금을 제정했고, 매년 어린이 창작 여름학교가 활동하고 있다. 주의 문화 학교들은 문화와 예술 칼리지에 재편되었고 이러한 기반위에서 뻬쩨르부르크 문화 예술 대학 지부가 설립되었다.

2) 문화시설

푸쉬킨 프스꼬프 아카데미 드라마 극장

1899년 푸쉬킨 탄생 백주년에 프스꼬프에서는 건축가 게르메네르(А. Э. Герменер)의 설계에 따라 푸쉬킨의 이름을 딴 극장이 문을 열었다. 1906년에 푸쉬킨 극장 건물의 구조물이 완성되었고 1996년 8월 14일 극장 예술의 발전에 끼친 커다란 공헌을 기려 프스꼬프 드라마 극장은 '아카데미'라는 이름을 얻게 되었다.

1998년에는 국제 프로그램인 '진흥을 위한 협력'에 참가해서 황금 종려상을 수상했다. 19세기에서 20세기로 전환할 시기에 프스꼬프 극장의 무대에 위대한 배우들인 스뜨레뻬또바(Стрепетов), 꼬르차긴 알렉산드로프스까야(Корчагин-Александровская), 다비도프(В. Давыдов), 호도또프(В, Ходотов), 꼬미사르제프스까야(В. Комиссаржевская) 등이 출현했다.

20세기 초에는 여기에서 샬라삔(Ф. Шаляпин), 소비노프(И. Собинов), 바를라모프(К. Варламов), 아이세도라 둔깐(Айседора Дункан)이 출현했다. 1917년

10월 혁명 후 프스꼬프의 배우 중 많은 사람이 에스토니아로 망명가서 딸린에서 러시아 드라마 극장 단원의 핵심인물로 활동했다.

1988년 7월에 푸쉬킨 프스꼬프 아카데미 드라마 극장 산하에 러시아에서 최초의 열린 공간의 레퍼토리 극장인 '까루셀'(Карусель)이 창립되었다.

이것은 프스꼬프 아카데미드라마극장의 주 감독이며 러시아의 국민 배우이며 러시아연방의 예술 공훈 위원인 라둔(В. И. Радун)의 주창에 따라 이루어진 것이다. 십 수 년이 흐르는 동안 극장은 많은 러시아와 외국의 극장 페스티벌에서 성공적으로 공연을 했고 고대 러시아 도시인 '황금의 고리'로 객연을 나가기도 했다. '까루셀' 극장의 창시와 최근의 연극에 대한 공로로 라둔은 1990년과 1995년 두 번이나 러시아 국립상의 후보자가 되기도 했다.

프스꼬프 인형극장

프스꼬프 인형 극장은 1964년 10월에 창립되었고 여러 시기에 걸쳐 알렉산드르 베셀로프(Александр Веселов), 무자 끄라프초바(Муза Кравцова), 블라지미르 미오두세프스끼(Владимир Миодушевский) 등이 이 극장을 이끌었다. 지금 극장의 예술 지도자는 알렉산드르 넬라스이(Александр Неласый)이다.

이 극장에서 마르끄 보른쉬떼인(Марк Борнштей н), 세르게이 세메노프(Сергей Семенов), 안드레이 세보(Андрей Себво)가 커다란 활략을 했다. 이미 4년 동안 극장의 주요 예술가는 연극계에서 명성이 있는 갈리나 이조또바(Галина Изотова)가 맡고 있다. 극장은 여러 번 러시아와 구 소련권에 객연을 나갔고, 외국에까지 나가서 페스티벌과 콩쿠르에 참가하고 있다. 현재 극장의 레퍼토리에는 20개가 넘는데 주요 연극은 러시아의 동화들을 각색한 것이다.

참고문헌

http://www.mojgorod.ru/karacherk_r/index.html

http://wgeo.ru/russia/reg07.shtml

http://wgeo.ru/russia/reg08.shtml

http://socarchive.narod.ru/bibl/polros/Krasnod/geogr-kras.html

http://wgeo.ru/russia/reg23.shtml

http://socarchive.narod.ru/bibl/polros/Dagestan/geogr-dagest.html

http://wgeo.ru/russia/reg05.shtml

http://wgeo.ru/russia/reg61.shtml

http://wgeo.ru/russia/reg34.shtml

http://socarchive.narod.ru/bibl/polros/Sevos_r/geogr-sev.html

http://wgeo.ru/russia/reg15.shtml

http://wgeo.ru/russia/reg26.shtml

http://wgeo.ru/russia/reg01.shtml

http://wgeo.ru/russia/reg47.shtml

http://www.ingushetiya.intergrad.ru/

http://wgeo.ru/russia/reg47.shtml

http://wgeo.ru/russia/reg20.shtml

http://www.intergrad.ru

http://www.gov.ru

http://www.regions.intergrad.ru/

http://wgeo.ru/russia/

http://www.roiip.ru/regions/index.htm

http://www.intergrad.ru/kultura_mus.htm

http://www.gov.ru

http://www.museum.ru

http://www.theatre.ru/

http://ys.mmc.ru/dagestan.html

http://www.towns.ru/main.html

http://www.lenobl.ru/culture

http://www.russianculture.ru/

http://www.bumbinorn.ru/index.php?page=6

Аронов. А. А. Мировая художественная Культура. Россия XX век М., 1999.

Кононенко. Б. И., Культурология. Альбом схем. М., 1998.

Радугина. А. А. Культурология. М., 1998.

Раковой . М. М. и Рязанцева. И. В., История русского искусства 1-3 М., 1981.

Регионалистика: Учебное пособие для вузов, М., 2000.

Региональная экономика: учебник/под ред. В. И. Видяпина, М. В. Степанова, М, 2002.

Регионы России : Стат. сб. В 2т. Т.2/ Госкомстат России, М., 2001.

Экономика и энергетика регионов Российской Федерации, М., 2001.

연 구 진

● **권 세 은**

모스크바 국립대학교 정치학 박사.
현 경희대학교 외국어대학 러시아어학과 부교수.

주요논저:
『한국과 러시아 관계』(공저, 2001);『21세기 러시아 정치와 국가전략』(공저, 2001);「Синергетический подход к описанию трансформации россий ского общества」(2003);「지역연구의 패러다임으로서 복잡성에 대한 시론」(2004)

● **공 우 석**

영국 헐대학교 지리학 박사.
현 경희대학교 문리과대학 지리학과 교수.

주요논저:
『정보화시대의 국토와 환경』(공저, 2000);『한국의 제4기환경』(공저, 2001);『경관생태학』(공저, 2001);『러시아의 지리』(공저, 2002)

● **안 병 용**

모스크바 국립대학교 문학 박사.
현 경희대학교 외국어대학 러시아어학과 부교수.

주요논저:
「현대 러시아드라마 연구」(2001);「<적자색 섬>에 나타난 작가와 검열의 문제」(2001);「<위선자들의 까발라>에 표현된 불가꼬프와 몰리에르」(2002);「한국에서의 러시아문학 수용 연구」(2003)

● **성종환**

한국외국어대학교 문학박사(노어학).
현 경희대학교 비교문화연구소 러시아지역연구팀 책임연구원.

주요논저:
『현대 러시아어 관용구연구』(2001);「러시아 지역 정체성연구」(2003);『동방특급열차』(역서, 2003)

● **공영호**

모스크바대학교 노문학 박사.
현 경희대학교 러시아지역연구팀 책임연구원.

주요논저:
「러시아 연방지구문화연구」(2005);「러시아 지역문화연구방법론」(2004);「러시아문화연구방법론」(2003)

● **김 성 훈**

모스크바대학교 경제학 박사.
현 경희대 비교문화연구소 러시아지역연구팀 책임연구원.

주요논저:
『이슬람경제의 사상과 적용』(공저, 1999);「Capital accumulation during the transition period in russian economy」(1999);「복잡시스템에 기초한 지방경제의 분석모델 연구-러시아 7개 지구 연방지구의 예시」(2004)

러시아 지방연구 Ⅱ : 북서연방지구

인 쇄 일 | 2006. 2. 20
발 행 일 | 2006. 2. 27
저　　자 | 권 세 은 외
발 행 인 | 김 병 묵
발 행 처 | 경희대학교 출판국
등록번호 | 1977년 11월 8일 제6-5호
주　　소 | (130-701) 서울시 동대문구 회기동 1번지
전　　화 | (02) 961-0106 / 7
팩　　스 | (02) 962-8840
이 메 일 | khup@khup.com
홈페이지 | http://www.khup.com
인 쇄 처 | 한다문화
Tel. (02) 961-7500 Fax. (02) 961-7400
Email. handapp@hanmail.net

ISBN 89-8222-118-2(94980) 정가 15,000원
89-8222-116-6(세트)